Rainer Marten

Die Erfindung des Menschen

Eine Zwischenbilanz

VERLAG KARL ALBER

Coverbild: »Füllhornträgerin« (1975/2018), © Helga Marten

Die Deutsche Nationalbibliothek verzeichnet diese Publikation in der Deutschen Nationalbibliografie; detaillierte bibliografische Daten sind im Internet über http://dnb.d-nb.de abrufbar.

ISBN 978-3-495-99082-7 (Print)
ISBN 978-3-495-99083-4 (ePDF)

Onlineversion
Nomos eLibrary

1. Auflage 2025

Besuchen Sie uns im Internet
verlag-alber.de

Inhaltsverzeichnis

Vorwort

Der Mensch hat den Gott gemacht, der den Menschen gemacht hat. Damit ist das Gott-Mensch-Verhältnis erfunden: der erfundene Mensch, der sich aus seinem Verhältnis zum Gott bestimmt, der erfundene Gott, der sich aus seinem Verhältnis zum Menschen bestimmt. Der von Gott stammende und mit Gott verbundene Mensch hat, wo er auftrat, Geschichte geschrieben, eine Geschichte der geistigen und lebenspraktisch wirksamen Realität religiösen Glaubens. Das Buch führt zwölf Gestaltungen der Erfindung des Menschen vor, beginnend mit dem Menschen als Kind eines göttlichen Vaters. Der Versprochene, der als letzter vorgeführt wird, zeigt den Menschen, der sich ohne Gottesbezug, rein kraft seiner Poesie durch Selbstverklärung selbst erfindet. Sechs Intermezzi beleben die Darstellung der Erfindung des Menschen. Ausgewählte philosophische Textfragmente bieten dem Autor die Gelegenheit, sich mit diversen Gedanken bekannter Philosophen kritisch auseinanderzusetzen, die weitere Aspekte der erhellenden, nicht entzaubernden Aufklärung des Menschen über sich selbst berühren.

1. Das Gotteskind

Atta unsar, thu in himinam
(*Wulfilabibel*, 4. Jh. n. Chr.)

I.

Das ist der Höhepunkt menschlicher Selbstverklärung: jeder von uns sei ein Kind Gottes. Höher geht es nicht, höher als der weiteste, von der Erde aus sichtbare Himmel. Wir kämen aus dem höchsten Himmel, schlechtweg überhimmlischer und unvorstellbarer Art. So jedenfalls sagen es die Erfinder des Menschen. Sie siedeln uns mit ihrer geistig-geistlichen Phantasie nicht im Ungefähren an, sondern beim höchsten aller Wesen, bei Gott, der ein Vatergott ist. Die Erfindung des Menschen hat so ihren festen Ausgang von der Erfindung eines Mensch-Gott- und Gott-Mensch-Verhältnisses. Wir sind gewarnt und zugleich neugierig gemacht: Der erfundene Mensch teilt nicht das Menschsein dessen, der die Erde bewohnt.

Bilder und Metaphern haben ihre eigene sachliche Stimmigkeit, das der Mythopoietik Entstammende seine eigene Wahrheit und Wirklichkeit. Das Kind, das von keinem leiblichen Vater gezeugt und ohne Mitwirkung einer leiblichen Mutter auf die Welt, das meint auf dem Planeten Erde ins eigene Leben gekommen ist, sei von „seinem Vater und Herrn" „gemacht" (*Septuaginta*: *epoiêsen*).[1] Das kann nach der aller Metaphorik vorausliegenden Bedeutung des Wortes kein Kind sein, das „auf der Welt" ist. Erfinder, die dem Menschen wohlgesonnen sind, der an sich selbst als Mensch ein Ungenügen

1 *5. Mose* 32,6; *1. Mose* 1,26 f.

empfindet, das ihm jede Lebenssinngebung verwehrt, sind hinreichend geübt, nur sprachliche Übertragungen zu nutzen, die das Menschsein, dem Gewöhnlichen entrückt, überzeugend auf eine höhere Ebene verlegen. Gott kann nicht nur, er muß im Spiel sein, wenn für Seele und Herz die beseligende Entrückung in weit Höheres und Höchstes gelingen soll. Geht es um Menschsein, das es in menschlicher Lebenswelt unmöglich gibt, dann muß es, wenn ein Kind, schon ein Kind des *Herrn* sein, des Herrn des Himmels und der Erde.[2] Das Wort unmöglich, das der Verstand eben noch verlautete, dringt gegen die erfundene Wirklichkeit nicht mehr durch.

Soll ein Erwachsener wirklich damit zurechtkommen können, daß er nicht Kind seines leiblichen Vaters, sondern vielmehr des allmächtigen, ungreifbar im überirdischen Himmel wohnenden Gottes ist? Ja, es gibt einen historischen Beleg dafür, daß genau das gewollt war und auch tatsächlich gelungen ist. Monnica, die Mutter von drei Kindern, hat für ihren später heiliggesprochenen Sohn Augustin mit aller seelischen Kraft gewollt, als dasjenige ihrer Kinder, dessen sie sich eigens annimmt, nicht den leiblichen Vater, ihren Mann, zum Vater zu haben. „Augustin erfüllte den Wunsch der Mutter, Gott solle viel mehr als jener Mann sein Vater sein."[3] Die Inversion der Metapher hat statt: Der himmlische Vater wird zum eigentlichen Vater. Das ist auch unausbleiblich, wenn doch das erfundene Gotteskind keinen anderen zum Vater haben kann als den erfundenen Gottvater. Ist auch Gott als Vater mehr Sache des *Neuen* als des *Alten Testaments*, so genügen doch die frühen Zeugnisse, um das ganze Ausmaß der Umkehrung der Metaphorik aufzudecken. Der Gott der Israeliten hat als Volksgott

2 *Matthäus* 11,25.

3 Kurt Flasch, *Augustin. Einführung in sein Denken*. Stuttgart 1980, S. 235.

sein Volk Israel (synonym mit Jakob) zum Kind, und dies wieder in der Form von Söhnen und Töchtern. Da schrecken die Erfinder des Gotteskindes auch nicht mehr davor zurück, die primäre Wortbedeutung bis aufs Äußerste zu verkehren: Der Herr und Gott hat jedes Glied seines Volkes „gezeugt" und „geboren".[4]

II.

Die Vaterschaft des Gottes Israels wird mit kräftigen Strichen als *paternal overprotection* ausgemalt. Das schöne Bild vom Volksgott, der wie ein Adler seine Flügel ausbreitet und seine Brut auf seinem Fittich sicher davonträgt,[5] hält nicht, was es verspricht. So ließ er für seinen Jakob, den er in der Wüste vorfand, Sahne und Tierfett auffahren, daß sein Volk nicht nur satt, sondern fett wurde, dick und feist, was es seinen Vater vergessen ließ: Es „verwarf den Fels seines Heils". Daß es die Israeliten auch noch mit anderen Göttern hielten, machte es vollends zum „gottlosen" Volk und damit zum „Unvolk" (*ep' ouk ethnê*). Wollte dieser Vater nicht erziehen, konnte er es nicht?[6]

Ja, der Gott, wie im letzten Buch der *Tora* von ihm erzählt wird, ist nicht erstlich um sein Volk, sondern um sein Ansehen beim Volk besorgt: um seine Einzigkeit. Ihn den Höchsten (*hypsistos*)zu nennen,[7] ist ein eher verzweifelter Versuch, seine Ausnahmestellung zu verdeutlichen, wenn damit doch anerkannt wird, daß andere Völker andere Götter haben. Der Höchste unter

---

4 *5. Mose* 32,18.
5 *5. Mose* 32,11.
6 *5. Mose* 32,9–25.
7 *5. Mose* 32,8.

Seinesgleichen – nein, das darf nicht sein. Die anderen Götter sind für ihn eigentlich gar keine Götter, sondern Götzen, „Nichtgötter" (*ep' ou theô*).

Das „Ich, ich, ich bin der Gott" ist ein Notschrei, um seine Chance zu wahren, als Volks- und Vatergott anerkannt zu werden. Ein so außerordentliches Verhältnis wie das – blutgebundene – Verhältnis von Mensch zu Gott/Gott zu Mensch überzeugend zu erfinden, bedarf eines gehörigen psychologischen Feingefühls. Geht es dem im *Matthäusevangelium* zu Wort kommenden Gott, von dem es in der Form eines Berichts erzählt, verständlicherweise allem zuvor darum, als Gott geglaubt zu werden, so dem Volksgott, wie ihn das *5. Buch Mose* schildert, entsprechend um seine Reputation als Herr und Vater. Die Vater-Kind-Beziehung ist ständig in Gefahr, durch einen anderen Gott, der dem Volk der bessere zu sein scheint, abgelöst zu werden. Darum ist es auch so wichtig, diese Beziehung als eine geschichtlich bewährte in Erinnerung zu behalten. Der Vater Israels versteht es, ein Hauptstück der – erfundenen – Geschichte Israels zum Teil seines Namens zu machen. Nach seinem Namen gefragt, antwortet der Gott: „Ich bin, der ich bin", um dann fortzufahren: „Jahwe, der Gott eurer Väter (!), der Gott Abrahams, der Gott Isaaks und der Gott Jakobs, der euch aus dem Elend in Ägypten herausgeführt hat."[8] Die Erfinder der im Judentum und Christentum geglaubten Gott-Mensch/Mensch-Gott-Beziehung haben bei der Erfindung Jahwes nicht gegeizt. Der Staatsgründungsmythos verlangte nach Historie, nach geschichtlicher Wirklichkeit. „An den Wassern Babylons saßen sie und weinten" – nein, das hat es nie *gegeben*, das ist durch den Logos des Mythos erzählte Geschichte, nicht anders als die Rückkehr aus Ägypten, die bis heute im Geiste

8 *2. Mose* 3,14–27; *3. Mose* 11,45.

orthodoxer Juden einen „geschichtlichen" Anspruch auf das Land der Kanaiter begründet.

Alle Hochkulturen haben Götter hervorgebracht; alle hochkultivierten Völker haben Götterkulte schöpferisch gestaltet. Wurde durch ein Volk mehr als eine Gottheit verehrt, gab es auch dort bereits ein Vorverständnis von Monotheismus: *ein* Gott sollte das letzte Wort haben, wie bei den Westsemiten Baal und bei den Griechen Zeus. Jahwe haben seine Schöpfer ungleich mehr zugemutet. Er ist zwar ein Volksgott und hat als „sein Teil" eben sein Volk. Zugleich aber teilt er allen Völkern ihr Teil zu.[9] Der Schöpfergott, der „alles" gemacht hat, koinzidiert mit dem Vatergott des jüdisch-christlichen Glaubens. Das fundiert den Anspruch: Unser Gott ist der eine Gott aller.

III.

Kindsein ist eine eigene Form von Menschsein, Kindheit eine für das ganze Leben wegweisende Lebenszeit. Ob der Mensch, der die Adoleszenz durchlebt hat und erwachsen geworden ist, im Rückblick von einer glücklichen oder unglücklichen Kindheit spricht, Dank empfindet oder Schmerzliches wachgerufen wird, prägt maßgeblich seine Einstellung zum zu lebenden Leben. Zum Kindsein gehört schon früh die Gewißheit, nicht für immer Kind zu sein, ja nicht Kind bleiben zu wollen. Die Auflösung der Symbiose mit der Mutter ist ein Akt selbsthafter Menschwerdung. Auch die römische Sitte, durch dreimaligen Scheinverkauf den Sohn vom Vater zu lösen und in seine Selbsthaftigkeit freizugeben, hat ihren lebenspraktisch gut begründeten Sinn. Auf Dauer behütet und auf allen Wegen geleitet zu sein, bekommt

9 *5. Mose* 328 ff.

keinem gesunden Menschen. Wie aber steht es dann mit der göttlichen Vaterschaft? Sich auf Schritt und Tritt von einem höchsten Willen, der die Aufgabe des Eigenwillens voraussetzt, bestimmt zu wissen – ist das mit Freuden und Gewinn gläubig hinnehmbar, wenn doch die unter guten und schlechten Bedingungen erworbene eigene Lebenstüchtigkeit gefragt ist? Das ist erstaunlich: Die Erfinder des göttlichen Vaters und mit ihm des göttlichen Kindverhältnisses haben etwas getroffen, das offensichtlich innersten Wünschen von Menschen entgegenkommt, ja Menschen in ihrem Fühlen und Handeln geradezu vereinnahmt. Sie wissen sich durch eine Macht geführt, die auf den Wegen des Lebens nicht in Frage zu stellen ist; sie spüren einen Halt, der einem Fels gleicht. Sie setzen ihr Lebensvertrauen aufs Spiel, dessen Gesegnetsein sie nicht nur erbitten, sondern erfahren haben, weil sie, wie es ihre Erfinder gestalten, bereits mit göttlicher Zuwendung beschenkt worden sind:

> denn ich habe dich bei deinem Namen gerufen; du bist mein.[10]
> ich habe dich zuerst geliebt, …[11]
> Wie sich ein Vater über seine Kinder erbarmt, so erbarmt sich der Herr über die, die ihn fürchten.[12]

Das ist bedeutsam. Die Erfinder des Menschen und des ihm korrespondierenden Gottes geben der „Furcht des Herrn“ ein großes Gewicht. „Die Furcht des Herrn ist der Weisheit Anfang“.[13] Fröhlich sein im Leben, aber ja nicht ohne Furcht (des Herrn).[14] Die Erfinder Gottes,

---

10 *Jesaja* 43,1.
11 *1. Johannes* 4,19.
12 *Psalm* 103,13.
13 *Psalm* 110,10.
14 *Jesus Sirach* 9,33.

auch die von Gott und Göttern anderer Religionen, halten es durchweg mit einem starken, drohenden und strafenden Gott, dessen belebende Zuwendung zum Gläubigen es allein um den Preis der Furcht gibt. Sie sind sich darin einig, daß der absolute Halt für das Leben auch eine absolute Grenze für menschliches Wollen, Hoffen und Tun bedeutet: bis hierher und nicht weiter! Vertraue nicht dir selbst, glaube nicht, daß du dich selbst erhältst, sondern vertraue Gott! Ist das Kind des Gottvaters gottesfürchtig, weil sein Vater der über alles an ihm verfügende Herr ist, dann regnet es förmlich Güte von oben: Liebe, Gnade Barmherzigkeit (Erbarmen), Freude, Langmütigkeit sind es, was der Psalmist anzuführen weiß.[15] Mag der erfundene Mensch auch noch so sehr zu einem Gottgleichen geraten und der erfundene Gott einem Menschen gleich werden – die absolute Grenze bleibt. Im *Gilgameschepos* ist es exemplarisch die Unsterblichkeit, die Sache der Götter bleibt, im *Alten Testament* das Feste gegen das Lose, der Fels gegen den Staub:

> Denn er weiß, was für Geschöpfe wir sind, er gedenkt daran, dass wir Staub sind.[16]

Es zeigt die Lebenskenntnis der Erfinder des Mensch und Gott vereinenden Vater-Kind-Verhältnisses, sich eine unaufhebbare Wesensdifferenz vorbehalten zu haben. Sie ist bedeutsam für die „Kinder“: für das Volk Israel und die gläubige Christenheit. Den Gott als Vater gibt es nicht, wie uns erneut vorgeführt wird, ohne den Gott als Herrn, das meint als höchsten Herrscher, der keine menschliche Eigenständigkeit duldet. Als der Herr ist er

15 *Psalm* 103.
16 *Psalm* 103,14.

der Hirte, dem die Schäfchen nichts als zu folgen haben.[17]

Gott, der Herr und Vater, hat aber nicht nur ein Volk zum Kinde, das von ihm gezeugt und geboren worden ist, nicht nur entsprechend Söhne und Töchter, wie es die Erzählung des *Alten Testaments* überliefert, sondern auch, wie es das *Johannesevangelium* im *Neuen Testament* erzählt, ein einziges Kind: Jesus Christus, den, wie schon Luther übersetzt, „eingeborenen" (*mounogenês*) Sohn. Mit Gott als Vater ist also die familiäre Deutung menschlicher Gottesbeziehung noch nicht ausgeschöpft.

17 *Psalm* 23,1.

2. Der Gottesbruder

I.

> Denn wer den Willen meines Vaters in den Himmeln tut, der ist mir Bruder und Schwester und Mutter.[18]

Dieses Jesus als dem geglaubten Messias von Gotteserfindern zugesprochene Wort will mit dem Bild der Blutsverwandtschaft auf die Wesensnähe von Christus, den als gesalbt Geglaubten, zu all denen verweisen, die an seinen himmlischen Vater glauben. Von familiären Beziehungen wird metaphorisch Gebrauch gemacht, um das Gesamt dessen vorzustellen, was eine geistige Gemeinschaft unverbrüchlich macht. Doch diese Beschwörung der Familie findet in der gesellschaftlichen Realität, gerade auch der antiken Gesellschaften, keine Bestätigung. Das Gebot, Vater und Mutter zu ehren,[19] das erste der zehn Gebote, das menschlichen Verhältnissen gilt und damit als vordringlich herausgestellt wird, ist, obwohl als hohes Lebensgut praktisch reichlich bewährt, nicht selbstverständlich. Dieses initiale, der Weitergabe und Mehrung des Lebens dienende Gebot will allem anderen zuvor für den Schutz des Lebens sorgen. Besonders nachdrücklich demonstriert das Buch *Jesus Sirach* (vermutlich zwischen 190 und 175 v. Chr. in Jerusalem verfaßt), wie notwendig die Achtung der Eltern für ein geachtetes Leben der Kinder ist. Über die Mutter flu-

18 *Matthäus* 12,50.
19 *2. Mose* 20,12.

chen, dem Vater Ehrenrühriges nachsagen, und sei es aus gegebenem Anlaß – das dürfe auf keinen Fall geschehen, solle nicht das Leben der Kinder ernsthaft Schaden nehmen.[20]

Nährt schon die allgemeine Lebenserfahrung, wie auch die im *Alten Testament* notierten Bedenken, ob es wirklich tunlich ist, ohne Einschränkung der Familie die für gelingendes Lebens unverzichtbare Erfahrung menschlicher Güte anzuvertrauen, dann genügt die Geschichte der leiblichen Brüder Kain und Abel, die auch als Gotteskinder für Brüder zu gelten haben, um hinreichend Bescheid zu wissen, daß auf die dem Blut nach Nächsten kein Verlaß ist, wenn Liebe und Güte gefragt sind.

Die im ersten Buch der *Tora* erzählte Geschichte des Verhältnisses von Mensch und Gott, Gott und Mensch, beginnt mit einem von Gott verursachten Brudermord. Die – gewollt – unerforschliche Willkür Gottes hatte die Brüder entzweit und den von Gott ohne sichtbaren Grund Benachteiligten zur Tötung des von Gott Bevorzugten getrieben. Aber es muß nicht der geisthafte Vater im Himmel, es kann auch der leibliche Vater auf Erden sein, der Ursache für Streit unter Brüdern wird, dies dann freilich nicht aus unerforschlicher Willkür. Der Grund der Vorteilnahme und die Methode der Hinterhältigkeit dienen der *Tora* als einleitendes Beispiel. Das Potential zum Zwist liegt dabei in den Brüdern als Brüdern. Der unwissende Vater hat nur die Funktion eines Katalysators, das Zwistpotential zur Wirkung kommen zu lassen. Einmal ist allerdings auch die Mutter der Söhne nicht weniger hinterhältig gegen ihren Vater aktiv, weil ihr Favorit nicht der favorisierte Sohn ihres Mannes ist. Es geht um Herr und Knecht: Der Älteste erbt und herrscht, der Jüngere geht leer aus und dient. Was die

20 *Jesus Sirach* 3,7–16.

Bibel von Esau und Jakob berichtet (*Genesis* 27), von Josef und seinen Brüdern (*Genesis* 37) und von Efraim und Manasse (*Genesis* 48), muß sich als Rechtsgut bewährt haben, wenn noch nach dem Zweiten Weltkrieg im Freistaat Bayern der Älteste als der Erbende und Herrschende über den Jüngeren wie über einen zu absolutem Gehorsam verpflichteten Knecht verfügt. Das erzeugt nicht notwendig Ergebenheit, sondern kann zu lebenslänglicher Bitterkeit, ja Erbitterung führen. Ob Mutter oder Bruder, wer dieses Verhältnis durch List und Tücke umzudrehen versteht, handelt geradezu noch human.

Wer so argumentiert, rechnet nicht mit den Erfindern des Menschen, die sich kein Humanum denken können, das sich als solches nicht durch ein erfundenes Divinum bestimmte. Brüder, die Brüder sind, weil sie Söhne derselben Eltern sind – das klingt, das ist allzumenschlich. Jene erfolgreichen Erdichter und Erdenker sehen sich vor die Frage gestellt, ob leibliche Brüder überhaupt echte Brüder sind. Als die Gotteserfinder, die sie sind, können sie das unmöglich bejahen. Um *in Wahrheit* Bruder zu sein, taugt ihnen kein natürliches Blut; übernatürlicher Geist muß es sein.

„Jesu wahre Verwandte" überschreiben deutsche Bibelübersetzungen das Jesus zugesprochene Wort, daß allein Gläubige, die ihren Willen dem Vater im Himmel übereignet haben, für ihn Bruder und Schwester und Mutter seien. Das ist immer wieder gedanklich und sprachlich ein starkes Stück, wenn eine Metapher zur eigentlichen Bedeutung erklärt, das meint verklärt wird. Die Umkehrung der Metapher verwandelt in diesem Falle ausgerechnet die dem Blute nach „Nächsten" in die, denen das göttliche Gebot der Liebe gilt. Mit einem Schlag sind aus Familienangehörigen und lebenspraktisch Nächsten, die nicht länger als wahre Nächste gelten sollen, Gottesfürchtige geworden, mit denen einer die Furcht vor genau diesem Gott teilt. Dem Geist-Gott wird der Vorzug gegeben vor der leiblichen Mutter und den leiblichen Geschwistern. Ist es nicht einfach Christus, sondern genauer Jesus Christus, der einzige Sohn des Gottes, der seine Vaterschaft voll im überirdischen Himmel ausübt, dann sind nun auch seine „Brüder" ins Geistige und Überirdische entrückt. Sie sind nicht mehr untereinander zwistfähig. Da leuchten die großen Brüderlichkeitsphantasien auf: „*Liberté, égalité, fraternité ou la mort!*" – bei diesen Revolutionären steht „Brüderlichkeit" nicht frei, sondern ist ein Muß, das vor die Alternative von Leben oder Tod stellt. Nur „Brüder" haben Lebensrecht. Das gilt ja auch, denkt man an die Inquisition, für die Christusbruderschaft. Da war die sogenannte *fraternization*, wie sie im Nachkriegsdeutschland in der amerikanischen Besatzungszone auf dem Wege geschlechtlicher Vereinigungen gelang, doch ungleich humaner.

II.

Als Christusgläubiger den Mensch gewordenen Sohn des Vatergottes zum Bruder zu haben, zum einzig echten und wahren, und dies im Verein mit allen, die gleicherweise dem Evangelium der Todlosigkeit mit Herz und Seele vertrauen – das ist gelebte Inversion der Metapher. Der Ausbruch aus der sprachlichen Konvention ist bedingt durch den Ausbruch aus der Naturgesetzlichkeit. Der ganz andere Bruder ist der einzig mögliche, wenn das ganz andere Leben im Blick steht: das ewige, das immun gegen jede Art von Naturprozessen ist. Im konsequent erfundenen Paradies kommt nichts zum Leben, wird kein Leben weitergegeben, geht kein Leben. Dort lebt sich Leben nicht mehr, nicht weniger als unaufhörlich dahin – geistig, versteht sich, und dies im Sinne von geisterhaft.

Wünschte man sich, wie es unter anderem die Autoren des *Alten Testaments* bezeugen, in Zeiten der europäischen Antike untereinander ein langes Leben, weil Leben, das mit dem Tod endet, von größtem Wert ist, so denkt das *Neue Testament* über lebenswertes Leben entschieden anders. Das gelebte und zu lebende Leben ist für dessen Denken, genau verstanden, kein Leben. Die Möglichkeit, ein Leben zu leben, das seinen Namen verdient, ist dieser Quelle zufolge erst durch Christi Erlösertod gegeben:

> „in das Leben eingehen" (*eis tên zôên eiselthein*)[21] –

ja, in das durch göttliche Gnade und göttliches Opfer sündenfreie Leben, das wirklich und wahrhaft Leben ist. Wer geboren wird, lebt demzufolge noch gar nicht. Das von Menschen erfundene „Leben" hat nur dann eine Chance, das wahre Leben zu sein, als das es erdacht ist, wenn es als ein göttlich gewährtes, genauer: als ein in Verbund mit Christus gläubig gelebtes vermeint wird, ein Leben, das bleibt und nicht vergeht. Religiöser Glaube muß also am Werk sein, mit dem Geist aufs Innigste verbundener schöpferischer Glaube „auf Hoffnung hin". Das wahre Leben eines Christusgläubigen bezeugt, daß seine Gotteskindschaft durch die einzigartige, wie sie mit Christus als dem eingeborenen Sohn gegeben ist, nicht entwertet wird, weil gerade Jesus Christus als der erfunden ist, der dem Gotteskind in seiner Vielheit die Gotteskindschaft vermittelt und verbürgt:

> (I)hr aber seid Christi, Christus aber ist Gottes.[22]

---

21 *Matthäus* 19,17.
22 *1. Korinther* 3,23.

Gotteskind, Gottesbruder – was könnte der Mensch, der, wie Theologen es ihm vorschreiben, kein Genügen an sich selbst findet, sich Größeres wünschen als diese Überkompensation des ihm einsozialisierten Fehls!? Genau da aber tut sich ein Problem auf, das ein Genügen grundsätzlich in Frage stellt: die Realitätsfalle. Anstatt sich als Poeten und Mythologen zu verstehen und zu bekennen, die sie sind, sitzen sie entweder tatsächlich in der Falle (sie wissen nicht, was sie tun), oder sie führen alle bewußt in sie hinein, die sie mit ihren Erfindungen als echten menschlichen Möglichkeiten überzeugen. Wer sein Leben im Glauben lebt, Gottes Kind und Bruder zu sein, lebt das *mysterium fidei*, ohne daß ihm Zweifel kommen müßten.

In der Welt des sich alltäglich bewährenden Realitätssinnes hat ein auf sterbliche und zugleich unsterbliche Weise lebender Gottesbruder keinen Platz. Ist aber mit Kind und Bruder Gottes nicht der wünschenswerteste Mensch entworfen und versprochen? Bedarf es für den an der Erfindung schöpferisch mitwirkenden Gläubigen einer Realitätsvergewisserung, die nicht möglich ist? Das „christliche Abendland" ist ohne eine solche historische Wirklichkeit geworden.

Die Todesanzeige eines Akademikers, der 98 Jahre alt wurde, verkündet im Sommer 2023, sich einen Psalm zu eigen machend:

> In deine Hände befehle ich meinen Geist; du hast mich erlöset, Herr, du treuer Gott.[23]

Die Strahlkraft des so Geglaubten, die für Jahrhunderte die Spiritualität nicht nur Europas geprägt hat und, wie das Beispiel es nahelegt, weiterhin prägt und den

23 *Psalm* 31,6.

im Glauben Vereinten eine verbindliche übernatürliche Ausrichtung ihres Lebens zu geben vermochte, konnte nicht generell und jederzeit vor dem Zweifel bewahren, ob die überwältigende Wirkung des Geglaubten gerechtfertigt ist, die sie auf Seele und Geist ausübt. Werden Möglichkeit und Notwendigkeit von Teufeln und Engeln fraglich, stoßen Pest und mörderische Erdbeben zur Frage nach der Güte Gottes an, lassen wissenschaftliche Erkenntnisse und angenehmeres Leben dank technologischen Fortschritts den Schrei nach höchstem Beistand zur „Hilfe aus aller Not" erlahmen, dann ist Gott nicht länger der Fels,[24] hat die „Frohe Botschaft" ihren Wahrheitsanspruch eingebüßt.

III.

> Man hat uns belogen und betrogen
> mit Gotteskindschaft, Sinn und Zweck [...][25]

Lug und Trug, so sagt es der Dichter, sind der Preis für die Tröstung eines Menschenkindes, das von der Realität des Lebens erschreckt, überfordert und vielfach verletzt ist. Das sagt der empfindsame Lyriker, von Beruf Arzt, zumal Arzt zweier Weltkriege, der als sensibler Diagnostiker aufgestört ist. Sagt ihm sein Ich auf einmal, daß alles, was ihm als Pfarrerssohn in Kindheit und Jugend an christlicher Gläubigkeit zugetragen wurde, nicht der Wahrheit entspricht, die die „Welt" zum Leben und Handeln braucht, dann macht das ihn für diesen Moment der Einsicht zum Ankläger. Er braucht keinen falschen Trost,

24 *Psalm* 18,3 et al.; *1. Korinther* 10,4.
25 Gottfried Benn, *Der junge Hebbel*, in: Ders., *Gesammelte Gedichte 1*, Stuttgart 1986, 3. Aufl. 2006, S. 21.

kann keinen brauchen, wenn es doch einsichtigerweise keinen gibt.[26] Dann ereilt ihn aber auch schon wieder das einzigartige Schicksal, Mensch zu sein, das es ihm unmöglich macht, von realistischer Wahrheit, das heißt allein von Brot zu leben.[27] Die Erzähler und eben Verklären des *Alten Testaments* bestehen darauf, daß nur der Mensch auf Zeit am Leben bleibt und sich fortpflanzt, der eingedenk der vom Himmel her demonstrierten Evidenz ist, daß er noch vor dem Bäckerbrot himmlischen Mannas bedarf. Wird das von denen, die Gott erschaffen, nicht als ein Wort aus der Realitätsfalle heraus geäußert, wie es *2. Mose* 16,4 ff. nahelegen könnte:

> Da sprach der Herr zu Mose: Siehe, ich will euch Brot vom Himmel regnen lassen; dann mag das Volk hinausgehen und sich Tag für Tag seinen Bedarf sammeln –,

sondern als das einer Selbsterkenntnis des Menschen, die nicht zuletzt von seinem Gemüt gesteuert ist, dann entdeckt das sich selbst wissende und verantwortende Menschsein, zweierlei Welten zugehörig zu sein. Hybrid, wie er ist, „liebt" der Mensch je nach Gelegenheit und Bedarf einmal das Reale, ein andermal das Irreale:

> soviel Lügen geliebt,
> soviel Worten geglaubt, [...].[28]

Die Ernüchterung, die den Dichter überfällt, läßt ihn schwanken, doch sie setzt sich durch: Das „Rouge von deinem Mund" muß weg – „gib mir ihn blaß". Die geliebten Lügen, sie kamen „nur aus der Wölbung der Lippen".

26 Gottfried Benn, *Hier ist kein Trost*, in: Ders., *Sämtliche Werke. Gedichte 2*, 3. Aufl. 2009, S. 31 f.

27 *3. Mose* 8,3.

28 Gottfried Benn, *Gedichte 1*, a. a. O., S. 310 f.

Sie haben sich an der Wahrheit des Lebens vergangen, vor allem an seiner Endlichkeit, wie sie der Tod markiert. Von den Diffamierern des Todes klagt er insbesondere den Apostel Paulus an. Er zitiert ihn wörtlich, um selber für den Tod zu den Worten zu finden:

> Uns bis du der lockende Regenbogen
> über die Gipfel des Glücks gespannt.[29]

IV.

Einsozialisierter religiöser Glaube kann zur seelischen Realität werden, die konstituierend für das eigene Ich und Selbst ist:

> Ich trage einen tief im Blut,
> der schreit nach seinen selbsterschaffenen
> Götterhimmeln und Menschenerden.[30]

Götter und Menschen, Himmel und Erde – das Topographische hat für die Erfindung von Gotteskind und Gottesbruder ein besonderes Gewicht: Das Oben und Unten ist von Bedeutung, die klare Grenzziehung, aber auch die Ganzheit des Räumlichen, das der Beziehung von Gott und Mensch, Mensch und Gott stattgibt. Es ist die Geborgenheit von Seele und Geist, wenn es für den Menschen keinen weiteren Selbstüberstieg gibt. Göttlicher Himmel und menschliche Erde – das ist sein ganzes Zuhause. Da ist also etwas tief in seiner Lebenskraft, das nicht von dem menschlich Geschaffenen als wahrem Göttlichen lassen will. Könnte es sein, daß das eine spe-

29 Gottfried Benn, *Gedichte 1*, a. a. O., S. 21.
30 Gottfried Benn, *Gedichte 1*, a. a. O., S. 20.

zifisch christliche Ausgangslage für die Frage des Menschen nach sich selbst ist?

Der Epiker Hesiod (um 700 v. Chr.), wenig jünger als der Epiker Homer, hat mit seiner *Theogonie* erd- und menschennahe Götter vor dem Geiste entstehen lassen, die Thales' Wort „Alles ist voller Götter" wahrmachen. Die Erde ist eine Gottheit, die dunkle Nacht, Sonne und Mond. Hesiod übernimmt auch die homerische Götterwelt, nur nicht so leichtfüßig dahinschwebend, sondern mehr zur Schwere des Irdischen passend. Auch an der grundlegenden familiären Beziehung von Gott und Mensch wird festgehalten:

> [...] die hehre Sippe der Götter,
> die zu Beginn mit der Erde der weite Himmel erzeugte.
> Welche Götter daraus entstammten, die Spender des Guten.
> Dann beginnen von Zeus, dem Vater der Götter und Menschen.[31]

Das haben die Erfinder des gottverbundenen Menschen gemein: Sie zaubern ein Höchstes hervor. Soll auch für diesen Menschen die Poesie blühen und sollen darum der Götter viele sein, so ist doch die monotheistische Grundeinstellung unabdingbar. Metaphysik lebt davon, den Superlativ auszureizen. So singen die „göttlichen Frauen": „Wie er der höchste der Götter ist und auch an Stärke der erste".[32] Der höchste und stärkste, das heißt der *eine* Gott, ist Vater der vielen Götter und vielen Menschen. Wieder erscheint neben der Figur des göttlichen Vaters die des göttlichen Bruders, sind doch, klar gedacht, Kinder desselben Vaters Geschwister. Im-

31 Hesiod, *Theogonie*, in: Ders., *Sämtliche Werke*, dt., Wiesbaden 1947, S. 6.
32 Hesiod, ebd.

mer deutlicher stellt sich als Erkennungszeichen des erfundenen Menschen heraus: Er stammt von Gott, nicht von leiblichen Eltern. Das hebt den beider Verhältnis bedingenden Unterschied von Mensch und Gott, wie sie erfunden sind, nicht auf. Dem Gott und den Göttern bleibt das Oben und Von-Oben, dem Menschen, daß er hinaufsieht und von oben Göttliches empfängt. Der *eine* Gott bleibt Herr der Ereignisse, im Christusglauben schon deshalb, weil er im Letzten der Richter über absolutes Glück und Unglück ist. Kommt das Unglück dann über den erdachten Menschen, das ist der ganz andere Tod, so ist demgegenüber der Tod, der dem Menschen, der wir sind, das Ende des Lebens bedeutet, das reinste Gnadengeschenk. Wer sich bei der Endabrechnung des gelebten Lebens nicht im „Buch des Lebens" mit guten Taten erwähnt findet, erleidet den „zweiten Tod":

> Und so jemand nicht gefunden ward geschrieben in dem Buch des Lebens, der ward geworfen in den feurigen Pfuhl (*limnê tou pyros*, wörtlich: Feuersee).[33]

Für diese – zu Tode gerichteten – Toten gibt es keine Stätte (*topos*) mehr, keine „Erde" und keinen „Himmel".

Das Verhältnis des Wesens, das dem Menschen ein bzw. der Gott ist, zum erfundenen göttlichen Menschen hat ganz offensichtlich seinen Ursprung in der Bestimmung ihrer unterschiedenen Örtlichkeit. Nicht von ungefähr beginnen Gottesglaube und entsprechende Rituale mit dem Seßhaftwerden des Menschen. Er ist nun auf den „Segen" von oben angewiesen. Die Götter gehören in den höchsten Himmel, als von oben her auf die Erde wirksame auch in den Himmel, der der Erde zugehört, der Mensch auf die Erde, die sich unter

33 *Offenbarung des Johannes* 20,14 f.

dem Himmel ausbreitet. Die Gott-Mensch-Erfinder haben sich freilich auch das Unter-der-Erde zunutze gemacht, um nicht alles dem Guten und dem Segen zu überlassen, sondern um auch Platz zu schaffen für die „Verdammnis". Furien, Erinyen, „Tod und Teufel" und „unlöschbares" Höllenfeuer tun abseits von Licht und Tag ihr Werk. Das ist ein besonders drastischer Punkt der Erfindung des Menschen, ihm zwei Möglichkeiten zu bieten, nicht nur durch gottfromme Taten im Himmel mottengesicherte Schätze zu besitzen und dort einst bei Gott seine Wohnung zu haben, sondern alternativ dafür verantwortlich zu sein, wenn es gilt, unter Tage schlimmste gottersonnene Qualen zu erleiden. Vor diese Alternative gestellt, wird sich der seiner himmlischen Abkunft bewußte Mensch richtig entscheiden. Er weiß um seine wahren Angehörigen. Göttliche Geschwisterlichkeit herrscht für ihn unter dem Himmel und über der Erde.

3. Der Gottesknecht

I.

Der Brief an die Römer beginnt mit den Worten:

> Paulus, ein Knecht Christi Jesu, berufen zum Apostel, ausgesondert zu predigen das Evangelium Gottes, [...].

Der in Basel geborene, Schule bildende evangelische Theologe Karl Barth sekundiert ihm. Aus gegebenem Anlaß hält er vom 24. auf den 25. Juni 1933 fest:

> Die Kirche hat überhaupt nicht dem Menschen und also auch nicht dem deutschen Volk zu dienen. Die deutsche evangelische Kirche ist die Kirche für das deutsche evangelische Volk. Sie dient allein dem Wort Gottes.[34]

Diener sein, Knecht sein, im Griechischen steht für Knecht das Wort für Sklave, nach Aristoteles ein Mensch, der nicht Mensch seiner selbst, sondern Mensch eines anderen ist. Das paßt zu Paulus und Karl Barth. Der im paulinischen Sinne religiös Gläubige ist „des Gottes", seines Vaters und Herrn.

Reale diktatorische Staatsmacht, propagandistisch durch Ideologie gestützt, contra erfundene Gottesmacht, wie sie mitschöpferische Theologen durch religiöse Poesie, die sich auf poetische Weise als Poesie bedeckt

34 Karl Barth, *Theologische Existenz heute!*, S. 24. Zitiert wird nach der 7. Auflage im Erscheinungsjahr 1933 (21. bis 24. Tausend), Chr. Kaiser Verlag, München.

hält („doppelte Poesie"), Glaubhaftigkeit und damit Wirkkraft zu gewinnen suchen. Wie wird dieser Widerstreit mit Worten geführt werden, was wird er in der Welt staatlich reglementierten Lebens ausrichten?

Die Anmaßung ist groß, ja souverän: durch Unterwerfung unter den Willen eines anderen, der für die gegebene praktische Situation der einer höchsten Macht ist, selber an dieser höchsten Macht teilzuhaben.

II.

Die politische Umwälzung des Jahres 1933 macht in Deutschland das Recht auf Leben unversehens zur ideologischen Frage, wer es denn genauer ist, der ein solches hat, und damit zu einer Frage von Leben und Tod. Wie die im *Alten Testament* erzählten grausamen Glaubensproben geradezu lustvoll vorführen, besteht sie nur derjenige, der zur absoluten Unterwerfung bereit ist. Er hat für sich jeden Rechtsanspruch aufzugeben, mit absoluten Herren läßt sich nicht rechten, und sich als Knecht in den Staub vor ihnen zu werfen. Die Thematisierung des Gottesknechts, eines erfundenen Menschen, der sich gänzlich Gottes Willen unterwirft, verlangt die genaue Abwägung, was hier unter Knecht zu verstehen ist. Um Paulinische Religiosität in dieser Sache mit absoluter Staatsgewalt zu konfrontieren, ist die Auseinandersetzung des Gottesknechts, wie ihn Karl Barth selbsthaft in Szene setzt, mit Adolf Hitler als dem absoluten Herrscher, der sich nicht nur auf rohe Naturgewalt, sondern auch auf Gott und göttliche Vorsehung zu berufen versteht, gewählt.

III.

In *Theologische Existenz heute!* wagt es Barth, sich gegen die herrschende Kirchenpolitik und das durch Adolf Hitler repräsentierte Führerprinzip zu wenden und für eine Theologie stark zu machen, die allein dem Wort Gottes dient. Was da an 42 Druckseiten vorliegt, hat Barth am Abend des 24. Juni 1933 niederzuschreiben begonnen und am 25. Juni abgeschlossen. Anstatt sich „zur Lage" der Kirche zu äußern, kommt er „zur Sache". Das Wort Gottes ist in Gefahr. Die „Sache" ist somit für ihn nicht die gegenwärtige Kirchenpolitik, ebensowenig die von vielen gefühlte neue Zukunft Deutschlands. Die Kirchenleute, von denen er sich in der Sache entschieden distanziert, zitiert er wie folgt:

> Eine mächtige nationale Bewegung hat unser deutsches Volk ergriffen und emporgehoben. Eine umfassende Neugestaltung des Reiches in der erwachten deutschen Nation schafft sich Raum. Zu dieser Wende der Geschichte sprechen wir ein dankbares Ja. Gott hat sie uns geschenkt, ihm sei die Ehre.

Das hört sich an, als sei der Rechtfertiger des deutschen Daseins erschienen, Adolf Hitler, gottgesandt, der jeder Volksgenossin und jedem Volksgenossen das bislang ungekannte Gefühl und unvermißte Wissen vermittelt, eine Daseinsberechtigung zu haben, verbunden mit dem maßstabsetzenden Daseinswert, ein Deutscher zu sein, es versteht sich: ein reinrassiger Deutscher.

Es gibt ja dies Selbstwertbewußtsein von „Nationen": die Juden, das auserwählte Volk; die Engländer, wie sie ein Cecil Rhodes verkörperte; allgemein die Japaner[35]

35 Siehe Kosaku Yoshino, *Cultural Nationalism in Contemporary Japan. A sociological enquiry*, Abingdon 1992.

und eben die Deutschen. Für sie gilt das schon seit den vermeintlichen Glanzzeiten „deutscher" Philosophie, seit den Tagen eines Friedrich Wilhelm Schelling und Johann Gottlieb Fichte, die die wahre Menschwerdung des Menschen im Deutschen vollendet sehen.

IV.

Barth, der „am Abend des 24. Juni 1933"[36] zu schreiben beginnt, um klar zu bekennen, Knecht Gottes, des himmlischen Herrn zu sein, wie ihn Menschen erfunden und religiös Gläubige als ihren Herrn gelebt haben, aber keiner, der sich einer nationalistischen Ideologie unterwirft, die die Reinheit des eigenen Blutes zur naturgegebenen und von Gott gewollten Herrschaft über Menschen erklärt, profiliert sich damit aus gegebenem Anlaß im wahrsten Sinne des Wortes als Theologe. Für den Theologen Barth war es ein unmögliches Ansinnen, dem zu dienen, was als deutscher Aufbruch verkündet und empfunden wurde. Sein Herr fordert ihn ganz als Knecht: als *seinen* Knecht.

Von der Suprematie legitimierenden Eigenart ihres Volkes überzeugte „Vaterländische" sehen und singen das anders:

> Der Gott der Eisen wachsen ließ,
> der wollte keine Knechte [...][37]

Da scheiden sich also die Geister und Seelen: Die Einen wollen Knechte einer wie aus dem Unendlichen her wirkenden höchsten Macht sein, die, „auf Glauben hin", ihre

36 Karl Barth, *Theologische Existenz heute!*, a. a. O., S. 7.
37 *Vaterlandslied.* Text Ernst Moritz Arndt, 1812

totale Unterwerfung mit dem Heil belohnt, die Anderen die Mitgift der höchsten Macht nutzen, ihr Schicksal selbst in die Hand zu nehmen und als Freie den Kampf um die Freiheit bestehen. Das von den Freiheitskriegern gegen Napoleon bis hin zu den 1933 an die Macht gekommenen deutschen Nationalisten genutzte *Vaterlandslied* diskreditiert frei gewählte Knechtschaft von Grund auf. Gibt einem der erfundene Gott die Waffe in die Hand, den knechtenden Herrn samt den Seinen zu bekriegen und nach Möglichkeit zu töten, dann hat der Gott als der ganz Andere nicht mehr vor, den Knecht als Kompensation für die Aufgabe jeden Eigenwillens zu entlasten. Siegen diese Freiheitskämpfer, dann wollen sie nicht nur in anderer Besetzung ein neues Herrschafts-Knechtschafts-Verhältnis herstellen, sondern die Beseitigung des Vorhergehenden so weit treiben, daß sie selber als durch ihre Eigenart zur Vorherrschaft Legitimierte anerkannt werden. Der Mensch, das heißt die Menschenart von höchster Werthaftigkeit, soll zur einzigen Menschenart werden, die Lebensrecht hat. Aus einer Wesenskluft zwischen Gott und Mensch, die bestehen bleiben soll, ist eine Wesenskluft zwischen Menschenarten geworden, die durch Beseitigung der niederen Menschenarten, die in der Sicht der Selbstherrlichen ein unwertes Leben leben, beseitigt wird.

Betont Hitler in *Mein Kampf* die Sonderstellung der Griechen und Deutschen unter den Menschenarten, dann hat er eine Kampfgemeinschaft im Sinn:

> Auch das hellenische Kulturideal soll uns in seiner vorbildlichen Schönheit erhalten bleiben. Man darf sich nicht durch Verschiedenheiten der einzelnen Völker die größere Rassengemeinschaft zerreißen lassen. Der Kampf, der heute tobt, geht um ganz große Ziele: eine Kultur kämpft um ihr Dasein, die Jahrtausende in sich verbin-

> det und Griechen- und Germanentum gemeinsam umschließt.[38]

Die Rede von Kultur kann nicht verdecken, daß es Hitler, anders als Heidegger, nicht eigentlich um das Geistige, sondern um das Biologisch-Rassische, wenn auch als Grund für Kultur, geht. Bei der Bestimmung dessen, wer eigentlich Mensch ist, hält er sich allgemein an die „Arier".

> Was wir heute an menschlicher Kultur, an Ergebnissen von Kunst, Wissenschaft und Technik vor uns sehen, ist nahezu ausschließlich schöpferisches Produkt des Ariers. Gerade diese Tatsache aber läßt den nicht unbegründeten Rückschluß zu, daß er allein der Begründer höheren Menschentums überhaupt war, mithin den *Urtyp* dessen darstellt, was wir unter dem Wort „Mensch" verstehen.[39]
> Dieser inneren Gesinnung [Verf.: des Idealismus im Unterschied zu Egoismus und Eigennutz] verdankt der Arier seine Stellung auf dieser Welt, und ihr verdankt die Welt den Menschen; denn sie allein hat aus dem reinen Geist die schöpferische Kraft geformt, die in einzigartiger Vermählung von roher Faust und genialem Intellekt die Denkmäler der menschlichen Kultur erschuf.[40]

Weil das, wie Hitler es denkt, nicht allgemein für die Arier, sondern für die *deutschen* Arier gilt, kann er für seinen „fanatischen" Nationalismus volle Zustimmung bei deutschen Geistern Ende des 18. und Anfang des 19. Jahrhunderts finden, zunächst schon einmal bei Ernst Moritz Arndt, der in seinem *Vaterlandslied* voller Teut-

---

38 Adolf Hitler, *Mein Kampf*, S. 470. Die Gegenwart verlangt ihm zufolge „einen germanischen Staat deutscher Nation", ebd., S. 362.

39 Adolf Hitler, *Mein Kampf*, S. 317.

40 Adolf Hitler, *Mein Kampf*, S. 327.

schenwahn verkündet: „Die Knechtschaft hat ein Ende", um gegen Schluß seine Wahrheit pathetisch ins Hohe zu entrücken: „Deutschland, heil'ges Vaterland". Jetzt sind die Deutschen selbstherrlich bei sich selbst. Um Mensch zu sein, bedarf es nurmehr, Deutscher zu sein. Sie sind niemands Knechte mehr, aber sie wollen auch für sich keine. Sie genügen sich selbst – als einzig wahrhaft Freie und Daseinsberechtigte. Der deutsche Idealismus, verkörpert in Tübinger Stiftlern, kann dem, wie schon erwähnt, nur sekundieren: im Deutschen vollendet sich die Menschwerdung. Was aber wird dann aus dem Gottesknecht, der sich auf seine Weise, nämlich gläubig, im Vollbesitz der Wahrheit des Menschen weiß?

Ab sofort ist, völkisch und selbstherrlich gesehen, am religiös Gläubigen nicht mehr bedeutsam, daß er glaubt und was er glaubt, sondern welchen Bluts und welcher Nation er ist. Wird, wie bei Aristoteles, in der Aussage „Ein Mensch zeugt einen Menschen" der Mensch als von einer Art genommen, so ist das eine Täuschung. Aristoteles *ist* Hellene, *spricht* hellenisch (*hellenizein*). Das ist seine ihm eingeborene Voreingenommenheit, die er mit artgleichen Dichtern teilt. Die Hellenen sind für ihn von Natur zum Herrschen bestimmt (*archesthai / despôzein*), weil sie von Natur über ein Denkvermögen (*dianoia*) verfügen, womit sie vorausschauend zu planen verstehen. Die Nichtgriechen, wegen ihrer Sprache, die nicht den reinen Klang des Hellenischen hat, Barbaren genannt, verfügten, weil ohne Denkvermögen, allein über rohe Kraft, um ihr Leben zu bewältigen. Die Gliederung des einen Menschengeschlechts ist so eine dreifache: Mann und Frau, Regierende und Regierte (Despoten und Sklaven), mit Geisteskräften Ausgestattete und nur über Körperkräfte Verfügende. Aristoteles denkt an einen Tragödiendichter, der die Hellenen als die Freigeborenen besingt, denen es gebührt, über die

Nichthellenen zu herrschen: als Herren über Sklaven.[41] Hitler hat also recht, wenn er auf die griechische Antike zurückgeht, um seine Sicht zu fundieren, daß in völkischer Sicht Menschen im einzig entscheidenden Sinne nicht gleicher Art sind: die Teilung der Menschen in Daseinsberechtigte und solche, die von Natur nicht zur Menschenführung taugen und damit, falls überhaupt ein Daseinsrecht, das eines voll Versklavten haben.

Das ist für Philosophie, wie sie seit der Antike vor Metaphysik nicht zurückschreckt, von großer Bedeutung: Der denkende Mensch in der Gestalt des Philosophen ist der zur Herrschaft bestimmte Mensch, weil er das Göttliche in sich hat: die Denkseele, die „für den ganzen Menschen steht".[42] Doch jetzt wissen wir darüber hinaus, daß der göttliche Philosoph nicht allein durch seinen ins Übernatürliche reichenden Geist geadelt ist, sondern auch durch das Blut in seinen Venen, ein „Wissen", das die Hellenen der Antike und die Deutschen des 18. bis 20. Jahrhunderts verbindet: In den Jahrhunderten eines Heraklit und Aristoteles mußte man ein Grieche sein, um herrschaftsfähig und entsprechend daseinsberechtigt zu sein, in den Jahrhunderten eines Hegel und Heidegger ein Deutscher. Da hat der Gottesknecht seinen Anspruch verwirkt, im alt- und neupaulinischen Sinn auf Erden den höchsten Auftrag auszuführen, der an ihn ergeht. Wir „*sind* Gottes Kinder" ist eines der leitenden Bekenntnisse Karl Barths.[43] Der Aufbruch, den es zu predigen und mit ganzem Herzen zu vertreten gilt, ist der in die künftige „Gotteswelt" und nicht der in ein zeitliches Reich deutscher Nationalisten. Hat aber Barth gegen Hitler als Wortführer der Verkündigung des kommenden Reichs eine Chance?

---

41 Euripides, *Iphigenie auf Aulis*, v. 1400.

42 Aristoteles, *Nikomachische Ethik*, 10,7.

43 Karl Barth, *Der Römerbrief*, a. a. O., S. 320–325 et al.

V.

Wird, was höheres Menschsein ist, nicht *im* Menschen, sondern *unter* Menschen erkannt, dann ist es systemisch ausgeschlossen, jedem Menschen den gleichen Anspruch zuzuerkennen, wirklich und wahrhaft Mensch zu sein. Für Hitler, der sich wiederholt seines Fanatismus rühmt, den er sich durch Selbstaufklärung in seinem Urteil über den Menschen für bleibend erschaffen hat, kommen dafür einzig die Arier in Frage. Ausschließlich sie sind zuhöchst Mensch, ja eben eigentlich Mensch. Nichtarier verdienen es nicht, für Menschen genommen zu werden. Verlieren so die meisten Menschen auf der Erde für den rassistischen Fanatiker ihr Lebens- und Daseinsrecht, dann ist das purer Biologismus und populistisch für nationalistische Zwecke mißbrauchter Darwinismus:

> Daher entsteht auch hier der Kampf untereinander weniger infolge innerer Abneigung etwa als vielmehr aus Hunger und Liebe. In beiden Fällen sieht die Natur ruhig, ja befriedigt zu. Der Kampf um das tägliche Brot läßt alles Schwache und Kränkliche, weniger Entschlossene unterliegen.[44]
> Diese Erhaltung [Verf.: des schöpferischen Menschen mit seinem „höheren Dasein"] aber ist gebunden an das eherne Gesetz der Notwendigkeit und des Rechtes des Sieges der Besten und Stärkeren.[45]

Das ist ein unheimlicher Komparativ: „Recht des Stärkeren". Er spricht das Recht und mit ihm auch die Pflicht aus, den Schwächeren kein Lebens- und Daseinsrecht

44 Adolf Hitler, *Mein Kampf*, S. 312 f.
45 Adolf Hitler, *Mein Kampf*, S. 316.

zu belassen. Entsprechend hat der deutsche Mediziner Alfred Hoche im Verein mit dem deutschen Juristen Karl Binding dafür plädiert, Schwerstbehinderte, denen kein „menschlicher Geist“ einwohnt, die also nicht mehr als ein Stück Natur sind, nicht wörtlich zu töten, sondern zu „beseitigen“. Als „fremde lebende Gebilde“ seien sie aus dem Organismus des deutschen Volkes „abzustoßen“.[46] Da gibt es also tatsächlich „menschliches“ Leben, das in der Öffentlichkeit der damals „Stärkeren“ nicht länger zu rechtfertigen sein sollte.

Schwerstbehinderte werden wegen ihres Geschicks nicht schuldig gesprochen. Ihre Ermordung verlangt den Mördern keine ethische Rechtfertigung ab. Sie versteht sich wie von selbst – pragmatisch aus einer Kosten-Nutzen-Rechnung, die allerdings an völkischen Interessen ihr Maß nimmt. Die Gesundhaltung des Volkskörpers deckt sich nicht mit seiner Reinhaltung. Diese geht über alles, weil sie über die Weitergabe höchsten Menschseins entscheidet. Dazu gilt es, die Art in ihrer Reinheit zu erhalten. Die neue Sünde ist erfunden:

> Die Sünde wider Blut und Rasse ist die Erbsünde dieser Welt und das Ende einer sich ihr ergebenden Menschheit.[47]

Bereits bei jüdischen Autoren des *Alten Testaments* findet sich exakt dies Empfinden, um nicht zu sagen Wissen. Einem Priester und Schriftgelehrten wird folgender Bericht zugeschrieben:

> Die Obersten traten zu mir und sprachen: Die Leute, sowohl (gewöhnliche) Israeliten als auch Priester und Le-

46 Karl Binding/Alfred Hoche, *Die Freigabe der Vernichtung lebensunwerten Lebens. Ihr Maß und ihre Form*, Leipzig 1922, S. 49–59.
47 Adolf Hitler, *Mein Kampf*, a. a.O., S. 272 (im Original kursiv gesetzt).

> viten, halten sich nicht abgesondert von den Heidenvölkern, von ihren Greueln, von den Kanaanitern, Hethitern, Pheresitern, Jebusitern, Ammonitern, Moabitern, Ägyptern und Amoritern, denn sie haben von den Töchtern derselben Frauen für sich und für ihre Söhne genommen und so hat sich das heilige Geschlecht mit den Heidenvölkern vermischt, und die Obersten und die Vorsteher sind in diesem Frevel vorangegangen. Als ich solches hörte, zerriss ich mein Kleid und meinen Mantel und raufte mir das Haupthaar und den Bart und saß betäubt da. [...] Zur Zeit des Abendopfers aber stand ich auf von meiner Kasteiung [...], fiel ich auf die Kniee, breitete die Hände aus zu dem Herrn, meinem Gott, und sprach: Mein Gott, ich bin zu beschämt, zu tief zerknirscht, als dass ich mein Angesicht zu dir, mein Gott, erheben dürfte.[48]

Mischehen jedweder Art beflecken das „heilige Geschlecht“ der Juden, sind widergöttlich und damit eine Sünde. So ist Hitler nicht ganz auf dem falschen Weg, wenn er wörtliche Anleihen bei jüdisch-christlicher Religiosität macht, um seinem Mord und Tod bringenden Blut- und Rassewahn die nötige Überzeugungskraft zu verleihen. Selbst vor dem „Willen des ewigen Schöpfers“ macht er nicht Halt, weil der geeignet ist, die ehernen Gesetze der Natur mit absoluter moralischer Macht zu versehen. Wer nicht alles tut, um sich als arischer Starkmensch zu erhalten, wer etwa schwach wird, weil er sich mit erbgutschwächenden, ja -schädigenden Nichtariern vermischt, wird schuldig:

48 *Esra* 9,1–6 (*Zürcher Bibel*).

> Eine solche Entwicklung herbeizuführen, heißt aber denn doch nichts anderes, als Sünde treiben wider den Willen des ewigen Schöpfers.[49]
> Indem der Mensch versucht, sich gegen die eiserne Logik der Natur aufzubäumen, gerät er in dem Kampf mit den Grundsätzen, denen auch er selber sein Dasein als Mensch allein verdankt. So muß sein Handeln gegen die Natur zu seinem eigenen Untergang führen.[50]

VI.

Barth, ein hochprofilierter der selbsterfundenen Knechte Jesu Christi, hat 1933 klar und mutig gesagt, wem er dient und wem nicht. Doch seine Verkündigung, daß für ihn als Theologen Gott der Herr sei, hat gegen den in jenem Jahr in Deutschland herrschenden völkischen Zeitgeist nichts vermocht. Hitlers Verkündigung, daß der physisch und geistig Stärkere der Herr sei, für den Menschen gesagt: der Arier deutscher Nation, erzielte im deutschen Volk die gewünschte Wirkung, die ihn bis zu seinem Ende knapp zwölf Jahre später, die rassistischen Mordpläne so gut wie ungehindert in die Tat umsetzen ließ. Die von Reinhard Heydrich geleitete „Wannseekonferenz" führte am 20. Januar 1942 an jenem See bei Berlin zur Einigung der Beteiligten über die geplante Ermordung aller europäischen Juden. Juden sind nicht gottgewollt – Hitler sagt das öffentlich, „deutsche Christen", dachten sie so, sagten das wohl eher insgeheim. Selbst Christen, die Hitler stürzen wollten, sahen für ihre Gesetzgebungsvorhaben Juden als Staatsbürger 2. Klasse

---

49 Adolf Hitler, *Mein Kampf*, S. 314. Vgl. S. 479: „Versündigung am ‚Willen des ewigen Schöpfers'"

50 Adolf Hitler, *Mein Kampf*, S. 314.

vor. Die weitestgehenden Pläne, die die SS unter Himmler auszuführen vorhatte, als sich bereits abzeichnete, daß der Krieg für Deutschland verloren war, die „Entvölkerung“ der Länder des Ostens bis zum Ural zu jeweils über fünfzig Prozent, um der Ansiedelung von sechshundert Millionen Deutschen stattzugeben, wird durch die Lektüre von *Mein Kampf* als ein Ansinnen Hitlers nur allzu verständlich. In diesem Buch, das in Hitlerzeiten jedem Brautpaar vom Standesamt mit auf den Weg gegeben wurde, wird die Ehe zum Instrument der „Vermehrung und Erhaltung der Art und Rasse“ erklärt, es versteht sich der stärksten: „Nur das ist ihr Sinn und ihre Aufgabe“. „Blutschande“, „Blutvergiftung“, „Rassenvermischung“ – das sind die Sünden wider die Reinheit der Rasse, mit denen sich die „geniale“ und „begnadete“ selbst aus dem „Paradies“ treibt:

> Ein völkischer Staat wird damit in erster Linie die Ehe aus dem Niveau der dauernden Rassenschande herauszuheben haben, um ihr die Weihe jener Institution zu geben, die berufen ist, Ebenbilder des Herrn zu zeugen und nicht Mißgeburten zwischen Mensch und Affe.[51]

Hitler ging es, wie er das Vorhaben seines Lebens dachte, mit seinen mündigen Helfern plante und zu verwirklichen begann, tatsächlich um die physische Vernichtung hunderter Millionen von Nichtdeutschen. Platz war zu schaffen für ein deutsch-arisches Großreich, das bis ans Schwarze Meer reicht. Die Planungen dazu ließ er 1940/41 beginnen. War er dabei ein Knecht seines Fanatismus, den er sich selbst bewußt geschaffen und selber gelobt hat? Jedenfalls war er nicht Knecht erfinderischer Phantasie. Selbst noch in seiner Maßlosigkeit blieb er Realist, zumindest realistisch orientiert.

51 Adolf Hitler, *Mein Kampf*, S. 444 f. (im Original kursiv gesetzt).

Barth war, soweit durch seine Berufung zum Gottesknecht geprägt, unmöglich Realist. Das hätte von ihm verlangt, das „Wort Gottes" als ein von Menschen für Menschen geschaffenes Wort ernst zu nehmen. Den Wissensvorbehalt, der mit dem Wort Glauben ausgesprochen ist, vernachlässigend, tritt er jedoch als Herold der Allmacht auf:

> In der Kirche ist man sich darüber einig, daß Gott durch eben dieses sein Wort *alle* Dinge trägt (Hebr. 1,3), auf *alle* Fragen Antwort gibt, *allen* Anliegen Gerechtigkeit widerfahren läßt, *alles*, was er erschaffen hat, erhält und zu seinem eigensten Ziele führt, daß aber auch *kein* Ding in der Welt ohne sein Wort bestehen und gedeihen kann.[52]

Sich auf menschliches Schriftwerk zu stützen, noch dazu auf einen anonymen, nicht von Paulus verfaßten Brief, um die Glieder der Evangelischen Kirche Deutschlands derart auftrumpfend an traditionelle Allmachtsphantasien zu erinnern, als wären sie gerade jetzt für robuste Realität zu nehmen, ist ein fragwürdiges Unterfangen für einen Gotteslehrer, der alle, die seines Glaubens sind, davon zu überzeugen sucht, daß der Gott, dessen Wort er dient, mit der Frohen Botschaft auch heute voll im Wort steht. Dem Gebrauch des Allquantors im *Hebräerbrief* folgend, kann sein Gott als Weltschöpfer keine andere als die beste aller Welten schaffen. Mag Hitler noch so sehr mörderisch wüten – wir hören auf das befreiende Wort des gütigen, Freude verheißenden Gottes.

Ob sie es sich bewußt machen oder nicht, Gottesknechte *wissen*, daß sie keinen Grund für die Annahme haben, mit ihrem beherzten Einsatz für die Idee einer allmächtigen Güte der Realität zu dienen, die sich als

52 Karl Barth, *Theologische Existenz heute!*, S. 4.

die unseres Realitätssinnes allzeit bewährt hat. Christliche Glaubensbekenntnisse, von Gotteslehrern verfaßt, offenbaren sich bei Gotteslehrlingen, die sie gläubig aufsagen, als zugeschnappte Realitätsfallen. Wieder sind Rösles Worte am offenen Grab ihres Pauli zu erinnern: „So hat's uns die Kirche jedenfalls versprochen" (das Wiedersehen im Himmel).

Hitlers messianische Vorstellungen usurpierendes „Tausendjähriges Reich" währte zwölf Jahre. Die Stärkeren hatten gesiegt: die Alliierten, allen voran Russen und US-Amerikaner, nicht Arier deutscher Nation. Gottesknechte hatten in Wahrnehmung ihres selbsterklärten Auftrags keinen realen aktiven Anteil an der Beendigung der nationalsozialistischen Gewaltherrschaft. Wie es dem Gott des *Alten* und dem des *Neuen Testamentes* vordringlich um die Einzigkeit seines Gottseins und seines Geglaubtwerdens zu tun ist, so haben entsprechend die Gottesknechte vordringlich die Interessen ihrer Institution im Sinn: das Gebrauchtwerden der kirchlich verwalteten Religion und das heißt das Geglaubtwerden der von ihnen verkündeten göttlichen Botschaft. Wendet sich ein Martin Niemöller (1892–1984) gegen die „deutschen Christen", dann geschieht das in eigener Sache als Gottesknecht, selbst wenn er dafür politisch bestraft wurde. Auch er dient einem mitschöpferisch gestalteten imaginären höchsten Wort, nicht aber der Beseitigung des NS-Regimes.

Das Wort Barths, daß der Gotteswortdiener nicht dem Menschen dient, ist erschreckend wahr, wenn er sich das aus dem *Hebräerbrief* Zitierte, das alles zum Besten nennt, zum Maßstab setzenden Beispiel seines Verkündigens aneignet: Die Welt mag machen, was sie will. „Bei uns" ist alles gut: jederzeit gut, in jeder möglichen Hinsicht gut, für immer gut. Er predigt ganz offensichtlich das Unmögliche. Das wieder liebt ganz offensichtlich das Ohr, das auf Frohe Botschaft hofft, *die* Frohe Botschaft empfängt und sie zur Wahrheit seines Lebens macht.

Das übertrifft noch um einen ganzen Himmel die Übertreibungen, wie sie die Erfindung einer stärksten, allein daseinsberechtigten Menschenart gestaltet. Bei der Erfindung Gottes ist für den irdischen Wortführer Gottes kein Halten mehr. Mit dem Allquantor erschlägt er „alles", auch die eigene Möglichkeit, die Unbedingtheit seiner irdischen Wortführerschaft zu hinterfragen, wodurch er sie eigentlich begründet. Je signifikanter das Wort tönt, daß Gott alles, was Menschen belangen kann, bestens, ja eben gut und recht, macht, um so klarer muß auch dem Menschen werden, daß es mit ihm eigentlich nichts ist. Liegt alles, was menschliches Leben lebenswert macht, wohl besorgt in der Macht Gottes, dann bleibt dem Menschen, um davon etwas abzubekommen, allein, „ganz" des Gottes zu sein. Luther, der große Knecht Gottes, wie er sich selbst findet und erfindet, macht es sich leicht, dem Menschen das Seine als das Seine zu retten: Der Mensch ist frei, gerade weil Gott absolut Herr ist. Er ist ja nicht mehr der Mensch, der wir sind, sondern der neue Mensch, der von Jesus Christus gnadenvoll Belohnte, sofern er nur an ihn glaubt.[53]

Erfinder, die es verstehen, damit zu überzeugen, daß sie Unmögliches zur höchsten Wirklichkeit erklären und eben verklären, müssen sich fragen lassen, ob sie damit jemandem etwas Gutes tun. Läßt Platon seinen Sokrates im Dialog *Laches* das Wissen vom Höchsten zum höchsten Wissen machen, Aristoteles am Beginn seiner

53 Martin Luther, *Die Freiheit eines Christenmenschen* (1520), hrsg. von Hans Heinrich Borcherdt, Chr. Kaiser Verlag, München o. J. Siehe dazu Verf.: das Nachwort der um ein Nachwort erweiterten Neuausgabe *Denkkunst. Kritik der Ontologie*, Freiburg/München 2018, S. 295.

Metaphysik die gesuchte Wissenschaft als die wissendste (genaueste und umfassendste) einem Gott andienen, weil die ja, wie er als Metaphysiker „weiß“, eigentlich nur die des höchsten Wesens sein kann, dann ist es, als sprächen sich die Erfinder von Unwirklichem und Unmöglichem miteinander ab, wie recht sie doch hätten, sich in ihrem Erfinden absolut frei zu fühlen, ja eben zu „wissen“.

Christliche Glaubensbekenntnisse sind zugeschnappte Realitätsfallen. Religiöser Glaube ist seiner lebenspraktischen Bedeutung nach am ehesten Vertrauen, am wenigsten Für-wahr-halten, er hat seinen Ort in der Brust, nicht im Kopf. So ist auch gegen den unbedingten Machtanspruch Gottes, wie Karl Barth durch seine Miterfindung des Wortes Gottes formuliert, Adolf Hitlers Machtanspruch, wie er ihn im Recht des Stärkeren als unbedingt setzt, allenfalls zum Schein verblaßt. Hitler hat rhetorisch gesiegt. Das politische Wort hat sich gegenüber dem theologischen als von unvergleichlicher Wirkungsmacht erwiesen.

VII.

Sollte der christliche Theologe, müßte der christliche Theologe den Gott, dem er uneingeschränkt und in aller Unbedingtheit dient, nicht doch einmal gründlich hinterfragen? Ja, er soll und muß. Von Menschen Erfundenes, und zeitigt es noch so belebende Wirkungen, ist niemals ein absolut sicherer Selbstläufer. Nimmt man zum „frühen Karl Barth“ von 1919 auch noch den von 1933, dann hat das Zeitfenster die richtige Dimension, um den Theologen zu zeigen, der als Gotteseiferer bekannt, berühmt und gefragt war. In der Mitte seines großen ersten Buches *Der Römerbrief* wiederholt er ein häßliches

Eifererwort, das er bereits am Anfang des Buches zitiert und sich dafür stark gemacht hatte:

> Wie sollte eine Seele, in welcher die Liebe Gottes ausgegossen ist durch den heiligen Geist, sich zur Ruhe begeben können, ehe sie *Gott* verherrlicht siehet in seiner Schöpfung und Gottes Schöpfung selig in Gott? Gott bewahre uns vor der Gemeinheit der Gesinnung, der es so recht ist auf Erden, die es nicht *anders* und *besser* haben will als vor dem ewigen Verderben selbst![54]

„Gemeinheit der Gesinnung" – damit beansprucht der Theologe in seiner Dienerschaft dem einzigen zu dienen, dem zu dienen einem Menschen frommt. Daß „das Wort Gottes", wie es im „Buch der Bücher" notiert ist, mehr Mythologie als sonst etwas enthält, hätte man schon vor dem Unternehmen seiner „Entmythologisierung", wie sie der evangelische Theologe Rudolf Bultmann durchgeführt hat, wissen, zumindest vermuten können. Ein Theologe, Leiter einer bedeutenden Institution der evangelischen Kirche in Deutschland, schreibt im Jahr 2024 dem Verfasser in einem Brief, er wundere sich sehr, wenn ein „kluger Kopf" nicht einsehe, daß die Bibel „Literatur" und damit „Fiktion" ist. Bevor er sich an der „Gemeinheit der Gesinnung" anderer religiös erwärmt, ja erhitzt, hätte sich der frühe Karl Barth zu fragen gehabt, ob das, was er da als unabdingbar für vertretbares Menschsein verkündet, wirklich gut erfunden ist, um Menschen über das Faktum hinwegzutrösten, daß die Menschenwelt schon immer „aus den Fugen" war, gegenwärtig ist und in alle Zukunft sein wird. Sein geglaubter, jedenfalls als verbindlich zitierter Gott ist nicht nach jedermanns Geschmack. Geht es um Gottvater, dessen eingeborener

54 Karl Barth, *Der Römerbrief*, S. 322.

Sohn Jesus Christus ist, dann tritt er vielfach als Verfechter des Genozids, ja als handgreiflicher Mittäter auf. Wird am Sonntag von der Kanzel mit einer gewissen erregten Vorfreude zu *Josua* 10,8 ff. gepredigt, weil es von dem geglaubten Gott etwas im wahrsten Sinne des Wortes Tolles und den Glauben an ihn Stärkendes abzuhandeln gilt: Er setzt Naturgesetze außer Kraft, dann übersehen die Prediger geflissentlich, daß der erfundene Gott ein „Verbrechen gegen die Menschlichkeit" begeht, womit das Buch es verdient, endlich auf den Index zu kommen, anstatt, von christlichen Kirchen kanonisiert, weiterhin dazu zu dienen, eine Großtat Gottes zu feiern. Auf diese erfundene Tat ist er sogar noch besonders stolz, weil es ihm (mit Steinen vom Himmel) als Einzelnem gelingt, mehr von den das Land bewohnenden Amoritern „auszurotten" als den Israeliten insgesamt.

Jesaja 11,13 ist ein weiteres Beispiel für den Genozidusus des Volksgottes Israels: Wer Juda bedrängt, wird „ausgerottet" (*Septuaginta*: *aphairethêsetai*). Das war damals üblich. So tritt auch selbstverständlich mit der Ausrottung der Hinweis auf, daß keiner „übrig" bleiben darf – ein ganz pragmatischer Selbstschutz. Sollte man das aber deswegen als Mitstreiter der Gegenaufklärung weiterhin als jugendgefährdendes Gotteslob in einem „heiligen" Buch plazieren?

Apropos „anders", „besser". Daß etwas in der menschlichen Lebenswelt anders und besser wird, hat menschliches Leben zu allen Zeiten in seinem Wünschen und Hoffen, Planen und Tun begleitet. Wer aber traut das dem Gottesknecht zu? Hat er jemals unter Beweis gestellt, daß er fähig, ja beauftragt ist, die Führerschaft einer derart allheitlichen Revolution der menschlichen Verhältnisse zum Guten hin zu übernehmen? Die dank einer Initiative von Konrad Adenauer aus russischer Kriegsgefangenschaft heimkehrenden deutschen Soldaten sangen bei ihrer Ankunft im niedersächsischen Friedland: „Nun danket alle Gott …“, ein evangelisches Kirchenlied, das mit Text und Melodie auf die Zeit des Dreißigjährigen Krieges zurückgeht.[55] Adenauer hat diese Rückkehr initiiert, nicht „Gott“. Zu denen, die in russischer Kriegsgefangenschaft zu Tode kamen, singt und sagt das gottfromme Lied nichts. Doch das überspielt Barth leichthin pauschal mit seinem Allquantor, wie schon anzuführen war: Das Wort Gottes läßt „*allen* Anliegen Gerechtigkeit widerfahren“. Da ist sie, die ominöse Unerforschlichkeit der Gerechtigkeit Gottes, die seit der erfundenen Erzählung von Kain und Abel gläubige Gemüter bewegt.

„Führerbefehle“ wurden im Zweiten Weltkrieg von Militärs jeden Ranges pünktlich ausgeführt, bis hin zur Exekution von Kindersoldaten, mit seltensten Ausnahmen (Kampfgruppe Wenk). Kein Gott zeigte sich hinreichend mächtig dazwischenzufahren. Gottes Wirkmacht bleibt eine zu glaubende, ist Sache von Gläubigen, die in einem überhimmlischen Himmel Wirkung zeigt. Der Gottesknecht ist allein befugt, für seine Kirche zu sprechen. Läßt Barth nach wiederholter Rede vom „deutschen evangelischen Volk“ dann doch das Adjektiv „evangelisch“ weg, überschreitet dieser Gottesknecht seine Kompetenzen:

> Das Volk, auch und gerade das deutsche Volk von 1933, braucht es, kann das nicht entbehren, daß der uns gewordene Auftrag ausgeführt werde.[56]

Was ein evangelischer Streiter für das Wort Gottes dann aber als das „Bessere“ jenseits alles Irdischen in Aus-

---

55 *Evangelisches Gesangbuch*, 1. Aufl., Karlsruhe 1995, Lied 321.
56 Karl Barth, *Theologische Existenz heute!*, S. 40.

sicht stellt, ist nicht gerade unbedenklich. Ein Mensch, der nicht seinem Wort folgt, hat im Tode Ruhe. Hat er jedoch gläubig das Wort Gottes im Ohr, muß er sich, solange er lebt, im Vordenken auf den Tod die Möglichkeit ewiger höllischer Pein vergegenwärtigen.[57] Alternativ verspricht DAS BESSERE auch nicht unbedingt Gutes. Das in unabsehbarer Ferne als möglich verheißene Glück ist an den Termin des „letzten Gerichts“ gebunden. Der Gedanke, daß der Gläubige „jetzt“ schon Glück hat, weil Christus ja „da“ ist, ist nicht kongruent mit dem Gedanken einer – richtenden – Wiederkehr Christi. Ein hochgeschätzter evangelischer Theologe hat in einem 1988 veröffentlichten Buch die Möglichkeit erwogen, daß Christus nicht wiederkommt und damit der Glaube samt Liebe und Hoffnung umsonst war.[58]

VIII.

Beim Gottesknecht wird es, je mehr der erhellende Aufklärer nachhakt, fraglich, wer eigentlich Herr im Haus ist: der geglaubte Herr und Gott oder der selbsterklärte Knecht und Theologe. Der Gott hat ja keine Möglichkeit, sich gegen die Übertreibungen seiner Alleszuständigkeit zu wehren. Natürlich ist es rührend zu lesen, wenn ein gotterfindender Evangelist wie Matthäus für Christi Bemühen, doch endlich für den Gott genommen zu werden, für den er sich erklärt, demselben menschliche Züge verleiht. Jetzt reicht ihnen das wiederholte und gesteigerte Wunder der Fischvermehrung noch immer nicht,

57 *Matthäusevangelium* 18,8; 25,41 et al.

58 Zu Wolfhart Pannenberg, *Metaphysik und Gottesgedanke*, Göttingen 1988, siehe Verf., *Wahre Hoffnungen?*, in: *Nachdenken über uns. Philosophische Texte*, hrsg. von Lukas Trabert, Freiburg/München 2018.

klagt er bei sich. Das aber ist in der Tat noch ein erfreulicherer menschlicher Zug als die Drohung „Wer nicht für mich ist, ist gegen mich“. Gottesknechte, denen man es zugunsten ihrer Redlichkeit nur wünschen mag, daß sie mehrheitlich in der Realitätsfalle sitzen, sind nun aber auch gar nicht fähig, in ihrem Predigen mit jedem Theologenwort als Herren ihres Herrn aufzutreten, ohne es zu wollen und zu wissen. Seit Paulus, dem ersten christlichen Theologen, ist jedes Wort des Gottesknechts, das dem Wort Gottes dient, ein Schöpferwort und damit eine Verkehrung des Verhältnisses von Herr und Knecht bzw. von Knecht und Herr.

4. Der Atheist

I.

Der Atheist ist eine ebenso bösartige wie dumm-dreiste, gerade darum auch sehr verständliche Erfindung. Wer im 5. Jh. v. Chr. in Griechenland die Erdensonne für etwas Materielles, nicht aber für Beseeltes und Göttliches ansah, mußte mit der Anklage rechnen, ein Gottloser zu sein. Die Kapitalstrafe drohte: Ausweisung oder Tod. Im frühen Judentum, eine im Glauben an Gott geeinte Gemeinschaft, wurde der, der nicht ihren einen Gott Jahwe einzig für einen Gott hielt, sondern auch Sonne und Mond, vor den Mauern der Stadt gesteinigt. Atheisten (gr. *atheoi*). Gottlose und Ungläubige, sind nicht nur Leute, die mit Gott und Göttern mangels Wissen und Erfahrung nichts zu tun haben, sondern auch diejenigen, die es mit „anderen“ Göttern, mit Götzen halten.

Götter gibt es kraft schöpferischer Spiritualität seit dem Seßhaftwerden des Menschen in der Jungsteinzeit: Muttergottheiten, Fruchtbarkeitsgöttinnen, himmlische Mächte, die der Ackerbauer mit Blick nach oben um ihre Gunst anruft, wie im alten Griechenland den Himmelsgott Zeus, der regnet (*hyei*). Poetische Spiritualität verschafft den Göttern keine geglaubte nackte Existenz, sondern geglaubte Wirksamkeit, und dies allem zuvor zum Guten des Menschen. Der Philosoph Platon, der in seiner mittleren Schaffenszeit, im Dialog *Politeia* („Der Staat“) in aller Kürze eine Theologie entwickelt, die den monotheistischen Philosophengott zum Urheber von nichts als Gutem für den Menschen macht, führt in seiner späten Schaffenszeit in den *Nomoi* („Gesetze“) ein Plädoyer für das Gesetz, das es Bürgern zur Pflicht macht, zu glauben, daß es Götter gibt, die sich dem Menschen zu seinem Guten zuwenden. Wer dieser Pflicht nicht nachkommt, wird in eine Besserungsanstalt („Zuchthaus“) gesteckt. Gelingt es auch so nicht, ihn eines Besseren zu belehren, wird die Todesstrafe verhängt. Ja, der Idealist Platon sieht die Ermordung Unschuldiger vor, die nichts anderes tun, als ihrer natürlichen Einsicht treu zu bleiben. Zugunsten der Vernunftabdankung, die für göttlichen Wahnsinn unabdingbar ist, setzt er bedenkenlos das Humanum aufs Spiel.

II.

Im Christentum bezeichnet das Wort Atheist, so zum Beispiel nach Belegen des *Shorter Oxford Dictionary* in England seit dem 16. Jahrhundert, den, der die Existenz Gottes leugnet oder nicht an sie glaubt. Die Rede vom Leugnen ist interessant. Sie tritt vielfach in für heilig erachteten Schriften auf: „Glauben oder Leugnen“. Wer leugnet, dem droht höllisches Feuer. Wer Besuch von Glaubenswerbern aus Übersee erhält, von Gläubigen, die notwendig Agnostiker sind, weil es nichts zu greifen und zu wissen gibt, bekommt zumeist Aggressivität zu spüren, wenn er gegenüber den jugendlichen Eiferern in der Sache kein Interesse zeigt. Vom ersten Gebrauch an des Wortes Atheist für Himmelsbeobachter, die strahlende Himmelsköper wie die Sonne für glühendes Eisen erklären, hat es sich eingebürgert, daß „Atheisten“ sich dafür zu rechtfertigen haben, nichts mit Gott und Göttern im Sinn zu haben, nicht aber die sich als „Theisten“ und „Entheisten“ Gebenden. Wo immer es in den verschiedenen Kulturen zur Staatenbildung kommt, ist es die Regel, daß politisches Regiment und herrschende Religion zusammengehen. Da religiöser Glaube nicht nur die Gläubigen für das zu lebende Leben stärkt, sondern auch, was staatliches Regiment erleichtert, moralisch diszipliniert, ist der Theist in der Öffentlichkeit gegenüber dem Atheisten klar im Vorteil, was sachlich in nichts gerechtfertigt ist. Der Gemeinschaftszwang herrscht, nicht das zu verantwortlichem Handeln befähigte Selbst, das sich lebensteilig bewährt hat.

Was am meisten gegen das Vorrecht der Theisten spricht, ist ihre Zwiespältigkeit, ihre zweite Natur. Großreiche mögen *eines* Glaubens sein, so ist doch der *eine* (verbindende) Glaube nicht schon Zeichen einer die Menschheit im Ganzen verbindenden Religion. Wer entschieden *seinen* Glauben glaubt, ist zugleich entschieden, den andersartigen Glauben nicht als wahren und damit überhaupt nicht als Glauben anzuerkennen. Mit einem durch Ritus und Bekenntnis festgelegten Glauben ist auch schon der Unglauben definiert. Wer die entsprechenden Bände von Karl May gelesen hat, weiß von Jugend an, welche Schrecken und Ängste einem das Brandzeichen, als Christ ein Ungläubiger zu sein, einjagen kann. Der Gott, der immer wieder selbst als Eiferer gekennzeichnet wird, hat ja, wie in „Heiligen Schriften" reichlich zu lesen, die größte Sorge mit seinem Geglaubtwerden und dem Ausschluß anderer Götter, die von anderen geglaubt werden. Allein schon die Möglichkeit, sich gegenseitig der Gottlosigkeit zu bezichtigen, deutet auf die Absurdität hin, die mit der Anklage, ein Atheist zu sein, theistischem Eifern von Grund auf innewohnt. Mit Blick auf die Gesamtheit menschlicher Religiosität sind alle Theisten und Entheisten immer auch schon als Götzendiener überführt.

III.

Poetisch leben, dem Mythos folgen nicht weniger als dem Logos, die Lebenswelt und mit ihr das zu lebende Leben verklären – welche reiche und starke Seele, die bereit ist, sich der Gewalt der Empfindungen auszusetzen, und fähig, ihnen Ausdruck zu verleihen und sie geistig zu formen, wäre nicht eine Probe menschlicher Sinngebung und Sinnerfüllung, eine Probe des Humanum, in dem der Mensch in seiner Einzigartigkeit sich selbst genügt? Genau dagegen aber wendet sich der professionelle Theist, der Theologe. Er spricht, wie schon erwähnt, von „Gemeinheit der Gesinnung“, wenn Menschen auf reine Menschenart ihr Leben bejahend und erfüllt leben.

Er ist unfähig zu akzeptieren, daß Gottesglaube reine Menschensache ist, Sache seines poetischen Vermögens, in sich den Menschen zu erwecken. der den Gott erschafft – im Mythos. Denken orthodoxe Theologen über das Humanum nach, dann fällt ihnen nichts Passenderes als das Divinum ein.[59]

Wer aus Glaubenseifer von dem Pejorativ Atheist (Gottloser) Gebrauch macht, müßte, ist er ein Christ, auch über den Neologismus Akakos (Teufelloser) verfügen können. Der Teufel, im Griechischen der Entzweier (*diabolos*) als das personifizierte Böse (*kakon*), komplettiert erst die Erfindung Gottes als des personifizierten Guten. Zwar warnt der Theologe vor dem Widerspruch, als Christ „(a)uf Gott bauen und unterdessen in das Reich der Sünde verflochten sein und dem Teufel dienen (zu) müssen“,[60] aber Luther hat das Faß Tinte nach dem

---

59 Siehe Verf., *Die Deutung gelingenden Lebens als des maßgeblichen Humanum*, in: Klaus Baumann (Hg.), *Theologie der Caritas*, Würzburg 2017, S. 29–42.

60 Karl Barth, *Der Römerbrief*, a.a.O., S. 235.

Teufel in vollem Ernst geworfen. Der Böse muß dem Gläubigen vor Augen sein, soll nicht dem Glauben an die Heilsgeschichte der Impuls genommen werden. Wer sich von aller Sünde frei weiß, weil er sich sicher ist, weder wissentlich noch unwissentlich einem Gott gegenüber einen Fehler (*hamartia*) gemacht zu haben, den muß der Christ anklagen, ein *akakos*, ein Sündenunfähiger zu sein, eine Unfigur, die sich dem Konzept der Heilsgeschichte widersetzt – die „Gemeinheit" seiner Gesinnung offenbarend.

IV.

Das Pejorativ Atheist dient dem Vorwurf, nicht an etwas als existent zu glauben, das unmöglich existiert, und damit die Aufforderung, sich wie die üblichen über ihren Glauben nicht aufgeklärten religiös Gläubigen in die Existenzfalle zu begeben. Daß es keine Falle, sondern daß die geglaubte Existenz die reine Wahrheit und Wirklichkeit ist, suchen die aktiven Theisten dadurch nachzuweisen, daß sie einen Existenzbeweis des geglaubten Gottes vorführen, um nicht zu sagen aufführen. Gehörte zum Glauben an Gott notwendig das Wissen um seine Existenz, dann wären die religiös Gläubigen nicht nur allesamt Agnostiker, sondern ebensosehr Atheisten, weil der Glaube als Glaube ein Wissen ausschließt. Um noch einmal zu erinnern: Wer weiß, daß Lackmuspapier in Laugen blau färbt, „weiß" das nicht „auf Hoffnung hin" (*eph' elpidi*), nein, er weiß es wirklich. Daß und wie Hegel nach Kant den „ontologischen Gottesbeweis" als Existenznachweis für den geglaubten Gott zu führen sucht, ist eines seriösen Philosophen unwürdig. Nicht weniger ist es eine Schande, wie sehr er damit in der geistigen Öffentlichkeit reüssiert hat. Der bloße Versuch von Gottesbeweisen bezeugt ein Grundmißverständnis religiösen Glaubens. Für einen gelingenden Bezug des Menschen zu Gott und des Gottes zum Menschen gibt es für die Vergewisserung des Gelingens nichts als den Glauben. Zur Verifikation des Geglaubten, wie könnte es anders sein, dient der Glaube, und nur er. Zu jeder „Offenbarung" Gottes gehört konstitutiv ihr Geglaubtsein. Berichtet ein Gläubiger von einer unmittelbaren Gotteserfahrung, dann erzählt er aus seinem Glaubensleben.

Platons Sokrates hat einen Sinn für das „Verzaubern" gehabt, für geistige Wagnisse, die einem vernünftigen Menschen nicht geziemen, wohl aber einem, der „sich selbst bespricht", um geistige Ausgriffe zu bejahen, die keiner aufklärenden Erkenntnis dienen, sondern einer verklärenden, die den Menschen sich selbst übersteigen läßt.[61]

Ein Urbedürfnis des Menschen entdeckt sich, das zu stillen ihn zum Künstler macht: zum Schöpfer von Unmöglichem. Der Gott ist geboren, wie von selbst im seelisch-geistigen Verhalten entstanden, ja eben miterfunden und mitgeschaffen. Gott ist praxisdefinit. Er „lebt" in allem und durch alles, was einem zum Himmel gerichteten Wesensglauben zugehört. Der religiöse Glaube ist nur im Nebensächlichsten eine Sache der Intellektualität, wie es seine Deutung als Für-wahr-halten versteht. Zutiefst ist er, um ihn metaphorisch *im* Menschen zu orten, in seiner seelisch-geistigen Existenz, gelebtes Vertrauen, das von der Intimität des eigenen Todes ist: ein intimster Partner des selbst und mit anderen zu lebenden Lebens. Religiöser Glaube ist ein Höchstvermögen des Menschen, zugleich ein höchst diffiziles: die volle, ungemein lebensförderliche Entlastung bei einem Wesen zu suchen und zu finden, für das der schöpferisch

61 Platon, *Phaidon* 114d; vgl. ebd. 77e–78a et al.

Glaubende letztlich selbst die Verantwortung trägt. Für seinen Gottglauben, das ist die nötige erhellende Aufklärung, trägt nicht der Geglaubte, sondern der Glaubende die volle Verantwortung. Wem das als ein *sacrificium intellectus* mißfällt und von einer Teilhaberschaft abhält, steht es frei, sein Potential, das Leben und seine Welt zu verklären, anders zu verwenden. Dem Verfasser sind nach wie vor die Worte nah, die das Rösle bei der Beerdigung ihres Pauli, im Regen am lehmigen Aushub des Grabes stehend, zu ihm sagte: „Ich werde den Pauli ja wiedersehen. So hat es uns jedenfalls die Kirche versprochen."

Wer religiösen Glauben nicht zur Stillung seines Verklärungsbedürfnisses nutzt, weil er etwa nicht entsprechend sozialisiert ist oder ihm Erfindungen wie der dreieinige Gott und göttliche Himmelfahrten heutzutage zu abstrus vorkommen, um sich zu ihnen zu „bekennen", der findet in den „schönen Künsten" hinreichend Möglichkeiten, sich inspirieren zu lassen und schöpferisch mitzuschaffen, vor allem aber die Liebe zum Menschen und dabei nicht zuletzt die partnerschaftliche.

V.

Ist die Endlichkeit, wie sie allem Lebendigen eigen ist, der Hauptgrund für die Existenz des *Homo religiosus*, dann gerät für den, der sein Menschsein bejaht, die tröstlich gemeinte Erfindung eines ewigen Lebens zu etwas eklatant Widermenschlichem, ja Unmenschlichem. Triumphiert Karl Barth in der Nachfolge von Paulus damit, daß Christus den Tod „getötet" habe, dann hat genau diese eifernde und fundamentalistische Verklärung den Menschen um die Wahrheit seines Menschseins und seinen ersten, lebenslänglichen Intimus gebracht: um seinen Tod. Das verdient eine Anklage gegen die Theisten, den Menschen seines festen Halts im Leben, vor allem aber seines größten poetischen Schatzes im Leben zu berauben: des Verhältnisses von Eros und Thanatos, von Liebe und Tod. Was wäre ein menschliches Leben ohne Endlichkeit!?[62] So exzellente Denker wie Platon und Kant kommen auf die Idee, die Ewigkeit seelischen Lebens schon darum zu fordern und zu einem Stück philosophischer Gewißheit zu machen, weil sie für im Leben ungebüßte schlechte Taten die Strafjustiz in ein „Nach dem Tod" retten wollen, den Giftpfeil rachsüchtiger Moral, der nichts mehr bessern kann und will. Selbst, ja gerade ein Schwärmer wie Angelus Silesius möchte Verstorbene nicht nur „In höchster Ruh und Friede (sitzen)" sehen, sondern behält sich die Möglichkeit vor, ewige Seelen mit Schlangen auszupeitschen, wenn sie das verdienen.[63] Mit einer realistischen Grabschändung wäre es ihm und den Nachdenkern nicht getan.

Ja, das ist Theismus: Für den Verblichenen ist im Grab keine Ruhe vorgesehen, vielmehr eine im Leben nicht erzeugbare Unruhe, wie sie die Erfindung eines „Letzten Gerichts" auszulösen bestimmt ist. Der heilige Augustin schuf mit Überzeugungskraft an dem Glauben mit, daß ein Mensch, ein menschliches Herz, seine Ruhe nicht im Grab findet, sondern in Gott. Der Theist, der mit dem Vorwurf, Atheist zu sein, die einzigartige, den Menschen auszeichnende Möglichkeit, die Intimität der geschlechtlichen Liebe mit der Intimität des je eigenen Todes der beiden Liebenden zu vereinen, verwirft, ja verdammt, gehört vor das Gericht des Humanum gestellt.

62 Siehe Verf., *Das Glück, Mensch zu sein*, a. a. O., S. 205–207.

63 Siehe Verf., *Der menschliche Tod*, Neuausgabe, Freiburg/München 2016, Nachwort.

Intermezzo

Das Ziel der christlichen Moralität ist nicht das irdische Glück, sondern die irdische Unseligkeit. Das Ziel des praktischen Christen, der in der Welt steht, ist nicht der Welterfolg, sondern das Nicht-mehr-handeln-müssen oder sogar der Mißerfolg. Jene Unseligkeit und diese Mißerfolge sind die Mittel und Stufen zur Entweltlichung. Giebt es noch Christenthum? Es scheint, es ist schon am Ziele seiner Entweltlichung, nämlich zur Welt hinaus. Aber es hat, bevor es schied, an die Wand seine Schrift gemalt, und diese ist noch nicht verschwunden: die Welt ist verächtlich, die Welt ist böse, die Welt ist das Verderben. Ohne die Vorstellung anderer Wesen als Menschen sind bleibt alles Kleinstädterei, Klein-Menschelei. Die Erfindung der Götter und Heroen war unschätzbar. Wir *brauchen* Wesen zur Vergleichung, selbst die falsch ausgelegten Menschen, die Heiligen und Heroen sind ein mächtiges Mittel gewesen. Freilich: dieser Trieb *verbrauchte* einen Theil der Kraft, welche auf die Findung des *eigenen* Ideals verwendet werden konnte. – Aber eigene-Ideale-suchen war nichts für frühere Zeiten, das Wichtigste war den Menschen nicht mehr *unter* ein Mittelmaaß *hinabsinken* zu lassen und dazu diente, daß er wie angeschmiedet wurde an ein allgemeines Menschenbild, daß Selbstlosigkeit ihm gepredigt wurde.[64]

I.

Friedrich Nietzsche hegt einen Widerwillen gegen Mediokrität. Er denkt groß. Dies Urteil hebt nicht auf die Könnerschaft ab, wie es bei Meister Eckhart vorwie-

64 Friedrich Nietzsche, *Nachlaß 1880–1882. KSA* 9, S. 97, 577.

gend der Fall ist, wenn er die „großen Meister" von den „kleinen Meistern" absetzt, sondern auf die umstürzend-aufklärerische Kraft und Erhabenheit des Gedachten. Zudem verfügt er in der Auseinandersetzung mit der Christlichkeit seiner Zeit über einen ungeheuren Vorteil: Er versteht etwas vom religiösen Glauben, wenn er davon ausgeht, daß der geglaubte Gott vom Glauben *lebt*. Das gibt ihm die Freiheit, einen Sinn für Erfindungen von Wesen zu haben, die durch die ihnen zugedachte Wirklichkeit ihm die Möglichkeit zeigen, als „Schaffender" sich in seinem Menschsein selbst zu überbieten. Nietzsches ausgesprochener Sinn für das Heroische läßt ihn auf Augenhöhe philosophisch mit Wesen umgehen, die im antiken Griechenland als Halbgötter galten, eine Verhaltensart, die ihm auch eigen ist, wenn es um erfundene Götter geht. Das allgemeine Menschsein gilt ihm als das gemeine, das den „Wenigen" keine Chance läßt, sich von den „Vielen, Allzuvielen" zu distanzieren. Herausragende Menschenwesen, wie sie Nietzsche im Sinn hat, huldigen einem elitären Solipsismus. Ein Gott, sagt sich Aristoteles, hat keine Freunde, weil er keine braucht. Er ist ja autark. Das gilt auch für einzelgängerische Heroen. Herakles hat seine zwölf heldischen Wundertaten, die der Beseitigung von die menschliche Lebenswelt unwirtlich machenden Wesen galt, ohne Mithelfer vollbracht. Die Freundschaft von Gilgamesch mit dem Wildmenschen Enkidu ist wie auch die von Patroklos und Achilles eine sehr spezielle Ausnahme. Heroisch sein, elitär sein, einsam sein, ganz selbst sein – das ist kein Vorbild für das Humanum. Da ist Nietzsches Problematisierung der „Frohen Botschaft" dagegen von wirkungsgeschichtlicher Bedeutung.

Das christliche Leben hat ein in Betrübnis, Bedrängnis, Bedrückung (*thlipsis*) gelebtes Leben zu sein. Das hat Paulus klargemacht. Allein so sei es echte Nachfolge

Christi. Darauf hat Nietzsche den in seiner Frömmigkeit zufriedenen „Abendländer" aufmerksam gemacht. Daß christliche Kirchgänger den Glauben, zu dem sie sich sonntags in der Kirche laut bekennen, im Sinne des wörtlichen Bekenntnisses auch verstehen, ist kaum anzunehmen. Wer sollte und wollte auch dieses, altmodisch gesprochen, „von dannen er kommen wird", das so wundervoll klingt, verstehen können? Verstünden sie es nämlich, müßten sie zu rätseln beginnen, worin denn das Frohe der Frohen Botschaft bestehen solle. Zwar können sie von dem Tod, der ihnen als Lebenden bevorsteht, mit Sicherheit davon ausgehen, daß, tritt er ein, sie vorläufig dann erst einmal tot sind. Aber bei den Knochen im Sarg und der Asche in der Urne bleibt es nicht. Es droht ja, wie er es im Leben geglaubt hat, „zuletzt" die Wiederkehr seines Gottes mit der Macht des Richters, der endgültig entscheidet, was aus ihm wird. Himmel oder Hölle ist die Alternative. Ist das wirklich eine Botschaft, die froh macht, weil sie sagt, es könnte einem nach dem Tod besonders gut gehen, freilich auch schlimmste Pein erwarten? Nein, dem Frohen will die Kirche auf keinen Fall Gewißheit geben. Religion ist die effektivste Form menschlicher Selbstdisziplinierung. Lebt einer seinen Glauben nach dieser Form, sind dem Frohsinn notwendig Grenzen gesetzt. Die fröhlichen Christen verdanken ihre sie prägende Lebensstimmung der Unkenntnis christlicher Orthodoxie oder ihrer bewußten Ignoranz. Letztere hören auf erhebende und belebende, tröstende und wegweisende Worte ihres Gottes, nicht aber auf die einer paulinischen Theologie.

II.

Metaphysische Philosophie und eine monotheistische Religion wie die christliche konkurrieren in der Beschimpfung der Welt, in der wir leben. „Diese Welt" – gemeint ist die Welt „dieses Zeitalters" (*aiôn, saeculum*). Nur derjenige Verkünder der Frohen Botschaft trifft das christliche Ansinnen, der sie in seiner Predigt als die sündige, die böse, die unerlöste zu brandmarken weiß – wozu sonst Heilsgeschichte!? Nietzsche trifft mit seiner Rede von Entweltlichung den Kern der Sache. Der echte Christ ist schon „zur Welt hinaus". Wenn er freilich meint, ein Königsweg dazu sei, den Mißerfolg in der Welt zu wollen, so ist das nicht gut nachvollziehbar. Platon Gedanke eines rein seelischen Lebens ohne Leiblichkeit trifft auch Paulus' Vorstellung.

Um auf die Frage, ob es noch Christentum gibt, für eine Antwort nicht lange recherchieren zu müssen, sondern prompt für ein klares Nein eintreten zu können, hat er ein zwingendes Argument parat. Die Christen haben mit Entweltlichung als der sie leitenden Moral ihr Ziel erreicht: Sie sind aus der Welt verschwunden samt ihrem Glauben und ihrem Gott. In der Zielsetzung der Entweltlichung lag schon, wie Nietzsche folgert, die Verabschiedung aus der Welt beschlossen. Christentum war, in Konsequenz seines Ansatzes, ein Unternehmen auf Zeit. Dabei war es so schäbig, seine Verachtung der Welt, die es ja eigentlich mit sich aus der Welt genommen hat, dennoch dazulassen: als Schmierklecks an der Wand. Das ist nachgetreten. Nietzsche hat christliche Moral mit dem, was sie gewollt und erreicht hat, zutiefst erbost.

5. Der Enthusiast

I.

Zur Natur des lebensbefähigten Menschen gehört es, von Zeit zu Zeit die Herrschaft über sein entwickeltes Selbst zu verlieren. Er ist dann nicht mehr bei sich, sondern außer sich, ja auf eine Weise von Sinnen, die den Wahnsinn einschließt. Das ist die einzigartige Chance, als Mensch mehr als nur menschlicher Natur zu sein. Die für seine psychosomatische Natur, wie er sie sich zu eigen gemacht hat, zu beengte und bestenfalls mit Tageslicht und technisch verfertigtem Licht erhellte Lebenswelt ist gesprengt. Wie mit einem Schlag ist er ganz woanders: in einer anderen Welt. Nimmt sich der idealistische Philosoph Platon dieser Möglichkeit an, als Erdenwesen in überhimmlische Höhe zu gelangen, dann greift er auf kein Schamanentum zurück, auf keine Körpertechnik, die zum Verlust der Herrschaft über sich selbst mit dem vermeinten Gewinn einer Beziehung zu höheren Mächten führt. Er hält es mit dem Eros, mit der geschlechtlichen Liebe, allerdings nicht mit der „pandemischen", der vulgären, sondern mit der geistig geläuterten himmlischen („Uranischen"). Sieht ein Liebhaber seinen Liebling, dann mache ihn das „von Sinnen" in seinem Wahn nicht leer, sondern einzigartig erfüllt: Er ist ein Enthusiast, ein Gotterfüllter (gr. *entheos*). Der Gott ist in ihm, die überirdische Liebe. Darum gilt der enthusiastische Liebhaber auch als „göttlicher": Er ist der durch „schöne Reden" an den Liebling der die geschlechtliche Liebe geistig Läuternde, dem die Gegenliebe des enthusiastischen

Geliebten, wie es wohl zumeist der Fall ist, an enthusiastischer Läuterung nicht entspricht.[65]

II.

Sinnen, sich gedanklich auf etwas ausrichten; sich besinnen, besonnen sein – das, was das A und O menschlichen Ethos ausmacht, wird durch den Enthusiasten in Frage gestellt. Wird mit dem Götterfüllten ein Mensch, der mehr als nur Mensch ist, als Möglichkeit und Wirklichkeit wahrhaftigen Menschseins anerkannt, dann haben Vernunft und Wissenschaft ihren wie von Natur gegebenen Monopolanspruch auf Menschenführung eingebüßt. Wie es die Lebenspraxis aller menschlichen Kultur bezeugt, ist der Mensch nicht von einer, und nur einer Natur.

Sophokles spricht lyrisch von Bacchantinnen als Gotterfüllten (*entheoi*),[66] Platon führt „Dichter und Denker" als Gottbegeisterte vor. Philosophen, ausgerechnet Philosophen, die den Königsweg gerechter staatlicher Gesellschaftsführung vorzeichnen, sollen im Zustand des „von Sinnen" von höchster Wahrheitsfähigkeit sein. Wie er sich selbst und alle sonst noch „wahrhaft Philosophierenden" einschätzt, übertreffen sie im erfindenden Denken alles erfindende Dichten:

> Den überhimmlischen Ort aber hat noch nie einer von den Dichtern hier besungen, noch wird ihn je einer nach Würden besingen. Er ist aber so beschaffen – denn ich muß es wagen, das Wahre zu sagen, zumal da ich von der Wahrheit zu reden habe.[67]

65 Platon, *Symposion* 180b.
66 Sophokles, *Antigone* 964.
67 Platon, *Phaidros* 247c., Übers. F. Schleiermacher.

Die Ausnahmestellung des Philosophen ist, wie Platon seinen Dialogführer darlegen läßt, daß er ganz des Gottes ist, der in ihm wirkt: der wahren Liebe zum wahren Sein (zum „seienderweise seienden Sein"). Er ist wie erschrocken (gr. *ekplexis*) vor lauter Begeisterung beim wahrhaft göttlichen Schauen des wahrhaft, vor Gott bestehenden Schönen und Wahren. Der Enthusiast ist nicht bei Verstand und Vernunft. Daß seine geistige Ausrichtung dennoch das wahrhaft Wahre bleibt, dafür sorgt der in ihm wirkende Gott. Er steht für wahre Vernunft und wahre Wissenschaft (für das reine Wissen des reinen, farblosen, völlig gestaltlosen Seins).

Der Enthusiast glaubt nicht an Gott, sondern lebt und erlebt ihn. Er gibt dabei nicht allen Eigenwillen auf, um sich ganz dem göttlichen Willen zu unterwerfen. Nein, er wird schöpferisch und nutzt die Momente göttlichen Schauens in ihrer vollen, Begeisterung erweckenden Kraft, um die Liebe zum wahren Wissen für sich fruchtbar zu machen. Auf diese Weise wird er so recht ein Bürger der überirdischen und überhimmlischen Welt, einer geistigen, deren Ästhetik entsprechend durch geistige Anschauung ausgezeichnet ist, durch momentane Unmittelbarkeit von Denken und Sein, Empfinden und Sein.

III.

Begeisterungsfähige sehen für sich und im Verein eine Welt entstehen, ja leben als Begeisterte in einer Welt, der die Bedeutungskraft des griechischen Wortes *techné*, das für Technik und Kunst steht, nicht mehr gerecht zu werden vermag. Wirklichkeit, wie sie enthusiastische Ereignisse prägen, ist, so will es ihr Erfinder Platon, kein Werk der Kunst. Das schlösse die Göttlichkeit dieser Momente aus, ihre reine Wahrheit. Unterwirft sich der Enthusiast auch nicht eigenwillentlich einem Willen Gottes, so gibt er doch dem Gott in sich Raum, mehr zu erwirken als ein Mensch vermag. In seinen wahren Momenten göttlichen Wirkens und Mitwirkens agiert er selbstlos. Der Gott in ihm führt das Regiment. Doch der ist ihm ja nichts Fremdes mehr, nichts wesensmäßig gänzlich Anderes. Die der geistigen Anschauung mächtige Seele ist bei philosophischen Idealisten von früh bis spät nichts bloß Menschliches. Im Gegenteil, sie versteht sich in ihrem Besten als göttlich. Der Gott im Enthusiasten ist es, der menschliche Künstlerschaft erübrigt, mehr noch, der sie für unvermögend erklärt, es im Werken und Wirken dem enthusiastischen Ereignis gleichzutun. Die Erfindung des Enthusiasten stellt enthusiastisches Denken und Dichten mit Recht um einen Himmel höher als Denkkunst und Dichtkunst. Anders gesagt: Ihre Werke verdanken sich keiner menschlichen Professionalität, sondern sind göttlichen Ursprungs.

Wie Platon es seinen Sokrates sagen läßt, begeistert niemand *sich* selbst, sondern es ist die Muse, die einen zu einem Begeisterten macht (*poiei*).[68] Seit der frühen griechischen Dichtung zeigen sich Dichter für ihre Inspiration keinem Zufall ausgesetzt, sondern sie wenden sich an ein ihnen geneigtes Gegenüber: an die göttliche Muse. „Singe mir Göttin den Zorn …“, „Nenne mir, Muse, den Mann …“ (Homer) – die Muse in Einzahl, Mehrzahl und bestimmter Neunzahl, mit und ohne Namen, mal Töchter des Zeus, mal Kinder von Himmel und Erde, ursprünglich Göttinnen des Gesangs, dann aber allgemein als Quelle erhebender Begeisterung.

Die „guten“ Dichter seien nicht klaren Bewußtseins:

68 Platon, *Ion* 533e4.

> Es sagen uns nämlich die Dichter, daß sie aus honigströmenden Quellen aus gewissen Gärten und Hainen der Musen pflückend diese Gesänge uns bringen, wie die Bienen, auch selbst so umherfliegend.[69]

Die eigentlichen, die echten Dichter tun demnach ihr Werk in einer musisch erschlossenen Welt. Das verlangt von ihnen, sich der Begeisterung hinzugeben, nicht dem gesunden, lebenspraktisch bewährten Menschenverstand die Herrschaft zu überlassen, sondern eigene Sinnlichkeit und Geistigkeit ausschließlich zur Vermittlung von Göttlich-Begeisterndem zu nutzen. Die Göttin, die Muse, führt das Wort. Hat der „gute" (*agathos*) Dichter „von Sinnen" zu sein, dann einzig dazu, einer Welt Ausdruck zu verleihen, die höheren Sinnes und schöneren Ansehens ist als die Welt, in der Menschen, je gegenwärtig, ihr Leben zu bewältigen haben. Fazit: Soll menschliches Leben gelingen, dann gehört dazu nicht alleine eine Führerschaft der Vernunft, sondern nicht weniger eine Führerschaft der Musen: sich ihnen zu übereignen. Da zeigt sich, wie notwendig die Erfindung des Enthusiasten ist: Sie stillt das Bedürfnis der Möglichkeit des Unmöglichen. Das agnostische Wissen (Wissen des Unwißbaren) wird geläufiges „Wissen", der utopische Standpunkt ein „Ort" geistiger Stärke, der philosophisches Argumentieren als ein unwiderlegbares fundiert. Die Grenzziehung für menschliches Erkennen und Wissen zwischen dem, was es kann und was es nicht kann, durch Nichtwahrnehmbarkeit und Kürze des menschlichen Lebens[70] hat für den Enthusiasten keine Gültigkeit. Mit Hilfe der göttlichen Muse vermag er mehr als ein Mensch.

---

69 Platon, *Ion* 534a.

70 Protagoras, *Fragment* 4. In: Diels/Kranz, *Fragmente der Vorsokratiker*, Bd. 2 Berlin 1952, S. 265.

Der Enthusiast hat als Ressource für sein ganz anderes „Wissen“ nicht allein den Überhimmel, der ihn entrückt und verzückt schauen läßt, was menschlichen Erkenntniskräften nicht zugänglich ist, sondern auch die Zeit, die sich für Menschen in die ganze Zukunft eröffnet:

> Daher auch der Gott nur, nachdem er ihnen die Vernunft genommen, sie (die Dichter) und die Orakelsänger und die göttlichen Wahrsager zu Dienern gebraucht, damit wir Hörer gewiß wissen mögen, daß nicht diese es sind, welche das sagen, was soviel wert ist, denen ihre Vernunft ja nicht einwohnt; sondern daß der Gott selbst es ist, der es sagt, und daß er nur durch diese zu uns spricht.[71]

Was den Erfindern des Enthusiasten gelungen ist, hört sich überzeugend und wie gottgegeben an: Das dem Menschen unmögliche Wissen, das agnostische, wird zum höheren, ja zum einzig wahrhaft Wahren. Eine Umkehr hat statt, die wirkungsgeschichtlich für die Entwicklung der geistigen Kultur nicht machtvoller hätte sein können: Der gute, der göttliche Wahnsinn treibt den Menschen über Vernunft und Verstand, weil untauglich für das wahrhaft Wahre, hinaus. Nicht *bei* Sinnen, sondern *von* Sinnen muß ein Mensch sein, der im besten Sinne von Wagnis[72] es unternimmt, sich durch Mächte und Kräfte einer ganz anderen (erfundenen) Welt für sich die Ressourcen des nicht wißbaren Wissens zu erschließen: den überhimmlischen Ort und die offene Zukunft.[73] Auch für die zweitgenannte Ressource stehen Gotterfüllte (*entheoi*) zu Diensten: Orakel, Wahrsager (Mantiker), Propheten.

71 Platon, *Ion* 534cd.

72 Siehe Platon, *Phaidon* 114d.

73 Siehe Platon, *Phaidros* 244a–d.

IV.

Daß der Begriff des Enthusiasmus zu einem Synonym für Fanatismus und als eine Form geistiger Panik erklärt wird, ist, von Platon aus gesehen, überraschend, aber doch nicht schlechthin verwunderlich. Der idealistisch-dogmatische Anspruch auf eine durch menschlichen Verstand und menschliche Vernunft nicht überprüfbare Wahrheit wirkt allein in Zeiten nicht als *ridicule*, in denen Philosophie als Metaphysik zur Philosophie wird. Deswegen wird der von Platon erfundene Enthusiast auch nicht durch philosophische Kritik am Enthusiasmus berührt, wie sie Anfang des 18. Jahrhunderts, in einer Zeit der Aufklärung, ein Shaftesbury (1671–1713) in „Ein Brief über den Enthusiasmus“ geübt hat. Das Selbstverständnis, die Verständigung des Menschen über sich selbst als Mensch nicht ohne Verbund mit der Erfindung eines Gottes durchzuführen, war nicht mehr gegeben.

6. Der Prophet

I.

Die in Bezug auf einen je gegenwärtigen Zeitpunkt kommende Zeit hat es im wahrsten Sinne des Wortes in sich. Abwarten galt dem Wiener Kreis als eine Methode der Verifikation (Moritz Schlick). Früheste Vorsokratik erkannte in der Zeit (*chronos*) das „Weiseste" (*sophotaton*), weil sie alles auffindet.[74] Das Wissen von im Augenblick unwißbaren, sich in der Zukunft einstellenden Tatsachen ist hochbegehrt. Wetterprognosen, Wahlprognosen, Wirtschaftsprognosen sind Ausgriffe ins Wahrscheinliche, ja Wahrscheinlichste, zu denen fundierend gehört, daß sie sich als fehlerhaft erweisen können und dies bis zu dem Grade, daß sie „völlig danebenliegen". Sind freilich Naturgesetzmäßigkeiten im Spiel, liegt die Sache grundlegend anders. Bereits frühgriechische Wißbegierde gelangte dahin, sich eine Sonnenfinsternis erklären und mit Erfolg vorhersagen zu können.[75] Bleibt jedoch der Mensch im Spiel und mit ihm menschliche Freiheit und Unbeständigkeit, dann ist ein Erkenntnisvorgriff in die Zukunft, der sicheres Wissen gründet, prinzipiell ausgeschlossen. Die von Aristoteles initiierte Diskussion über die Wahrheitsfähigkeit von Zukunftsaussagen, zu der er das Beispiel „Morgen wird eine Seeschlacht stattfinden" vorgegeben hat, belegt das hinrei-

---

74 Thales, *Fragment* A 1 (Diogenes Laertius), in: *Fragmente der Vorsokratiker*, Bd. 1. Berlin 1951, S. 71, 13.

75 Thales, *Fragment* A 1, ebd., S. 67 f. et al.

chend.[76] Damit die Vorhersage mit Wahrheitsanspruch auftreten kann, sind Kautelen unerläßlich – etwa: „Bleibt es bei der Absicht der Befehlshaber der Seestreitkräfte der miteinander kriegführenden Seemächte, dann wird morgen, sind die Umstände danach, eine Seeschlacht stattfinden." Eine Vorhersage für morgen muß für heute ihren Wahrheitsanspruch begründen können. „Bewahrheitet" sich die aristotelisch formulierte Vorhersage einer morgigen Seeschlacht, dann war sie im Augenblick ihrer Äußerung ohne Wahrheitswert.

II.

Der Mensch wäre nicht der, den wir geschichtlich kennen, hätte er sich nicht dazu verstanden, einmal mehr das Unmögliche möglich zu machen und die poetisch gestaltete Figur eines Gott genannten Wesens zu nutzen, gewissen Menschen eine Kompetenz zu verleihen, die keine menschliche ist: künftige Ereignisse, die keiner Naturgesetzlichkeit unterliegen, sondern einem höchsten Willen folgen, mitwisserschaftlich vorhersagen zu können, ja dazu angehalten sind. Ginge es in diesem Fall auch ohne Gott? Werner Heisenberg soll den Satz formuliert haben, wofür dem Verfasser nur die Erinnerung zur Verfügung steht, ihn bei Martin Heidegger gelesen zu haben. Sinngemäß: „Wenn man zum gegenwärtigen Zeitpunkt alles wüßte, was ist, könnte man alles Vorhersagen, was kommt. Aber da man … ." Nein, das ist eine absolute Irreführung der Aufklärung des Menschen über sich selbst. Nichts kam, wie es kommen mußte – das ist ein Grundsatz wissenschaftlicher Geschichtsforschung. Die für den Menschen offene Zukunft des Geschehens ist

76 Siehe Verf., *Menschliche Wahrheit*, München 2000, S. 351 ff.

keinen Gesetzmäßigkeiten ausgesetzt, die Freiheit und Zufall ausschließen. Der Gedanke an eine Super-KI, die alles, was jetzt der Fall ist, weiß, um damit auch schon wissend über künftiges Geschehen zu verfügen, ist bereits in ihrem Ansatz ein Irrläufer. Der rechte Prophet bedarf des Gottes, sei es des ihn enthusiasmierenden, sei es eines sich in menschlicher Sprache von anderswo an ihn wendenden.

> Vor Zeiten sagte man in Israel, wenn man hinging, Gott zu befragen: Kommt, lasst uns zum Seher gehen! Denn die man jetzt Propheten heißt, die hieß man vor Zeiten Seher.[77]

Was für eine konsequente Paarung von Blindheit und Sehkraft: der blinde Seher![78] Wer etwas sieht, bevor es zu sehen ist, hat keine Augen, ist des Augenlichts beraubt („geblendet"). Weil offensichtlich selbst für höchste griechische Götter zerstörte Augen irreparabel sind, wird zur Wiedergutmachung ein höchst wirkungsvolles Sehen ganz anderer Art gewählt: das Vorhersehen, das, weil (noch) nichts zu sehen ist, kein Auge braucht, sondern „Gesichte" (Visionen) und Einsichten.

Das Vorherwissen, das den Propheten zu einem Vorhersehenden macht und zum Vorhersagen ermächtigt, ist, wie seine Erfinder es handhaben, nichts als gottgegeben. Was für eine kurzgeschlossene Transzendenz des Menschen: der Gott in ihm, der Gott vor ihm, der mit ihm sein unfehlbares Vorherwissen rückhaltlos teilt, unfehlbar, weil Gott, wie er erfunden ist, seine Bewahrheitung aus eigener Macht und eigenem Willen garantiert. Moses wird zum Propheten, weil Jahwe, der Gott,

77 *1. Samuel* 9,9.

78 Homer, *Odyssee* 10 (K), 492 ff.

mit menschlicher Stimme ihm vorhersagt, was mit dem jüdischen Volk geschehen und wie es zu seinem eigenen Land kommen wird, und dies unter Mitwirkung von Moses. Moses weiß also mit absoluter Gewißheit, was in dieser Sache geschehen wird: erstens, weil es ihm Gott gesagt hat, zweitens, weil er an dem, was gewißlich kommt, mithilfe Gottes selber Anteil haben wird.[79] Wer sich von den aufklärenden Büchern des jüdischen Historikers Shlomo Sand über die Erfindung des jüdischen Volkes[80] und über die Erfindung des Landes Israel[81] hat überzeugen lassen, erstaunt, was für ein komplexes Gefüge an historischer Unwahrheit hier erschaffen worden ist: Moses, der erfundene Prophet, sieht und sagt nichts als Erfundenes vorher. Das tut der Figur des Propheten keinen Abbruch, bleibt es doch dabei, in ihm einen unerfüllbaren Wunsch des Menschen konkretisiert zu sehen, als Wissender in unwißbare Zukunft ausgreifen, ja eben vorgreifen zu können.

III.

Ein Prophet erweist sich dadurch als solcher, daß seine Prophezeiungen eintreffen. Bei einer sich auf Prophetie berufenden Religion, die das den Menschen erlösende Heil einer eschatologisch orientierten Geschichte anvertraut, stößt das an Grenzen. Wer könnte, wer wollte auch nur „das Ende" abwarten, „das letzte – göttliche – Gericht"? In seinem Buch *Metaphysik und Gottesgedanke* (Göttingen 1988) bedenkt der evangelische Theologe Wolfhart Pannenberg die Möglichkeit, daß es aus

79 *2. Mose* 3,6 ff.
80 Original, Tel Aviv 2008.
81 Original, Kinneret Zmora-Bitan 2012.

der vorhergesehenen und vorhergesagten Wiederkunft Christi nichts wird: Dann wäre der christliche Glaube, der für lange das geistige Europa beherrscht hat, einem Phantom aufgesessen und als eine Form schöpferischer Poesie über sich selbst aufgeklärt. Gelten dagegen Prophezeiungen als bereits eingetroffen, dann scheint Gott seine Absichten wahrgenacht und der ihm dienende Prophet seine Sache gottgerecht gemacht zu haben. Für Christen steht da an erster Stelle die Prophezeiung des Jesaja:

> Und kommen wird der Erlöser für Zion und für die vom Abfall Bekehrten in Jakob, spricht der Herr.[82]

Ja, Jesus Christus, der alles tut, um als der erlösende Messias geglaubt zu werden, ist gekommen. Doch dann wird der Gekommene gefragt: „Bist du, der da kommen soll, oder sollen wir eines anderen warten?“[83] Und was halten jetzt wohl seine Erfinder für ihn bereit, wodurch er sich klar als der Prophezeite ausweisen kann? Sie haben keinen konkreten Beweis dafür, sondern führen einen abstrakt-allgemeinen an, den sie für schlagend halten: Er tut Wunder, in diesem Falle Dinge, die zu tun menschliches Vermögen übersteigen, wodurch Jesus Christus offensichtlich nicht mehr und nicht weniger beweisen will, als daß er über göttliche Kräfte verfügt und somit ein Gott ist. Macht er nun aber Blinde sehend, Taube hörend, Aussätzige rein und Tote lebendig, dann sagt das alles noch nichts über seine heilsgeschichtliche Bestimmung, der endgültige Erlöser des Menschen zu sein, der keine „Seele“ mehr den Tränen und dem Tod überläßt. Sollte Johannes der Täufer, der eigene Leute ausgeschickt

82 *Jesaja* 59,20.
83 *Matthäusevangelium* 11,3.

hatte, Jesus Christus zu befragen, ob er der Richtige ist, mit dieser Antwort zufrieden gewesen sein, was hätte ihm dann das bestätigte Vorherwissen als Wissen eigentlich eingebracht? Ein Christ könnte – vielleicht etwas unwirsch – die Gegenfrage stellen, was es denn Größeres zu wissen geben sollte, als daß der göttliche Heilsplan *en marche* ist: Mit diesem wundertätigen Gott ist der letzte Gott gekommen, der dem Menschen, ob lebend oder gestorben, das endgültige Heil oder die endgültige Verdammnis bringt, eine „Krisis", die zum Glück auf unabsehbare Zeit vertagt ist, insofern sie mit guten Gründen nicht jedem gläubigen Menschen behagt. Sofern ein Christ weiß, was er glaubt, was nur bei sehr wenigen der Fall sein dürfte, dann sieht er sich bei Lebzeiten einer totalen Ungewißheit ausgesetzt, was sein Geschick sein wird, ja sogar noch über seinen Tod hinaus, wenn doch das „letzte Gericht" gerade alle Verstorbenen einschließt.

IV.

Im Bereich der Dinge, die sich so oder auch anderes verhalten können (Aristoteles: *ta endechomena allôs echein*), etwas vorherzusehen und vorherzusagen, wie es wissenschaftlich fundierte Prognosen tun, zielt auf einen möglichen Nutzen für menschliches Tun und Lassen. Was aber ist mit den Dingen, die sich nicht anders verhalten können, weil sie, wie sie erfunden sind, ein Allmächtiger, in diesem Falle mit unveränderlicher Absicht, als Geschehnisse vorgesehen hat? Gott hat Moses seine Wege wissen lassen.[84] Er brauchte ihn als Komplizen. Das ging nicht ohne Mitwisserschaft (*Septuaginta*: *gnôrizein*), duldete aber kein Mitplanen. Moses ist seiner

84 *Psalm* 103,7.

prophetischen Natur nach ein Gottesknecht, ein dem Willen Gottes Gehorchender. Was aber ist dem Menschen Gutes getan, dem die Zukunft prinzipiell nicht offen steht, kein eigenes Wollen und Tun stimulierendes sowie inspirierendes Nichtwissen parat hält, sondern sich in ihr dem Willen eines Übermenschen ausgeliefert sieht, der seine Willkür dazu nutzt, sie mit Verheißungen anzufüllen, die, geht er auf sie ein, das Leben zu einer Folge nicht eigens gewollter und gewünschter Prüfungen sowie Gnadenzuwendungen macht? Nein, die Gestalt des gottverbundenen Propheten ist keine glückliche Erfindung. Sie nimmt dem zu lebenden Leben die Freiheit, das Überraschende, den Zufall als Glücks- und Unglücksfall, nicht zuletzt das Sichüberraschen.

Blaise Pascal (1623–1662) hat für die Begründung, welche der monotheistischen Religionen die wahre ist, auf Prophetie zurückgegriffen: die christliche, weil die einzig prophezeite, sei die wahre Religion. Das war ganz im Sinne der Erfinder: Der in den Gang der Heilsgeschichte Eingeweihte wußte von ihrer zentralen Gestalt, dem Erlöser, daß dieser mit Notwendigkeit kommt. Das machte ihn zum Seher, der das Vorgesehene voraussieht. Er sagte es voraus, und es traf wie vorausgesagt ein: Der Erlöser kam als zu glaubender und geglaubter.

Intermezzo

> Die geistlichen Menschen haben sich etwas *in den Kopf gesetzt*, was realisiert werden soll. Sie haben *Begriffe* von Liebe, Güte u. dgl., die sie *verwirklicht* sehen möchten; darum wollen sie ein Reich der Liebe auf Erden errichten, worin keiner mehr aus Eigennutz, sondern jeder „aus Liebe" handelt. Die Liebe soll *herrschen*. Was sie sich in den Kopf gesetzt haben, wie soll man das anders nennen, als – *fixe Idee*? Es „*spukt* ja in ihrem Kopfe". Der beklemmendste Spuk ist *der* Mensch. Man denke des Sprichwortes: „Der Weg zum Verderben ist mit guten Vorsätzen gepflastert." Der Vorsatz, die Menschlichkeit ganz in sich zu verwirklichen, ganz Mensch zu werden, ist von so verderblicher Art; dahin gehören die Vorsätze, gut, edel, liebevoll usw. zu werden.[85]

I.

Max Stirner (1806–1856) hat in seinem Hauptwerk *Der Einzige und sein Eigentum* einem radikalen Individualismus das Wort geredet, der keinem Gedanken für menschliches Gelingen im Mit- und Füreinander eine Chance ließ. Doch dieser krasse Solipsismus, der gut zu den Zeiten des „Make America great again" im ersten Viertel des 21. Jahrhunderts passen würde, war nicht alles. In den Zeiten von Hegel und Schelling gelang ihm überzeugende Kritik an der Metaphysik, die freilich noch weiter für anderthalb Jahrhunderte bis zu Heidegger zum Feld philosophischen Nachdenkens gehö-

---

85 Max Stirner: *Der Einzige und sein Eigentum. Ausführlich kommentierte Studienausgabe.* Herausgegeben von Bernd Kast. Freiburg/München 2016, S. 84.

ren sollte. Mit diesem Überbleibsel des frühen Verbunds von im Denken erfundenen Philosophengott und durch Glauben erschaffenen religiösen Gott verfährt er kurz und bündig, sprachlich bisweilen frech („Spuk"), aber er hat das Grundmuster der Metaphysik klar erkannt. Da die Begriffe, die sie für das Wirkliche nimmt, in der Welt nicht als Wirkliches vorkommen, erklärt sie dieselben für die wahre Wirklichkeit:

> Das Himmelreich, das Reich der Geister und Gespenster, hat in der spekulativen Philosophie seine rechte Ordnung gefunden. Hier wurde es ausgesprochen als das Reich der Gedanken, Begriffe und Ideen: der Himmel ist von Gedanken und Ideen bevölkert, und dies „Geisterreich" ist dann die wahre Wirklichkeit.[86]

II.

Der vorliegende Text ist von besonderem aufklärerischen Gewicht durch ein einziges kurzes Wort, das den Fund David Humes' erinnert, den des *gap between ought and is* – das Wort „soll". Unterscheidet man zwischen leeren und erfüllten Begriffen, läßt man also die Vorstellung zu, daß es für etwas von einem Begriff klar Umrissenes keinen exemplarischen Nachweis in der Wirklichkeit gibt, dann kann eine Ontologie greifen, die kein bloßes Nicht-sein, sondern ein Noch-nicht-sein konstatiert. Das räumt dem Sollen seine Möglichkeit und gegebenenfalls bedrückende Macht ein, zur Realisierung von ausgewählt Ideellem den Einsatz seelischer und körperlicher Gewalt nicht zu scheuen.

86 Ebd., S. 80.

Der Prophet sieht und sagt voraus, was kommen wird, und, wenn es gekommen bzw. geschehen ist, da ist. Wird eine Vorhersage gemacht, um, wie es bei der Seherin Kassandra durchgängig der Fall ist, vor etwas zu warnen, dann ist das angekündigte Kommende bereits ein Bewertetes, welche Bewertung die, denen das Kommende verkündet wird, in der Regel ohne Ausnahme teilen. In ihrer Eigenheit als Seherin steht die Prophetin jedoch allein für das Kommen als solches ein: was kommen *wird*. Stirner nun nimmt sich „(d)ie geistlichen Menschen“ vor, Menschen, die das Wissen um das, was sein *soll*, usurpieren. Sie geben sich als eine ganz eigene Art von Propheten, indem sie vorauswissen und entsprechend vorhersagen, was kommen muß, damit das kommt, was eigentlich kommen soll. Sie usurpieren so die Machtstellung des erfundenen Gottes der Metaphysik, wie sie der Idealist Platon zur Blüte brachte. Als Leitziel allen Seinsollens nimmt er bei den Usurpatoren mit guten Gründen das Humanum an: „ganz Mensch zu werden“, was zum Beispiel „ein Reich der Liebe auf Erden“ sein kann. Für Stirner ist diese an uns Menschen vorbeizielende Metaphysik eine „fixe Idee“, ein „Spuk im Kopf“. Das ist nicht falsch gesagt. Woher kommt eigentlich die fixe Idee, daß bei uns Einigkeit darüber herrscht, daß uns ganz allgemein etwas Wünschenswertes eint, das jede Besonderheit und Einzelnheit überspielt? Ein radikaler Unterschied im Wünschen hat den geschichtlichen Menschen von Anfang an bis heute durchgängig begleitet: Die Einen wünschen den *status quo* der gesellschaftlichen Verhältnisse, die Anderen ihre Veränderung: Rechthaber gegen Entrechtete, Reiche gegen Arme. Nur die Vernunft mit ihrem für sich selbst erfundenen allgemeinen Standpunkt kann auf die voll abstrakte Idee kommen, alle wünschten wie von Natur das Selbe. Allein schon das für morgen gewünschte Wetter kann von Haus zu Haus ein anderes sein. „Der Vorsatz, die Menschlichkeit ganz in sich zu verwirklichen" nach Goethes Devise „edel sei der Mensch, hilfreich und gut", gilt ihm als der „beklemmenste Spuk", ja als „von so verderblicher Art", weil wie er wohl denkt, ein solches Getue den Menschen um seine gesunde Natur brächte. Dem Humanum geweihte Institutionen wie humanistische Gymnasien und Universitäten geben ihm recht. Das Kollegiengebäude I der Freiburger Universität und ein humanistisches Gymnasium der Stadt zieren dasselbe griechische Wort, das bejahend den agonalen Zug des menschlichen Lebens hervorhebt: „Immer edel zu sein und den Anderen überlegen".

III.

Stirner reitet eine Attacke gegen die Gutmeinenden, allen voran gegen die Idealisten, die der abwegigen Meinung sind, sie hätten mit der Arbeit am Begriff ihr Werk getan. Platon, der seiner Idee des Guten die Weihen höchster Transzendenz gegeben hat (*epekeina tês ousias*: „jenseits des Seins"), macht sie zum Grund der Existenz aller wahren Wirklichkeit und ihrer Erkennbarkeit. Doch was soll zuhöchst als wahr und wirklich *begriffene* Wirklichkeit, wenn die zu lebende eine andere ist? Ja, es gibt menschliche Güte, aber sie ist so rar, daß, wenn sie einem widerfährt, die Augen unmittelbar feucht werden. Der Dichter Gottfried Benn hat da unserem gelebten Leben ungleich näher gesprochen als jemals der Philosoph Platon:

> Ich habe mich oft gefragt und keine Antwort gefunden,
> woher das Sanfte und das Gute kommt,
> weiß es auch heute nicht und muß nun gehen.[87]

87 Gottfried Benn, „Menschen getroffen", in: *Gedichte in der Fassung der Erstdrucke*, Frankfurt am Main 1982, S. 473.

Das den Menschen aus seinem Elend Herausdenken konkurriert mit dem ihn aus demselben Herausglauben. Dafür ist keine himmlische, aber doch immerhin eine (rein!?) geistige Existenz zu erfinden, eine pneumatische, die, ein bleibendes Rätsel, ohne Leib („Fleisch“) auskommt. Stirner zielt auf etwas Wichtiges, nämlich auf die Fehleinschätzung, daß, wer es gut meint, Gutes im Sinn hat. Das Gegenteil kann der Fall sein, wie es schon Platon belegt – der Idealist als Erzeuger von Utopien, die zum Glück des Menschen das sind, was sie wörtlich besagen. In den Büchern IV und V seiner *Politeia* krönt er sein Erdenken eines besten, alle am glücklichsten machenden Staates mit einer Weiber- und Kindergemeinschaft: „Freunden ist alles gemein“. Welt- und lebensfremder könnte philosophischer Geist gar nicht am Werk sein. „Du sollst nicht begehren nach dem Weibe deines Nächsten“, hatte jüdische Lebenserfahrung zu einem der Zehn göttlichen Gebote gemacht.[88] Abstruser könnte man sich menschliches Glück nicht ausmalen. Schon einmal die Unterstellung, daß, wenn alle das Gute wollen,[89] sie dasselbe als das Gute wollen. Sodann die Überzeugung, daß das einzig wirklich eigene der eigene Leib sei, alles andere aber gemeinsam sei.[90] Diese Überzeugung bekundet das Selbstverständnis, daß zum Begriff des besten und glücklichsten Staates die Freundschaft gehört. Doch ehe ein Idealist die Idealität seines Projekts zureichend, ja überhaupt geklärt hat, beginnt er sich mit ganzer Kraft für das Sein-Sollen einzusetzen. Die Realisierung des vermeintlich idealisch Entworfenen ist das, was ihm am Herzen liegt. Diesen Fehlgriff hat Stirner klar erkannt, und damit seine „Verderblichkeit“. Dem Guten

---

88 *2.* und *5. Buch Mose.*
89 *Politeia* IV, 435a.
90 *Pcliteia* V, 464e.

nachdenken und gute Vorsätze fassen ist kein läßliches Tun. Was gegen die Erfahrungen wirklich gelebten Lebens von Philosophen erdacht und vorgenommen wird, entwickelt sein volles Potential, die Menschlichkeit des Lebens zu gefährden, sobald ein entsprechendes Sein-Sollen Durchsetzungskraft gewinnt. Prophezeien Gutdenker, wenn sie aus ihrer Denkerklause kommen und öffentlich wirksam werden, Gutes, dann sind sie von ihrem Ansatz her falsche Propheten. Von Stirner ist auf jeden Fall seine Mahnung zu beherzigen, unbedingt so genau wie nur möglich die Idealität einer Konzeption allgemeinen menschlichen Glücks zu überprüfen, ob sie denn auch wirklich eine solche ist. Was Platon uns vorführt, wenn er die Trefflichsten den Trefflichsten beiwohnen läßt, die Schlechtesten den Schlechtesten,[91] ist ein lehrreiches Beispiel, welchen Schaden die ungeprüfte Idealität von gut Gemeintem anrichten kann: die Vision des besten Staates als einer Massenzuchtanstalt für Menschen, die erotisch richtig liegen und moralisch in der Aufhebung der Individualität ihr Genügen haben, durch die eine Allfreundschaft zum Selbstläufer wird. Platon blieb systemisch die Einsicht und lebenspraktisch offensichtlich auch die Erfahrung der Verbindung von *Eros* und *Thanatos* versagt.

91 *Politeia* V, 459d.

7. Der Nihilist

Der Nihilist ist die reinste Formgebung der Erfinder des Menschen! In ihm finden sie sich selbst wieder, finden sie zu ihrem eigensten Tun: Alles, was nicht Sein ist, für nichtig und nichts zu erklären. Der authentische Nihilist ist der Erfinder des Seins. Metaphysische Ontologen hinterlassen mit ihrem unseligen Tun eine Welt des Nichts: Alles ist veränderlich und vergänglich, alles ist Meinung und Schein. Es gibt in der Welt, in der wir leben, und unter uns, wie wir sind, keine wahre Wirklichkeit, kein wahres Wissen.

Der Vorsokratiker Parmenides (um 540 bis nach 480 v. Chr.) ist historisch belegbar der Erste, der das Sein, wie es der selbsterfundene Nihilist versteht, ins Spiel gebracht hat: daß es so etwas gibt, daß das wahre Ist wirklich ist. Er hat sich dazu für diese Erfindung eine reizvolle Erzählung, „Lehrgedicht" genannt, erdacht. Die Fahrt des menschlichen Ich geht natürlich nach oben über alle menschlichen Wohnstätten hinweg ins Übermenschliche. Göttlich geleitet gelangt das Ich zum einzig Vollkommenen: zum wohlgerundeten Herz der Wahrheit, das sich dadurch als das in Rede stehende Sein zu erkennen gibt, daß es absolut ruhig (wörtlich: unerschrocken) ist.[92] Die Göttin, die ihn am Ende der Auffahrt in Empfang nimmt, verkündet es ihm. Nun weiß er, was nicht im emphatischen Sinne der göttlichen Ontologie *ist*, ist unruhig, veränderlich, wandelbar, bewegt, ja ist vergänglich und damit evidenterweise nicht und nichts. Mit der absolut *seienden*, weil absolut

92 Parmenides, *Fragment* B 1, in: *FdV*, Bd. 1, S. 230.

ruhigen und damit *bleibenden* Herz-Wahrheit ist das gnoseologische Moment aller Ontologie benannt: Das absolute Sein ist nicht allein der zureichende Seinsgrund für alles, was wahrhaft wirklich ist, sondern auch der zureichende Grund der Erkennbarkeit und Wißbarkeit. Platon, gut hundert Jahre nach Parmenides, demonstriert das an der von ihm erdachten Idee des Guten, die den Gedanken einer Idee der Ideen vorstellen soll, indem er sie in einem Zug zum Seinsgrund und Grund der Erkennbarkeit von allem wahrhaft Wirklichen erklärt.[93] Beide Philosophen geben dem göttlichen Nihilisten alles an die Hand, was er braucht, um sein Potential der Entwirklichung unserer Lebenswelt voll ausschöpfen zu können. So hat sich die Sache mit dem Nihilisten um eine ganze Welt geändert: Nihilismus steht nicht länger für die (metaphysische) Entwertung der Werte des erfundenen Menschen, was ja auch widersinnig ist, sondern, in erhellender Aufklärung, für die Entwertungen, die jede Form des erfundenen Menschen nach Maßgabe ihrer Erfinder vornimmt. Die Seinsdenker sind die Nihilisten, die mit ihrem fingierten Sein, das es nie und nirgends gibt, es sei denn als das fingierte, das es ist.

Mit den göttlichen Vorsokratikern, wie sie sich selbst verstehen, weil sie sich nach Möglichkeit vom Vieh ab- und dem Gott zuwenden, beginnt nicht nur die Selbstbeschämung des Menschen, bloß Mensch zu sein, sondern auch die Diffamierung der einen Menschen durch die anderen, der „Vielen“ durch die „Wenigen“. Daß es Letztere überhaupt gibt, ist allein dadurch gesichert, daß sich die Erfinder des Menschen selbst je für ein gelungenes Exemplar des von ihnen Erfundenen ansehen. Die Wenigen, das ist ihr Selbstverständnis, sind genau von der Art des von ihnen Erfundenen.

93 Platon, *Politeia*, VI. Buch.

Als Schüler des Sokrates hat Platon die Ideen erfunden. Sie gelten ihm als das „seienderweise seiende Sein“ (*ousia ontôs ousa*). Dazu gehört, daß sie nicht dem Gang der Zeit ausgesetzt, sondern auf ewig mit sich selbst das Selbe sind – unwandelbar das Eine und Selbe. Sie seien durch dialogische Gedankenführung an den Tag zu bringen, nicht jedoch Erdachtes, sondern hätten ihren Stand in der Natur (*physis*) als gründende Seinsart, unbehelligt von allem Zeitlichen und Bewegten. Sie sind erdacht, um für die Welt, in der wir leben und in der wir „bloß“ Menschen sind, wenigstens einen Abglanz von Sein und Wahrheit zu retten. Das theoretische Leitwort dazu heißt „Teilhabe“ (*methexis*). Wir Menschen bekommen nichts Selbsthaftes von den Ideen als dem wahren Sein ab, aber doch immerhin soviel, daß es *durch* das Schöne selbst, an ihm teilhabend schön ist.[94] Platons Sokrates ist es leid, das Abgedroschene (*polythrylêta*) wiederholen zu müssen, daß göttliches Seinsdenken nichts weiteres erfordere, als etwas „an und für sich“, das heißt als absolut selbsthaft zu setzen wie das Gute selbst und das Schöne selbst.

Platon scheint theoretisch den Versuch zu machen, ob nicht an selbsthafte Bedeutungen zu denken ist, an ontifizierte, die ohne welthafte Wirklichkeit rein an und für sich bestehen. Platonische Ideen rein für Bedeutungen, und das heißt auch, für reine Bedeutungen zu nehmen, macht den Weg frei, sie von Grund auf zu problematisieren.[95] Was für ein Mißverständnis der Sprache, die gerade auch hermeneutisch immer in Bewegung – in Entwicklung, in Verflachung ist, und welchen Namen

94 Platon, *Phaidon* 100de.

95 Siehe Rainer Marten, *Fragen an Platon*, in; K. Döring u. W. Kullmann (Hg.), *Studia Platonica. Festschrift für Hermann Gundert zu seinem 60. Geburtstag*. Amsterdam 1974, S. 275–301.

auch immer die Veränderung verdient. Sprache ist ein konstitutiver Teil der Lebendigkeit des Menschen. Gut zweieinhalb Jahrtausende Philosophie haben sich da von etwas in den Bann ziehen lassen, was längst in seiner Absurdität durchschaut worden zu sein verdient hätte. Geistig glücklich zu werden mit etwas, das bleibt, weil es als bleibend erdacht ist, ist schon für sich als Glücksbringer unverständlich. Hinzu kommt aber noch die mangelnde Antwort auf die Frage, was denn eigentlich an dem Sein, an der Ruhe und Unveränderlichkeit so einzigartig bedeutsam sein soll? Ein Bild der Treue und Verläßlichkeit? Ja, daran ist sicherlich gedacht: Die Idee ist für jeden verbindlich, und sie ist zu allen Zeiten in jeder Situation verbindlich. Das macht sie so absurd, um nicht zu sagen so gefährlich: Mit ihrer bloßen Gedachtheit verneint sie die ganze Menschenwelt als die Lebenswelt, die sie ist. Ontologie ist eine gegen den Gedanken des Lebens und die Wirklichkeit des Lebens errichtete Institution, die dafür sorgt, alles Lebendige, das als solches nicht seiend ist, für nichtig und nichts zu erklären.

Das Denken der spekulativen Metaphysik hält sich, ob sie es weiß oder nicht, unmöglich an Vorgegebenes. Sie ist kein Denken von vorhandenen Objekten, sondern ist selbst schöpferisch. In ihrem Seinsverlangen geht sie so weit, ein „bloß" Existierendes zu erfinden, ein Daß ohne Was, ohne Wesen, ohne begriffliche Erfüllung. Der bis weit ins Nationalistische hinein *deutsche* Idealist und Platoniker (!) Schelling vermittelt in der 8. Vorlesung der *Einleitung in die Philosophie der Offenbarung*[96] einen Vorgeschmack davon, welche Wege er „argumentativ" zu gehen bereit ist, um das Urbedürfnis des nicht in sei-

96 *Schellings Werke*, ed. Manfred Schröter, 6. Ergänzungsband, München 1954, S. 147–174.

nen Leib eingekerkerten [97], dem Göttlichen zugewandten Menschen zu befrieden.

(D)as (bloß) Existierende ist hier selbst der Begriff und selbst das Wesen. [98]

> Das nothwendig Existirende ist eben das nicht in Folge eines vorausgehenden Begriffs, sondern das von selbst Existirende. [99]
>
> Gott [...], *wenn* er existirt, *kann* nur das nothwendig Existirende seyn. [...] daß Gott nicht bloß das nothwendig Seyende, sondern *nothwendig* das nothwendig Seyende ist [...] [100]

Jetzt ist der Idealist dort, wohin er wollte und wußte, daß er kommen würde: beim ens necessarium, beim „bloß Existirenden", „unzweifelhaft Existirenden", „von selbst Existirenden", kurz: beim reinen Sein („Seyn"), beim ekstatischen Daß ohne Was, was, weil die Existenz „hier" das Wesen ist, beim Sein, das schlechthin Sein ist, beim actus purus, wie der heilig gesprochene Thomas den Gedanken reiner geistiger Tätigkeit des Gottes, wie ihn Aristoteles entwickelt, [101] sprachlich faßt. Metaphysische Ontologie ist eine Form von Theologie (Ontotheologie). Der oberste Nihilist ist der erfundene Gott, der für die mächtigste Abwertung des Menschen steht: kein Gott, nichts wahrhaft Wirkliches und Wirkendes zu sein. Die mit sich selbst beschäftigte Seins- und Bewußtseinsphilosophie des deutschen Idealismus kann noch so prätentiös mit ihrem Gedanken des *rein* (bloß/ Blöße) Existierenden umgehen, mit dem ekstatischen Sein/Ist, das

97 Platon, *Phaidon; Phaidros.*

98 A. a. O., S. 167.

99 A. a. O., S. 168.

100 A. a. O., S. 159.

101 Aristoteles, *Metaphysik*, Lambda 7, 1072b 20 ff.

ist und sonst nichts ist (nichts Bestimmtes, nichts Wesenhaftes), was es aber im Vorauswissen doch längst ist. Göttliches und Gott sind im geistigen Ich allgegenwärtig. Der ursprüngliche bzw. der „eigentliche" Nihilismus ist ein religiöser. Im evangelischen Christentum hat ihm der Theologe Karl Barth eine besonders drastische und nachhaltige Prägung gegeben. Hier eine Kostprobe:

> Die Schöpfung befindet sich jetzt mit uns in einem *Provisorium*, sofern ihre wahre Natur jetzt so wenig in Erscheinung tritt als die unsrige. Was uns jetzt von ihr sichtbar wird, das sind Kräfte und Stoffe, Werden und Vergehen, Organisation und Dekomposition, Ringen ums Leben und Leiden und Untergehen im Kampf ums Dasein. Das alles aber ist „Nichtigkeit" (*Römer* 8,20), Entleerung, grenzenlose Armseligkeit gegenüber dem göttlichen Sein der Dinge.[102]

Barth favorisiert Platons „Nichts" (*mê on*): Alles, was nicht *ist*, im Sinne des Seinsrangs der Ideen, ist nicht, ist nichts. Predigt ein Barthianer von der Welt als der unheilvoll-sündigen, unerlösten, in der nichts gut ist und gut sein kann, von der Todverlorenheit des Menschen, der, ohne göttliches Licht, im Dunkeln irrt, dann ist das eine Schandpredigt gegen die Erde, auf der wir leben, und die uns nicht nur mit allen leiblich nötigen Lebensmitteln versorgt, sondern durch ihre Rhythmizität der Tages-, Monats- und Jahreszeiten in aller Vielfältigkeit lebendig bewegt, ja durch Schönheiten der Natur in unserer Daseinsfreude stärkt. Wird das von Theologen und philosophischen Idealisten als menschenwürdig

102 Karl Barth, *Der Römerbrief* (1919), Zürich 1985, S. 326. Siehe dazu Verf., „4. Religiöser Nihilismus", in ders., *Das Glück, Mensch zu sein. Erhellende Aufklärung und aufklärende Verklärung*, Baden-Baden 2022, S. 107–114.

und -zuträglich in Frage gestellt, dann ist reine Ideologie am Werke, unfähig, die Lebenswirklichkeit des je gegenwärtigen Menschen zu sehen, wie sie ist. Daß diese Seins- und Wirklichkeitsideologien derart erfolgreich sind, liegt wohl insbesondere an der Gewalt, mit der die Einsicht in die Vergänglichkeit von allem den Menschen aus seinen Träumen reißt und seinen Lebenshorizont verdunkeln.

In den Abend rannen die Stunden …

Den theologischen Nihilisten, religiösen und philosophischen, mangelt es nicht an Konsumenten. Die künstliche Erweckung des Verlangens nach Sein und Bleiben treibt ihr Spiel mit einer ganz offensichtlich allgemeinen menschlichen Not: mit seiner Zeitlichkeit und Endlichkeit. Seit Erwachen des Bewußtseins und Selbstbewußtseins, seitdem ein Licht nicht allein die leibhaftigen Augen, sondern ein weiteres Licht, wie es metaphorisch zu sagen üblich geworden ist, seelische und geistige Kräfte sehfähig gemacht hat durch geistiges Licht, haben Menschen ihre Naivität als Lebewesen verloren.

Vergänglichkeit, die für beide Sehweisen vor Augen liegt, befremdet sie, verunsichert sie, läßt sie mit sich selbst hadern. Zugleich verlangt die Realität des menschlichen Leichnams nach praktisch-schöpferischer Antwort. Das Leben erweitert sich durch den Tod um eine ganze Dimension: Seine Wahrheit kommt zutage, wie sie in seiner Prozessualität liegt, seine Ungewißheit, sein Wagnischarakter, und dies eben konfrontiert mit seinem Ende, dem Tod als dem einzigartig Gewissen *im* Leben. Heraklits Zwischenruf bei der Beratung des Menschen, wie er den Toten begegne, Leichname verdienten mehr als Mist, daß man sie wegwerfe, war ein erstrangiger ideologischer Fehlgriff. Totenkulte sind in der Regel ein

Aufscheinen des Humanum, ein Sichselbstfinden des Menschen in seiner Schöpfer- und Erfindungskraft.

Die Ungewißheit des Lebens, die Gewißheit des Todes – das gehört zusammen. Leben, das in seinem Bewußtsein von der Gewißheit des Todes begleitet ist, fühlt sich nicht durch den Tod bedroht, so nichts Pathologisches vorliegt. Die Ungewißheit seiner „Stunde" spricht es frei von jeder ihm durch Ideologen auferlegten Todesangst. Ganz im Gegenteil: Des Todes gewiß, sieht es sich in eine unabsehbare Geschlechterkette eingereiht, wie sie in den Anfang des Menschen zurückreicht und in die offene Zukunft fortgeht, gegebenenfalls durch eigene Zutat. Friedhöfe als Denkmale gelebten Lebens strahlen keine Lebensbedrohung aus, sondern laden zur Besinnlichkeit ein. Familiengräber warten friedlich auf die Generation, die der zuletzt beerdigten folgt. Werden auf den Inschriften Dramen von „zu früh" Gestorbenen sichtbar, dann erinnert das an Möglichkeiten der Dramatik, die jedes Leben dank seiner Ungewißheit prägt.

Gleichrangig mit der Prägung menschlichen Lebens durch Ungewißheit und Gewißheit ist seine Prägung durch Unglück und Glück. Das beginnt schon mit dem Tag der Geburt, wenn sich Anzeichen für ein fröhliches und ein weniger fröhliches Naturell bemerkbar machen. Das war schon immer Anlaß, so etwas wie Schicksal zu erfinden, im Himmel entschiedene Zuteilungen für jeden Einzelnen, um bewußt oder unbewußt von der Kontingenzbewältigung zu befreien. Ja, Eltern, die sich um ein Kind mit *spina bifida* zu sorgen haben, mögen das mit Recht ein Schicksal nennen. Dann aber bleibt doch die Frage, warum ausgerechnet „mir" bzw. „uns" dies Schicksal trifft. Die Erfindung von im voraus entschiedenen „Schickungen" ist untauglich, den Zufall von Ereignissen (Glücksfall, Unglücksfall) fortzuzaubern.

Die komplexe Konstellation von Gewißheit und Ungewißheit, Glück und Unglück, die das Leben zu einem Drama macht, hat ihren tragenden Grund im – neutralen – Gang der Zeit. Daß Zeit und Zeiten, darin unbeirrbar, vergehen, verdient eine nähere Betrachtung, um erhellend über das Drama des Lebens aufklären zu können.

In den Abend rannen die Stunden …

Ein schönes Wort, ein dichterisches Wort – Stunden verrinnen, und dies nicht irgendwohin, sondern in den Abend. Es dämmert, es wird dunkel, die Nacht kommt. Die Stunden verrinnen, sie sind nicht aufzuhalten. Fühlt man mit der einen Hand an der anderen den eigenen Puls, dann geht auch das unaufhörlich, unaufhaltbar weiter, ein Schlag nach dem anderen, jeder ein neuer, der dem vorhergehenden keine Rückkehr läßt. Das Leben geht weiter, solange der Puls weiterschlägt; mal tut er es schneller, mal langsamer. Er hat kein Ziel, sondern ist wiederkehrende Folge eines geschlossenen Kreislaufs, den er als Lauf zu erkennen gibt. Die Zeit jedoch, als Stunde bestimmt, die seit dem 15. Jahrhundert einen genau bemessenen Tagesabschnitt bezeichnet, ist in ihrem Rinnen nicht als lineares, sondern als zyklisches Geschehen vorgestellt. Leben ist in sich zyklisch. Die Stunde benennt ein Quantum Zeit; als zyklisch bestimmte nennt sie eine Qualität. Weiß in der poetischen Frühe Sappho vom Abendstern zu singen *„phereis oion, phereis aiga, phereis apy materi paida“*, „bringst Schaf, bringst Ziege, bringst heim zur Mutter das Kind“, so nennt auch Benn eine eigene Qualität: eine Einkehr des Lebens aus dem tätigen Sichveräußern in das gelassene Sichverinnerlichen. Doch Nein!, der Dichter beschreibt keine idyllische blaue Stunde, sondern formuliert eine

Anklage. Die Stunden rinnen, das ist die Anklage, jede Stunde, aber auch jede Stunde rinnt, verrinnt, zerrinnt.

> ach, so zerrinnst du,
> Stunde, und hast kein Sein,
> ewig schon spinnst du
> weit in die Nebel dich ein.[103]

„Kein Sein" – der Dichter als Nihilist. Es ist ja richtig: Stunden haben kein IST im Sinne von Platons *Timaios*, das von der Zeit unberührt ist, nicht überantwortet dem Werden, der „Vergängnis", dem „Vergang". Ist die Zeit wirklich nichts, angefangen mit der Zeit einer Stunde, zu der es gehört, daß sie „verrinnt", ja „zerrinnt", wäre sie doch ohne Bewegung kein Stück Zeit.

> Und dann ist es vorbei, das ganze Leben ist vorüber gegangen wie ein Nachmittag.[104]

Schon Blaise Pascal übertreibt die Kürze des Lebens, wenn er „kurz" gleich einem absoluten Prädikat gebraucht: Das Leben als zeitliches ist kurz und damit nichts – was jeder Lebenserfahrung widerspricht. Eine schwere Stunde genügt, dem Leben Gewicht zu geben, etwas das eher als anderes in Erinnerung bleibt. Auch eine glückliche Stunde ist von vergleichbarer Art. Der Dichter weiß um sie. Was fehlt der Stunde, wenn ihr das Sein fehlt? Der ontologische Nihilist Schelling hat das unzweideutig beantwortet: ihr fehlt die Bewegungslosigkeit. Das Sein als das Feste, das Unerschütterliche, das nicht Erschreckbare, das Bleibende, das sich nicht vom

103 Gottfried Benn, *Gedichte* 1, a. a. O., S. 108.
104 Gottfried Benn, *Gedichte* 2, a. a. O., S. 201.

Ort wegbewegt, in der Zeit fortbewegt, nicht erregen und animieren läßt:

> Dieses Seyn außer allem Denken ist nun aber ebensowohl auch über alle Erfahrung, als es allem Denken zuvorkommt: es ist das *schlechterdings transscendente Seyn* [...][105]

Es ist das – erfundene – Sein, das rein Sein ist, ganz von selbst ist, das keine Notwendigkeit hat, in Sein überzugehen, das also keine Bewegung nötig hat, ja überhaupt nicht bewegt sein kann. Benn kennt für sich keinen „spekulativen" Seinsbegriff. Er dichtet und denkt in Gegensätzen: Sein und Nichts, Licht und Dunkel, Leben und Tod – und ist gestimmt und bewegt durch die Vergänglichkeit und Einmaligkeit des Lebens, von Glück und Schönheit, Lust, Leid und Schmerz.

> Wie dann die Stunden auch hießen,
> Qual und Tränen des Seins,
> alles blüht im Verfließen dieses nächtigen Weins[106]

Das Ich, das zu sich selbst gekommen ist und wach sein Leben lebt, hat Sein, ist Sein (Existenz), aber eben kein Sein im Sinne von Bleiben, Unbewegtheit. Tränen fließen, Rosen entblättern sich. Benns Sinn für Rosen ist nicht zuletzt sein Sinn fürs Blühen, diese einmalige Erscheinung von Schönheit und Kulmination der Lebendigkeit in der Liebe.

---

105 Friedrich Wilhelm Joseph Schelling, 6. Ergänz. Band, a. a. O., S. 127.
106 Gottfried Benn, *Gedichte* 2, a. a. O., S. 87. „Sieh die Sterne, die Fänge"; die zwei vorangehenden Verse lauten: „gieße, Myrmidone, / den dunklen Wein ins Land".

das Haar wird grau, die Jahre flieh'n,
ich muß, ich muß im Überschwange
noch einmal vorm Vergängnis blühn.[107]

Schon früh, noch keine siebzehn Jahre alt, bringt er die ihn faszinierenden Rosen, die seinem Gesamtwerk einen eigenen Glanz verleihen, mit dem Lebendigsten zusammen: mit der Liebe, das Eigene der Rosen, das Blühen, ihr übereignend, und das Eigene der Liebe, das Glühen, den Rosen übereignend:

Wenn die roten Rosen glühen,
Wenn der Ginster blüht am Rain,
Dann wird Dir die Liebe blühen.
Dann, dann wirst du glücklich sein.[108]

Nein, Gottfried Benn ist in dem hier gebrauchten Sinne wirklich kein Nihilist. Die schöpferische Bejahung des menschlichen Lebens überglänzt alle Wehmut, allen Schmerz, ja auch allen Zweifel am Sinn des Lebens. Im übrigen hat er keinen festen Seinsbegriff, der ihn auf „Sein" als „Bleiben" festlegte. Nihilismus, um überzeugend nachgewiesen zu werden, verlangt Fundamentalismus. Der aber ist in nichts Sache des Dichters, weder was „das Sein" anbelangt, noch was den „Gott" und „die Götter". Der Dichter denkt und spricht nicht abstrakt (abstrahierend vom gelebten Leben). In jedem Wort, in jedem Klang eines Wortes ist er selbst dabei – mit dem gelebten Leben und dem Horizont des noch zu lebenden.

Benn sitzt, was sein poetisch-meisterhaftes Verklären anbelangt, in keiner Realitätsfalle. Er weiß, daß sie der Heimatort der *anderen* Verklärer ist, denen er Lug und Trug nachsagt, die religiösen Glauben nicht als Ver-

107 Gottfried Benn, *Gedichte* 1, a. a. O., S. 46, „O Nacht –:".
108 Gottfried Benn, *Gedichte* 2, a. a. O., S. 87.

trauen verstehen und leben, sondern das „Buch der Bücher" „wörtlich" nehmen – Glauben im Sinne eines Für-wahr-haltens, was genauer meint, jedes Wort der Bibel als eines der wirklichen Wirklichkeit zu lesen und zu hören. Die Aufklärung, die sich Nüchternheit und wissenschaftlicher Neugier, nicht zuletzt alltäglicher (Über)Lebenserfahrung verdankt, hat ihn exemplarisch heimgesucht als Hautarzt und Militärarzt zweier Kriege. Er hat einzigartig darauf geantwortet mit unverwechselbarer Empfindsamkeit und Ausdruckskraft. Spricht er von geliebten Lügen, dann zielt das Wort Lüge auf die Erfinder in der Realitätsfalle, spricht er von geliebt, dann steht die Verklärung im Blick, bis hin zur Poesie alter und ältester Träume, die ihn ein Dichterleben lang begleitet und belebt, der er aber auch selbst Gestalt gegeben hat. An ein zweites Leben hat Gottfried Benn nicht geglaubt. Aber das Blühen vor Augen und die verklärten Fernen haben ihn gestimmt, das gelebte Leben mit seinem Verrinnen und Zerrinnen am liebsten noch einmal zu leben.

Was wäre Leben ohne Vergänglichkeit, ohne Entblättern der Rosen, ohne Rinnen der Stunden!? Muß weiter gefragt werden: Was wäre Leben ohne Tod!? – Ja, der Tod, dieser unvergleichliche Intimus eines jeden menschlichen Lebens, darf bei der Bekräftigung des je eigenen Ja zum Leben nicht fehlen. Der Tod in seiner unfehlbaren Gegenwärtigkeit ist der erste und letzte Grund für Leben als das gemeinsam aufzuführende Drama, das es ist. Wäre das geborene menschliche Leben ohne Zeitlichkeit, dann wäre es von Anfang an „tot": Nichts drängte zum Tun. Die Weile, das Verweilen, ein Kraft- und Glücksquell im Drama des Lebens, wäre die pure Langeweile, das Leben in seiner unabsehbaren Vertagtheit und Vertagbarkeit. Der Tod ist es, das dem Leben ein- und mitgeborene Ende des Lebens, der das Leben zu etwas Einzigartigem und eben Einmaligem macht. Die irreale Vorstellung von Leben, das keinen Tod findet, muß eine Evolution des Lebens erfinden, die für das Lebendige nicht nur nicht die Differenz von befruchtendem und empfangendem Geschlecht, sondern überhaupt keine Geschlechtlichkeit vorsieht. Gibt es keinen Thanatos, dann auch keinen Eros. Ein Sichbedingen der Intimität von Eros und Thanatos hätte nicht statt. Die Erfindung ewiger Lebewesen ist in der Perspektive erhellender Aufklärung eine Totgeburt schlechthin. Daß diese überhaupt nicht näher vorstellbare und einem überlegten Erdenken zumutbare Verklärung des zeitlichen und endlichen Lebens für den Menschen in seiner Bedenkenlosigkeit lebenspraktisch von so großer Wirkung sein konnte, ist für immer ein Wunder. Menschen sind es, die dem Menschen den Weg ins Jenseits von Verstand und Vernunft, Erleben und Erfahren, Wahrheit und Wirklichkeit gewiesen haben. Indem sie alles Begreifliche für schlechtweg nichtig erklärten, ist es ihnen gelungen, ein weitestverbreitetes Bedürfnis des Menschen nachhaltig zu befriedigen: geistig-geistlich vom Drama des Lebens in jeder Hinsicht Abstand zu nehmen und sich, in vollständiger Selbstentlastung, dem Absoluten zu überantworten, wie es dessen Erfinder von ihm fordern. Das absolute Denken, das sich als schlechthin unbehindert setzt, garantiert einem Idealisten wie Schelling die Identität von Idealität und Realität, garantiert in jedem Falle die Denknotwendigkeit des *einen* Gottes, der dazu ausersehen ist, jede weitere für das Humanum relevante Erfindung zu legitimieren.

Der Mensch ist dem Tod ausgesetzt. Er teilt es mit den Lebewesen, geboren zu sein und mit seinem Leben ein Ende zu finden. Anläßlich seiner Erörterungen zur Tugend der Tapferkeit, stellt sich Aristoteles die Frage, was eigentlich (für den Menschen) das am meisten zu Fürchtende sei. Wie Ohne Bedenken, ist das für ihn der

Tod, und er fügt als Begründung an, daß er das Ende sei und der Tote jenseits von Gut und Schlecht zu sein scheine. Den Tod zu fürchten heißt demnach, sich um das Leben zu fürchten: lieber noch Gutes und Schlechtes erfahren, als nichts mehr erfahren. Doch die Tode differieren, durch die „Gestalt", in der einer dem eigenen ausgesetzt ist. Seeleute haben Angst vor dem Tod des Ertrinkens, Kranke können Zuversicht haben, noch einmal zu gesunden. Der Tapfere freilich ist in seinem Todesbezug in durch Männlichkeit dominierten Kulturen ganz besonders ausgezeichnet: Er kann Ruhm gewinnen durch einen Tod im kriegerischen Kampf. Das wäre, im moralischen Sinne, der „schöne Tod".[109]

Aristoteles erfindet hier keinen Menschen, den es in seiner göttlich-vernünftigen Natur nie und nirgends gibt, sondern zitiert gelebte aristokratische Kultur. Die Kalokagathie, die Einheit des Schönen und Guten, wurde als ein durch Paideia realisierbares Ideal verstanden. Der Tod im Kampfe, der schöne Tod, ist vielfach gelebtes Leben. Er hat in dieser Kultur einen ausgezeichneten Ort. Freilich: Auch wer im Kampfe „fällt", ist als Toter jenseits des Lebens, das heißt jenseits von Gut und Schlecht. Mögen auch noch Ruhmeskränze geflochten werden, der Tote bekommt nichts von ihnen zu wissen.

Der erste Theologe der Christenheit, der als göttlicher Sendbote auftretende römische Bürger Paulus (10–64 n. Chr.) hat sich in seinem geistlichen Wirken insbesondere dafür stark gemacht, daß der Mensch ursprünglich, und das heißt bei ihm: vor seiner Zeitlichkeit, kein Lebewesen, sondern ein Geistwesen (pneumatisches Wesen) gewesen sei. Straffällig gegen Gott geworden, habe er den Tod als Strafe erhalten, wörtlich: als „der Sünde Sold". Sünde, gr. *hamartia*, ist eine Verfehlung an Gott. Das

109 Aristoteles, *Nikomachische Ethik*, III 9, 1115a33.

hat ihm die Vertreibung aus dem pneumatischen Paradies eingebracht und die Versetzung, nun als Lebewesen, auf die von Leben erfüllte Erde. Als Geist war er ohne Geschlechtlichkeit, jetzt, als Lebewesen auf der Erde, ist er ein geschlechtliches Wesen. Seine Tat, die zu dieser Bestrafung führte, war, daß er bereits im Paradies – verbotenerweise – seine Geschlechtlichkeit erkannt hatte durch den Genuß einer Frucht vom Baum der Erkenntnis des Guten und Bösen.

Der auf Paulus' Theologie eingeschworene Theologe Karl Barth (1886–1968) sucht in der Erstfassung seines Buches *Der Römerbrief* von 1919 dessen radikales Nein zur Menschenwelt und zum Menschenleben wortstark zu festigen:

> Der Tod gehört in die ursprüngliche Welt Gottes *nicht* hinein.[110]

Nun schafft der für den Christen Karl Barth verbindliche Schöpfergott der *Genesis* in seiner sechstätigen Tätigkeit als Schöpfer bereits am zweiten Tag Leben: Pflanzen – Organisches, das zeitlich und endlich ist. Fundamentalisten nehmen sich das Recht, ihre zur Überzeugung gefestigte Meinung (*doxa*) blind zu verfolgen. Da es für den jüdischen und christlichen Glauben keine kanonisierte Erzählung, die von einer „ursprünglichen Welt Gottes" weiß, die ursprünglicher wäre als die, von der die *Genesis* erzählt, gibt, muß Barth, hätte er sich ernst genommen, an Bäume gedacht haben, die ohne Wachstum Bäume sind, Bäume, die keinen Samen ausbilden und abwerfen, Blumen, die blühen, ohne zuerst Knospen gebildet zu haben und sich nach dem Blühen zu entblättern. In der Schöpfungserzählung ist aber ausdrücklich von Samen

110 A. a. O., S. 176.

die Rede und damit von Fortpflanzung und Vermehrung. Der vierte Schöpfungstag ist dann ganz der Erschaffung der zweigeschlechtlichen Lebewesen auf der Erde, im Wasser und in der Luft gewidmet. Das setzt sich am fünften Tag der schöpferischen Tätigkeit Gottes fort, an dessen Ende er sich die Erschaffung des Menschen vornimmt:

> Und Gott schuf den Menschen ihm zum Bilde / zum Bilde Gottes schuf er *ihn* (LXX: *auton*) / Und schuf *sie* (LXX: *autous*) männlich und weiblich (Luther: „ein Menlin und Frewlin").

Der erste Menschenmann sieht Gott gleich, die erste Menschenfrau ebenso. Beide repräsentieren den Menschen in seiner Geschlechtlichkeit, die ihn, wie die Schöpfungserzählung sogleich festhält, dazu bestimmt, fruchtbar zu sein, sich zu vermehren und die Erde zu bevölkern. Lebenserhaltung durch angestrebte Vermehrung – so hält es die organische Natur, die die Lebenstätigkeit in der unabsehbaren Folge von Ins-Leben-kommen, Leben-weitergeben, Absterben und Neuem-Leben-Bahn-geben anhalten läßt. Barth hat Adam und Christus im Blick, Sünde und ebenso nötige wie wirklich durchgeführte Erlösung im Sinn.

Die Schöpfungserzählung ist von mehr als einem Erfinder verfaßt. So kommt es, daß der Mensch nicht nur für die Erde erschaffen ist, wie zunächst ausgeführt, sondern auch für den Himmel, das meint für das Paradies. Auch dort soll er ein *zôon*, ein Lebewesen, sein.[111] Er bekommt die Aufgabe, den Garten Eden zu bebauen und zu hüten. Bereits im Paradies ist er zweigeschlechtlich, handelt aber nicht danach, offensichtlich darum,

111 *Genesis* 2,7.

weil er nichts davon weiß. Man stelle sich nur vor, er hätte dort ewig lebende Menschen gemeinsam hervorgebracht! Wohin mit ihnen, wenn sie nicht je zu ihrer Zeit wieder unter die Erde kommen (Erde im Garten Eden!)? Da war es ein kluger Gedanke, den Menschen als Lebewesen, nun eindeutig als Sterblichen, auf die Erde zu versetzen. Auch die Erde hat für keine Art von Lebewesen Platz, die nie stürben. Zwei Geschlechter, die ihre Geschlechtlichkeit ausleben, sind ohne ein „von Erde zu Erde" undenkbar – für den Garten Eden und für die irdische Erde. Leben, das Leben weitergibt, braucht den Tod, „lebt" in seinem Fortleben vom Tod. Diese natürliche Sicht der Dinge ist für einen Nihilisten vom Rang eines Karl Barth unmöglich, ja unerträglich. Seine vermeinte Orthodoxie will den Menschen, der wir sind, tatsächlich zu einem Nichts machen. Erst dann hält er ihn für hinreichend betört, geistig-geistlich keine andere Wahl mehr zu haben, als gut paulinisch Christ zu sein.

Wir, Winzer und Weinliebhaber, Autoren und Leser, Lokführer und Urlaubsreisende, Bäcker und Brötchenesser, Mütter und Säuglinge stünden unter der „Schreckensherrschaft" des Todes.[112] Wir „schmachte(ten)" in seiner „Gefangenschaft". „In der grausigen Tatsache der Vergänglichkeit, der Zerstörung und Zerstörtwerdens drängen sich letztens Endes alle Übel, Schrecken und Rätsel des Daseins zusammen."[113] Ja, so sieht das „Zorngericht" Gottes aus: Alles ist Natur, alles ist Entstehen und Vergehen. Nichts bleibt. Kein Teufel steckt dahinter, daß es die ursprüngliche Welt Gottes nicht mehr gibt, nicht mehr das Faktum ist, was seine „Absicht" war. Ja, Gott hat das gemacht, daß „wir" der Natur überantwortet sind, der Natur

112 A. a. O., S. 175.
113 A. a. O., S. 176.

der Erde und nicht dem Geist des Himmels. Doch der Mensch trägt die Schuld daran, daß Gott, aus Gründen der Gerechtigkeit, seinen Zorn walten lassen mußte. Die Schuld hat einen Namen: Sünde! Barth erklärt sie als „das Selbständigseinwollen des Menschen Gott gegenüber".[114] Damit erklärt er das Menschsein, wie es uns eigen ist, für sündig, für widergöttlich. Proleptisch sind alle modernen *homini sapientes*, die seit weit mehr als hunderttausend Jahren gelebt haben und gestorben sind, eingeschlossen. Wer sich selbst erhält und nicht durch Gott erhalten wird, verdient die Welt, in der er lebt, ist gestraft durch die Geburt, die Symbiose mit der Mutter, die Lösung aus der Symbiose, das Selbstwerden, das Geliebtwerden und Lieben, das zu etwas Berufensein, durch die Glücks- und Unglücksfülle des Lebens: das Glück im Unglück und das Glück im Glück (mit Glück das Glück ergreifen), durch das Altern, das ein bejahtes gemeinsames sein kann, durch das Leben, das der Hilfe und Pflege bedarf, und endlich, wie es meistens der Fall ist, so nicht Krieg und Hungersnot herrschen, durch ein Sterben im Kreis der Seinen. Ja, das soll Vergänglichkeit als „grausige (wörtlich: Grauen, Schrecken erregend) Tatsache" sein.

Geist gegen Fleisch. Paulus hat den Grund für die theologische Ansicht gelegt: besser gar kein Mensch, als den, der wir sind. Der Mensch soll nicht als Mann und Frau „*ein* Fleisch", sondern vielmehr mit Gott „*ein* Geist" sein. Dem folgt auch Augustinus: besser keinen Menschen als diesen. Wenn Karl Barth als reifer Mann – er war bei Abfassung der ersten Fassung von *Der Römerbrief* Angang dreißig – auch nur für einen Augenblick zu der sein ganzes Denken beherrschenden Überzeugung kommen konnte, daß der Mensch, der des Todes ist, nicht Gottes

114 A. a. O., S. 177.

Mensch ist, nicht das ursprüngliche Konzept seines Gottes ist, dann wäre ihm dringend zu raten gewesen, den Gott als den Fels seines Nihilismus zu hinterfragen, den Menschen aber in Ruhe zu lassen.

8. Der Ontologe

I.

Sein, das ein Bleiben ohne Ende verspricht, gibt es nicht in der Natur, ebensowenig in einer Verlaufsgeschichte. Es gehört nicht zum Erfahrungsbereich des Menschen. Das Wort und seine Bedeutung verdanken sich dem als Philosophen auftretenden Seinsdenker: Er denkt das Sein, und damit ist es gesetzt. Das Beispiel Platons genügt um zu erkennen, was für ein verwegener Denkvorgang das ist.

Das Sein ist gedacht, also ist es. Ja, das ist Ontologenart. Das so gedachte Sein ist ein Ideal. Das allein schon garantiert, daß es in der Welt menschlichen Lebens und Handelns nicht vorkommt. Rafft der denkende Seinssetzer ihm verfügbare Emphatika wie wahrhaft, wirklich, selbst, echt, eigentlich, rein, nur, in jeder Hinsicht zusammen, dann vermittelt das schon einmal einen Geschmack von dem, was er im Sinn hat: Sein Gedanke, seine ideale Idee meint die reine, die einzig zutreffende Bedeutung, die ideale Gestalt, die an dem, was der Gedanke sagt und darstellt, nichts menschlich Unvollkommenes beläßt, das heißt nichts Menschliches. Schreibt ein Montaigne, wie zu lesen war, daß ein Zu-sehr an Gerechtigkeit Ungerechtigkeit erzeugt, daß also verwirklichte Ideale lebenspraktisch von katastrophaler Auswirkung wären, dann kann der in seinem Denken von lebenspraktischer Realität unbehelligte Platoniker nur abwinken. Er weiß ja, daß seine reinen Gedanken wahrer sind als menschliche Wirklichkeit. Wer will schon gedanklich etwas gegen die Idee des Guten ausrichten, die als der Seins- und Erkenntnisgrund alles Reinen und nichts als Guten gedacht ist, das noch über jedes je geartete bleibende Sein hinausliegt, ausrichten? Einen Idealisten wie Platon dadurch entlarven zu wollen, daß man ihm idealisierendes Denken nachsagt, wäre pervers. Die Ignoranz bleibt. Seinslehre – das war und ist ein Luft-aus-Luft-Machen.

II.

In den Gotteshäusern hat religiöser Glaube gehaust, aber kein im gläubigen Sinne von Existenz existierender Gott. Im ontologischen Gedanken von Sein haust kein Sein, das im vermeinten Sinne dem gedachten Sein zu einem Mehr an Sein verhelfen könnte als sein Gedachtsein. Forschendes Beobachten und setzendes Denken sind und bleiben in ihren Absichten und Ergebnissen unvereinbar. Wer sich heute historisch mit einst gelehrter Ontologie beschäftigt, wird seines Themas nur mächtig, wenn es ihm gelingt, sich darüber klar zu werden, daß und wie der professionelle Ontologe durchgängig als Erfinder handelt. Gelingt ihm das, dann ist es an ihm, daß er den forschenden Beobachter zu Wort kommen läßt. Die als Realität erkannte Realität ist es, die darüber entscheidet, ob menschliches Verlangen nach Bleiben zu stillen ist, womit auch entschieden wäre, ob das vorgestellte Bleiben überhaupt etwas ist, das der Mensch brauchen könnte.

8.1 Vollmond

I.

Das Fest der Auferstehung Christi, das christliche Osterfest, wird heute allgemein am Sonntag nach dem ersten Frühlingsvollmond gefeiert.

Im gedruckten Kalender für das Jahr 2023 findet sich am 6. April, einem Donnerstag, das Symbol des Vollmonds, am 9. April, dem folgenden Sonntag, die Angabe „Ostersonntag". Es gibt Kalender, die Sonnenaufgang und Sonnenuntergang, Mondaufgang und Monduntergang auf die Minute angeben. Für den Vollmond ist das offensichtlich nicht angebracht. Die Kalendermacher gehen davon aus, daß dem Kalenderbenutzer die Angabe des Tages genügt, an dem Vollmond „ist". Zeigt sich an diesem Tage dem menschlichen Auge der Mond, dann sieht es den Vollmond, ungeachtet der Stunde, Minute, ja Sekunde des Augen-Blicks. „Es ist Vollmond", wird es konstatieren, „es" im Sinne der unbestimmten Zeitangabe gebrauchend (analog zu „es" als unbestimmten Lokativ in Sätzen wie „Es schneit", „Es regnet") – die Rundung des Gestirns erscheint ihm ohne Makel. Das kann auch schon einen Tag vorher und noch einen Tag nachher der Fall sein, wenn man es mit dem Noch-etwas-oval und dem Schon-wieder-etwas-oval nicht zu genau nimmt.

„Es ist Vollmond", ja, so sagen wir das, und wir verstehen, was damit gesagt ist. Das „ist" geht uns dabei bedenkenlos über die Lippen, sehen wir doch selbst, daß heute Vollmond ist. Anders der auf das Sein bedachte Philosoph, das mit dem „ist" gesagt ist, auf „Sein" im Sinne von Existieren und Bleiben. Der Mond ist ein Musterbeispiel für ständige Veränderung:

O Fortuna, velut luna statu variabilis,
semper crescis aut decrescis;[115]

(O Glück, gleichwie der Mond im Zustand der Veränderung,
stets nimmt er zu oder nimmt er ab; ...)

Ständig im Zunehmen und Abnehmen begriffen – das wirft für den Vollmond, der „heute ist", eine ganz eigene Frage auf: Gibt es überhaupt eine Zeit, eine Zeit von meßbarer Größe und eben Dauer, in der der Mond voll ist? Diese Frage stellt sich nicht dem Auge, sondern dem Nachdenken. Sie zielt direkt auf den Vollmond, wie er nach gängiger Rede und gängigem Verstehen nicht in seinem Noch-nicht-sein und Nicht-mehr-sein aufgeht. Was bedeuteten Sein und Zeit, denen zufolge sich die Rede „es ist Vollmond" auch für den besonnen Nachdenklichen verantworten ließe? Anders gefragt: Wie steht es mit dem „Moment" des Übergangs vom Noch-nicht-Vollmond zum Nicht-mehr-Vollmond, womöglich vergleichbar der Frage nach dem Übergang vom Sogleich des Vollseins des Mondes zum Soeben seines Vollseins?

II.

Sonne, stehe still zu Gibeon,
und Mond im Tal von Ajalon!
Da stand die Sonne still,
und der Mond blieb stehen,
bis das Volk Rache genommen
an seinen Feinden[116]

---

115 Carl Orff, *Carmina Burana*. Cantiones Profanae, Klavierauszug, Mainz et al. 1996, S. 5.

116 *Josua* 10,12 f. (*Zürcher Bibel*).

Religiöse Glaubenskunst und Phantasie der Denkkunst erschaffen die verwegene Vorstellung eines ewigen göttlichen Jetzt, eines Jetzt, das nicht zeitlich und bewegt ist, sondern vielmehr „steht“ (*Nunc stans*), der Autor des Buches *Josua* des *Alten Testaments* die eines stehenden Jetzt auf Zeit („bis …“). Das ist das wahrhaft Verwegen-Verwirrende an dieser Vorstellung: Es gibt eine Zeit, die nicht die des Gangs der Sonne, sondern vielmehr die ihres Stillstands ist:

> So stand die Sonne still mitten am Himmel und eilte nicht, unterzugehen, beinahe einen ganzen Tag.[117]

Israels Volksgott macht so aus einem Tag mit Tageslicht zwei Tage mit Tageslicht, damit die Seinen die Bewohner des ihnen von ihm versprochenen Landes „ausrotten“ können.[118] Die stillstehende Sonne, der stillstehende Mond – die eine wie die andere Unmöglichkeit ist allein für den erfundenen Volksgott der Israeliten eine Option, aus gläubiger Sicht ein von ihm erwartbares Wunder.

Wenn die Zeit nicht stillsteht, die Sonne nicht, der Mond nicht, wie kann es dann einen Vollmond geben, einen Übergang vom Zunehmen zum Abnehmen des Mondes, der ein Sein ist, ein Bleiben und Währen? Von etwas, das übergeht, in diesem Falle von der Ruhe in Bewegung und von der Bewegung in Ruhe, heißt es bei Platon:

> Geht es aber über: so geht es plötzlich (*exaiphnês*) über, und indem es übergeht, ist es in gar keiner Zeit (*en chronôi oudeni ousa*)[119]

117 Ebd.
118 Siehe *Jesaja* 11 et al.
119 Platon, *Parmenides* 156d.

Gibt es etwas auf der Erde, das nicht zeitlich wäre? Geschieht auf ihr etwas, das nicht zeitlich geschähe? Nein, das gibt es nicht, hat nicht statt. Denken philosophische Seinsdenker ein Sein, das ewig in jeder Hinsicht unveränderlich und eben unbewegt, entsprechend unentstanden und unvergänglich ist, dann ist das in aller Wahrheit und Wirklichkeit rein Gedachtes, ein reines Noumenon, aber nichts, das auf der Erde oder in den Milliarden von Galaxien existierte und sich ereignete, kein Stück Natur, nichts von natürlicher Prozessualität. Jede Bewegung braucht Zeit, ist ein Zeitvorgang. Dazu braucht es Raum, das meint Zeit, die sich zählen läßt. Die Zeitlosigkeit, wie sie Platon für seine Erklärung des Plötzlichen einbringt, gibt es so nicht, nicht *in natura*, sondern allein im Geiste. Aristoteles, Platons Schüler, hat sich auf das Problem eines Umschlages (*metabolê*) bedachter eingelassen:

> (es) ist offenkundig, daß jeder Wandel („Umschlag") und jede Veränderung in der Zeit stattfindet[120]

Daraus folgt für Aristoteles:

> „*Plötzlich*" (meint) solches, das infolge seiner Kürze in unwahrnehmbarer kleiner Zeit heraustritt.[121]

Mit einem Mal, mit einem Schlag – nichts Plötzliches ist so jäh, daß es aus der Zeit fiele. Bringt es Naturbeobachtung auch mit modernsten Mitteln nicht fertig, für den Umschlag des Mondes vom Zunehmen zum Abnehmen eine Zeit zu messen, weil dazu ein früheres und späteres Jetzt festgestellt werden müßte, der Umschlag ja aber *jetzt*, das heißt in *einem* Jetzt erfolgt, dann macht

120 Aristoteles, *Physik* Delta 14, 223a14 f., gr.-dt., trad./ed. Hans Günter Zekl, Hamburg 1987.

121 Ebd.

doch der mathematische Zugang zu diesem Problem eines kontinuierlich in Bewegung Befindlichen den Weg für seine überzeugende Lösung frei. Mit einem Jetzt und einem zweiten, das folgt (*ephexês*), wird ein Quantum Zeit begrenzt und gemessen. Das eine Jetzt, das ist der Zeitpunkt, ist das, was die Zeit zusammenhält (*synechês*). Schlägt der Mond auf seiner Bahn vom Zunehmen ins Abnehmen um, dann gehören zu diesem Vorgang keine zwei Jetzte, kein letztes Jetzt des Zunehmens und folgendes Jetzt des Abnehmens. Der Zeitpunkt des Vollmonds ist von keiner erkennbaren (zählbaren) Dauer. Die Zeit, da es, mathematisch geurteilt, Vollmond *ist*, ist unvorstellbar kurz. Operiert die Physik in der Theorie des unvorstellbar großen Universums mit unvorstellbar kleinen Zeitgrößen, dann wird einsichtig, daß nicht nur die Größe der Quantität zu einer eigenen Qualität führen kann, sondern auch die Kleinheit der Quantität. Fordert schon die Lichtgeschwindigkeit menschliches Vorstellungsvermögen heraus, dann ist die nicht im Raum statthabende Geschwindigkeit, sondern die raumschaffende Geschwindigkeit der mit dem Urknall verbundenen Entstehung des Universums mit seinen Milliarden von Galaxien unvorstellbar groß, die Zeit für die „Aufblähung" des gesamten Kosmos entsprechend unvorstellbar klein. Nach Auskunft des Philosophen und Diplomphysikers Steffan Ritzenhoff geht die Physik heute von einer milliardsten Sekunde aus, mit der (wohl besser als *in* der) durch Aufblähung eines sehr kleinen und deshalb homogenen Raumes der Kosmos in seiner Unermeßlichkeit da war.

8.2 Nichts bleibt

I.

Wer geht schon gerne, leidet er nicht an Unerträglichem, von der Erde? Wir sind irdisch. Nach einem alten Bild heißt das: Wir *sind* Erde, sind aus der Erde hervorgegangen und kehren zur Erde zurück.[122] Einen der Vorsokratiker animierte das, in seinem Buch *Über Natur* Erde zum Anfang von allem zu erklären: „Denn aus Erde ist alles und zu Erde wird alles am Ende“.[123] Erde als das A und O auch menschlichen Lebens – was könnte „natürlicher“ sein!? Merkwürdig: Da wird einer erst ins Erdendasein geführt, dann – der Zeitabstand ist in Anbetracht des Alters der Erde äußerst limitiert, aber ungewiß – wieder aus ihm weggeführt. Wozu das? Wie soll sich das einer zusammenreimen und dieser Unabänderlichkeit gar zustimmen? Wir, wir Erdenbürger auf Zeit, haben dem, wie naturgemäß, nicht zugestimmt. Und wir haben dafür sogar Erklärungen gefunden. Eine starke und überzeugende war und ist noch immer die auf einer Zweiteilung des Menschen beruhende, und zwar die des Einzelnen: ein ganzer Mensch bestehe aus Leib und Seele, aus Fleisch und Geist. Die Gewöhnung an diese erfolgreiche, weil eingängige Erklärung hat mit einem Schlag der Deutung der Erde als unseres A und O ihre Überzeugungskraft genommen: Der Mensch gehört nicht gänzlich der Erde; er ist nicht ganz Erde, ist nicht nur aus der Erde hervorgegangen, kehrt nicht vollständig zu ihr zurück. Endet das Leben, dann entschwindet die andere Hälfte ganz anderswohin.

---

122 *1. Mose* 3,19.

123 Xenophanes (gest. um 480 v. Chr.), *Fragment* B 27; vgl. *Fragment* A 36, in: *Fragmente der Vorsokratiker*, Bd. 1, S. 135; 123.

Beobachten läßt sich das nicht. Der Vater zeugt, die Mutter empfängt, trägt aus und gebiert. Das hat alles „hier" statt. Solange ein Mensch, und das ist ein von einem Mann gezeugter und von einer Frau geborener Mensch, auf der Erde bleibt, ist er ersichtlich ein Erdenwesen. Das wird nicht dadurch obsolet, daß er hinauf in den Himmel sieht, ja mit seiner Seele Überirdisches erfühlt und erträumt, mit seinem Geist entsprechend denkt und erdenkt. Wer zusieht, wie der Sarg geschlossen in die Grube hinuntergelassen und mit Blumen und Erde beworfen wird, um dann mit aufgeschütteter Erde gleichsam versiegelt zu werden, ist Zeuge eines vollständigen Zurück zur Natur. Seele und Geist waren die des Gestorbenen, da er lebendig war, waren, wie Aristoteles das deutet, seinem Naturstoff eingeprägte Formen, die ohne diesen Stoff keine Wirkungsstätte und eben keine Wirklichkeit gehabt hätten. Kein Stoff ist ohne Form wirklich, keine Form ohne Stoff. Das gilt gerade auch für das, was Aristoteles als Wesensform im Blick hat.

II.

Der Mensch bleibt nicht auf der Erde, besagt ganz offensichtlich, daß er nicht bleibt. Sagt ein Philosoph in seinem Buch *Über Natur*, daß nichts bleibt (*ouden menei*),[124] dann ist für den idealistischen Ontologen diese realistische Beurteilung der Dinge inakzeptabel. Seine simple Widerlegung: *Bliebe* an Dingen nichts Signifikatives, könnte man sie nicht erkennen.[125] Ja, Sokrates war der Sohn einer Hebamme und hatte eine krumme Nase. Für uns bleibt er der Sohn einer solchen Mutter und der

124 Heraklit, *Fragment* A 6; Platon, *Kratylos* 402a.
125 Platon, *Kratylos* 440a ff. Fiktiver Platontext.

Träger einer solchen Nase, was freilich nicht verlangt, daß er auf der Erde und am Leben geblieben wäre. Nach seinem Tod hat ihn niemand mehr gesehen. Er hat sein Ende gefunden. Er ist wirklich nicht mehr da, sondern für immer weg als der, der auf der Erde gelebt hat. Läßt Platon ihn in seinen Dialogen auch noch so lebendigen Geistes auftreten, an der erwiesenen Endlichkeit seines gelebten Erdenlebens ändert sich dadurch nichts. Menschen kommen auf die Erde und gehen alle wieder von der Erde. Das hat die erstaunliche Entwicklung des Lebens auf dem Planeten Erde so mit sich gebracht. Das ist, soweit dem Menschen bekannt, ein einzigartiges Geschehen.

III.

In Europa war es Seele und Geist seit der Antike mit dem gelebten endlichen Leben nicht genug. Sterben, von der Erde gehen, ja, aber das kann nicht Sache von Seele und Geist sein. Dahinter könnte die Unmöglichkeit der Vorstellung stecken, von sich selbst Abschied zu nehmen. Himmel und Erde verschwinden aus dem Blick, die ganze Lebenswelt, aber ich selbst? Eine Selbstintimität wäre das, eine Intimität unmittelbarer und selbstgewisser noch als die mit dem Geliebten und die mit dem eigenen Tod. Deutet der Ontologe den Tod als Trennung der Seele vom Leib,[126] dann genügt das schon, um die Absicht zu erkennen, der Seele und mit ihr der Geistkraft zum Bleiben zu verhelfen, den Leib dagegen der Verrottung zu überlassen, weil etwas für sinnliche Lüste und Krankheit Anfälliges kein Bleiben verdient. Die Trennung vom Leibe, so sieht es aus, kommt für die Seele einer Reinigung gleich: dem reinen Selbstsein Unnüt-

126 Platon, *Phaidon* 64c.

zes, ja Hinderliches wird abgestoßen. Für das Seelisch-Geistige als das Selbsthafte des Menschen ist dann das Erdenleben eh verlorene Zeit. Der Seinsdenker, der auf Unmögliches aus ist, auf das Bleiben von etwas, muß, um Gehör zu finden, radikale Töne anschlagen. Das hat er mit Theologen gemein, zumal in ihm selbst ein Theologe steckt.

Menschen, wie sie zeitlebens ihres Nichtbleibens auf der Erde bewußt sind, dabei aber übersehen, daß der Tod den Abschied von sich selbst bedeutet, nähren in sich unauffällig das Selbstverständnis, aufs Innigste allein mit sich selbst zusammenzugehören, das Seelisch-Geistige als das eigentliche Selbst des Menschen mit nichts als sich selbst. Die Frage, ob es gelebtes und zu lebendes Leben auf der Erde nicht allein als geteiltes gibt, menschliches Selbst, das sich ohne jeden Umgang mit anderen Selbsten und damit ohne Individuation und Sozialisation entwickelt hat, überhaupt durch Lebenserfahrung belegt werden kann, wird nicht gestellt.

Wie es aus der Lebensteilung gerissene Überlebende, denen der Nächste oder ein sehr Naher gestorben ist, bezeugen, ist der Tote wirklich tot. Er ist nicht mehr unter den Lebenden, fort von der Erde, fort von „mir". Mit dem „tot und weg" eines Gestorbenen hat dessen Selbst für den Nahen und Nächsten, dem er gestorben ist, sein Ende gefunden. Er hat mit ihm keine mögliche selbsthafte Verbindung mehr, mag sein Fühlen und Empfinden auch noch so leidenschaftlich sein. „Zu Herzen gehender" Schmerz, ja Lähmung menschlicher Regungen und Einsicht in die Hoffnungslosigkeit des Versuchs, miteinander intim verbunden zu bleiben, verstärken nur die Erfahrung, beim Versuch einer selbsthaften Interaktion ins Leere zu greifen.

Ist, wie Platon es aussprechen läßt, der Leib ein Kerker der Seele, kommt sie demnach ohne Individualität und die Möglichkeit interindividueller Beziehungen ganz zu sich selbst, dann ist absoluter Solipsismus gefragt, dies aber so, daß er nicht auf der Erde statthat. Auf ihr gibt es allein beseelende und das heißt belebende Seelen, Seelen von Lebewesen also. Der auf das Unmögliche zielende Ontologe hat unmöglich Lebewesen im Sinn, die *eo ipso* nicht bleiben, sondern allein Seinswesen, Wesen, die *eo ipso* bleiben, weil als von allem Nichtbleibenden „befreit“. Wozu sie dann überhaupt auf die Erde kommen und sich auf Zeit, um eine Stätte zu haben, einsperren lassen, verrät uns dieser idealistische Denker nicht, auch nicht, welche Aufgaben sie wie und wo wahrnehmen wollen, wenn sie absolut bei und für sich selbst sind. Fasziniert von einer sich ihm eröffnenden gedanklichen Möglichkeit des Bleibens, ist ihm das Interesse am Menschen abhanden gekommen, der, um zu *sein*, zeitlich zu *leben* hat mit einem zum Menschsein gehörigen Leib, der verwesen wird.

IV.

Der Ontologe, der im Tode für die Seele die Chance zu erkennen meint, wieder selbständig zu werden, hat keinen Sinn für Psychosomatik: für das Miteinander von seelischem und leiblichem Ergehen. Er weiß sich als Anwalt von höherer Wirklichkeit, als sie die Lebenswelt zu bieten hat. Das läßt ihn wider alle menschliche Vernunft gegen den Schlaf argumentieren, weil der die Vernunfttätigkeit zum Erliegen bringe, und die bekannten seelisch-geistigen Erkrankungen ignorieren, die ein Indiz dafür sind, daß keiner individuellen Seele fortwährendes Bleiben beschieden ist.

Wird Seele nicht wie bei Aristoteles als (Wesens-) Form eines Stoffes erkannt, sondern als eigenständige

Entität, dann gibt Platon zu erkennen, was für einen festen Grund er sich selbst im Unmöglichen geschaffen hat. Das Argument ist simpel: Die Seele ist „älter" als der Leib, war in einem unausdenklichen Vor-der-Geburt bereits aktiv. Einer Ontogenese bedarf es für ihn nicht, eines Entstehens und Sichentwickelns der Persönlichkeit, des Selbst, des Charakters, ja eben der Seele. Die Gene der Eltern sind, was den sich vorgeburtlich embryonal entwickelnden und in leiblicher Gestalt geboren werdenden Menschen anbelangt, die ganze Mitgift. Gelingende oder mißlingende Elternschaft, Abendlied der Mutter am Bett, ermunternde und tröstende Zuwendung richten an dem geburtlich Entstandenen nichts mehr aus. Die Seele mit ihrer vorgeburtlichen Ideenschau kommt fertig hinzu, ist im Augenblick der Geburt als nicht der Zeit Anvertrautes bzw. Unterworfenes mit dabei, um dann nach der hybriden Ganzheit offensichtlich wieder dorthin zurückzukehren, woher sie auch immer in ihrer reinen Geistigkeit gekommen sein mag. Als Metapher steht ja dafür bei diesem Philosophem nichts Geringeres zur Verfügung als der überhimmlische Ort.

Denkkunst ist als Kunst die Kunst des Unmöglichen. Der Ontologe, der sich mit seinen Thesen und „Beweisen" allem zuvor selbst verzaubert, muß auf keine Genetiker und Entwicklungspsychologen Rücksicht nehmen. Dafür genügt der bloße Anschein von Plausibilität. Philosophen, die dem Menschen ganz allgemein die Sehnsucht nach Unsterblichkeit zurechnen, sind nie in Verlegenheit gewesen, sie nach bestem Wissen und Gewissen zu stillen. Nun hat ja aber, wie ein Buch des *Alten Testaments* überzeugend erinnert, „alles", was Sache des Menschen ist, seine Zeit und damit kein Bleiben. Das ist erste und letzte menschliche Erfahrung. Der Strauch in der *Tora*, der brennt, aber nicht verbrennt, und Heraklits ewig lebendiges Feuer sind wunderbare, begeisternde Erfindungen. Nichts davon findet sich in der Lebenswelt. Geht es nun gar um die Unsterblichkeit des Menschen, dann kann es nur eine außerordentliche Erfindung sein, die den Menschen eine Gewißheit des Bleibens vermittelt. Eine solche ist Philosophen immer schon gelungen, indem sie damit überzeugen, daß der Mensch nicht allein menschlicher, sondern auch göttlicher Art ist, nämlich göttlichen Geistes.

8.3 Alles vergeht

I.

Wer als Einsicht vertritt, daß nichts bleibt, hat sein Wahrnehmungs- und Erkenntnisvermögen auf Natürliches, nicht auf Übernatürliches gerichtet. Führt der Ontologe den Gedanken eines bleibenden Geistes (*pneuma*) aus, dann muß er auf der Möglichkeit bestehen, den verwundernden Gedanken durch einen metaphysischen Zugriff zu legitimieren, der schöpferischer, ja erfinderischer Natur ist. Wer dem Menschen Eigenes für unvergänglich erklärt, muß es ebenso halten. Sind mit der Unvergänglichkeit eines Menschen nicht das unabsehbare Weiterwirken von Werken und kein Ruhm angesprochen, sondern er selbst, dann muß seine Unsterblichkeit gemeint sein. Epische und lyrische Dichtung der griechischen Antike hat, als wäre es das Verständlichste auf der Welt, Sterbliche und Unsterbliche unterschieden. Die frühe griechische Philosophie hat darin der Dichtung nicht nachgestanden. Es gibt Unvergänglichkeit – das war die herrschende Überzeugung. Die geistig-geistlich scharf gezogene Grenze zwischen Sterblichen und Unsterblichen hat Erstere stets gereizt, sie zu überwinden. Als Helden erkannte Menschen wurden in der

Sprache zu Halbgöttern (*hêmitheoi*). Es waren Männer, die durch ihre Taten unsterblich werden wollten. Gilgamesch hat es trotz höchstem Einsatz und obwohl er zum Teil göttlicher Abstammung war, nicht geschafft, wohl aber Herakles. Bei beiden ging es nicht um Siege im Menschengemetzel, sondern um die Befreiung der Erde von Monstern, auf daß sie zu einer menschlichen Wohnstatt für den Menschen werde – Menschen für menschliche Wohltaten dadurch zu belohnen, daß man sie über den Menschen hinaushebt und von der menschlichen Seinsart entfernt, ist nicht ohne Witz.

Was aber ist schon die Erfindung von unsterblichen Göttern und Halbgöttern gegen die eines unsterblichen Sterblichen!? Die christlichen Religionsstifter haben sie gewagt. Wie die Evangelisten erzählen, ist Jesus Christus an einem aufgerichteten Holzkreuz, an das er als leibhaft Lebendiger genagelt worden war, gestorben. Danach wurde er vom Kreuz genommen und in ein Grab gelegt und nach drei Tagen von den Toten auferstanden: „Er ist nicht hier" (*ouk estin hôde*), nicht in dem Grab, in das sie ihn gelegt hatten. Das soll fürs Erste heißen: Man kann ihm da und dort im Lande wieder begegnen. Für Gläubige theologisch untermauert besagt diese Ungeheuerlichkeit:

> Jesus Christus, *wahrhaftiger Gott* vom Vater in Ewigkeit geboren und auch *wahrhaftiger Mensch* von der Jungfrau Maria geboren [...][127]

Diese kühne Erfindung „ganz Mensch, ganz Gott" überholt unendlich die des unvergänglichen Menschen, bleibt aber maßgeblich für den Gläubigen, der darin

---

127 Martin Luther, *Kleiner Katechismus* (um 1529), im Artikel *Von der Erlösung.*

sein Hoffen fundiert sieht, daß mit dem Tod nicht alles vorbei ist. Um auf die Ungeheuerlichkeit ihrer Erfindung aufmerksam zu machen, haben die Erfinder ja nicht versäumt, das je einmalig auf Erden zu lebende Leben gründlich um jeden Kredit zu bringen. Das Hoffen auf Unvergänglichkeit ist von seiner Initiation her nicht auf ein Weiter-so, sondern auf ein Ganz-anders gerichtet. Etwas unvorstellbar Wunderbares soll dann seinen Anfang nehmen. Doch die Mitwirkenden an der Erfindung der Auferstehung Jesu Christi von den Toten sind sich offensichtlich selber nicht ganz im Klaren gewesen, worauf das letztlich hinausläuft. Der Erstgeborene der Toten (*ho prôtokos tôn nekrôn*)[128] bleibt, wie sie es haben wollen, obgleich unvergänglich, der gezählten Zeit ausgesetzt: Die Auferstehung gilt erst einmal für 1000 Jahre. Die Zahl wird für Christen zu einer magischen, da sie dieselbe mit der erhofften, ja erwarteten Wiederkehr Christi verbinden. Die „Naherwartung", wie sie Paulus für angebracht hielt, hat sich nicht erfüllt, auch die 1000 Jahre nach Christi Geburt gingen, was Christi Wiederkehr anbelangt, zur größten Enttäuschung der Christenheit ins Leere, und selbst die Nichtwiederkehr samt einer im Kern falschen Hoffnung wird bereits in Betracht gezogen. Doch noch ist nicht aller Tage Abend. Die Rückkehrerwartung behält ihr Fundament, solange der Christusglaube auf dem Planeten Erde seine Stätte hat. Er ist gewappnet, 1000 um 1000 Jahre weiter zu hoffen. Es müßten schon die Vorstellung eigener Unvergänglichkeit jeglichen Reiz verlieren und der mehr als zwei Jahrtausende florierende christliche Glaube seiner Gläubigen verlustig gehen, um die Erwartung des „letzten Gerichts" obsolet werden zu lassen.

---

128 *Offenbarung Johannes* 1,5.

II.

Die leibliche Auferstehung Christi als eine Fahrt von der Erde in den Himmel sei beobachtet worden – eine Erfindung, die mit äußerster Zurückhaltung erzählt wird:

> [...] wurde er vor ihren Augen emporgehoben, und eine Wolke nahm ihn auf und entzog ihn ihren Augen. (*Apostelgeschichte* 1,9).
> Während er sie noch segnete, entschwand er ihnen und wurde in den Himmel emporgehoben (*Lukasevangelium* 24,50).[129]

Die Auferstehung eines Menschen ist bislang nicht beobachtet worden, da noch keiner auferstanden ist. Die Auferweckung des Lazarus nach viertägigem Totsein (*Johannesevangelium* 11,17 ff.) kann nicht als Auferstehung gemeint sein, da Christus mit dieser Wundererzählung nur seine Gotteskraft belegen will. Nach der komplexen Erfindung des christlich zu bekennenden Glaubens mit seiner Unterscheidung eines ersten und eines zweiten Todes, kann diese Wundererzählung sowieso nichts Endgültiges über Lazarus berichten, ganz abgesehen davon, daß Auferweckung und Auferstehung Wörter aus dem Wortschatz der Verklärung, nicht der erhellenden Aufklärung sind. Christus bleibt für den Gläubigen der *Erst*geborene von den Toten. Den ersten auferstandenen Menschen kann es für ihn erst dann geben, wenn endgültig entschieden (*krisis eschatê*) ist, daß er nicht den „zweiten Tod“ sterben muß, den „anderen Tod“, der ihn mit Tod und Teufel in den feurigen Pfuhl brächte (*Of-*

129 Beide Übersetzungen: *Bibel in gerechter Sprache*, 3. Aufl., Gütersloh 2007.

fenbarung Johannes 20).[130] Damit ist es offen, ob es für den unvergänglichen Menschen, der für den christlichen Glauben unverzichtbar ist, jemals einen exemplarischen Beleg geben wird.

Dafür, daß dieser religiöse Glaube dennoch nicht erlahmt, ist gesorgt: Verlockung und Drohung, auf dem Weg des Glaubens zu bleiben, sind gut gepaart. Die Einsicht, daß alles vergeht, darf sich auf keinen Fall einstellen, soll der Glaube gedeihen. Das Wort „Wer nicht für mich ist, ist gegen mich", das George W. Bush zu Beginn seines ihm von Gott befohlenen Irakkriegs gebrauchte, hat er sich vom Christus des *Matthäusevangeliums* geliehen.

Wer Heilsgeschichten erzählt, die wahr sein und Wirklichkeit werden sollen, kann nur eschatologisch verfahren: Alles wird in ein endgültiges, in seiner Ereigniszeit unbestimmtes Einst verlegt. Damit verschärft sich die Alternative: Willst du jetzt und auf Zeit glücklich und dafür einst für ewig unglücklich sein, oder willst du jetzt und auf Zeit unglücklich und dafür einst auf ewig glücklich sein? Die Erfinder eines ewigen Währens und Bleibens sind gehalten, das zeitlich-vergängliche Jetzt pauschal zu verdammen, das auf ewig Bestand habende Einst, wie es in Aussicht steht, entsprechend zu bejubeln. Christliche Seelenhirten goutieren nur allzu gerne die Makarismen der „Bergpredigt"[131], versäumen darüber aber zumeist, dieser Predigt im Ganzen gerecht zu werden, was die Dystychismen[132] einschlösse:

> Selig seid ihr, die ihr jetzt hungert, denn ihr sollt satt werden,

130 Siehe dazu R. Feldmeier/H. Spieckermann, *Der Gott der Lebendigen*, Tübingen 2011, S. 483 et al.

131 *Matthäusevangelium* 5,3–12.

132 *Lukasevangelium* 6,24–26.

> Selig seid ihr, die ihr jetzt weint, denn ihr werdet lachen,
> Weh euch, die ihr jetzt satt seid! Denn ihr werdet hungern,
> Weh euch, die ihr jetzt lacht! Denn ihr werdet weinen und klagen.[133]

Der Anreiz, ein Christusgläubiger zu werden, wird in den Evangelien durchweg als ein Entweder-Oder von Jubeln-Dürfen oder Klagen-Müssen inszeniert. Er erreicht die Seele dessen, der sich gläubig darauf einläßt, wohl nicht selten eher durch ihr Drohen als durch ihr Hoffendmachen. Wer die vom Apostel Paulus dem Christus Folgenden verordnete Bedrängnis, Betrübnis, Bedrückung (*thlipsis*) nicht selbsthaft lebt, sondern sich über jeden Augenblick, über jedes Jetzt, in dem es ihm nach eigenem Empfinden gut geht, freut, und nichts als dies, für den wird doch, wie zu lesen, eine Drohkulisse aufgebaut: Traue ja keinem menschlichen Jetzt; baue auf das göttliche Einst! Es scheint ja, als habe sich diese Art Religionswerbung in der Praxis allgemein bewährt. Jedenfalls hat sie mehrheitlich Menschen nicht davon abgehalten, so beworbenen Religionen die geistig-geistliche Herrschaft über Liebe und Tod anzuvertrauen.

III.

Die Erfinder der christlichen Religion haben genau selbst das Problem, das sie am zu glaubenden Gott aufweisen: das Geglaubtwerden. Die Unvergänglichkeit von Lebendigem, diesen Schlag, den sie der Naturgesetzlichkeit versetzen, ist, mag er auch noch so viel Aufmerksamkeit erregen, kein Selbstläufer. Gott Vater – diese Figur, die den Quell alles Lebens verkörpert, ist ohne Nachdenken

133 *Lukasevangelium* 6,21 f.; 6,25. Übers. nach Luther.

und Bedenken als unversiegbarer Quell gesetzt, weil das unabdingbar zu ihm als den alles tragenden Grundstein der Religion gehört: „Er ist der Fels".[134] Mit ihm ist Jesus Christus, sein eingeborener Sohn, notwendig der zweite Unvergängliche, weil er die „Wahrheit" der christlichen Botschaft und das „Leben" der nicht mehr irdischen, sondern himmlischen Art verkörpert. Der unverzichtbare Dritte im Bunde, weil sonst die Religion nicht existierte, ist der Christus ganzen Herzens Vertrauende. Er steht für „Glaube, Liebe, Hoffnung". Er ist ein Sonderfall, kein gleichrangiger Partner, besitzt er doch nicht (schon) unvergängliches Leben, sondern erlangt es (erst) „als an Gott Glaubender und Gott Liebender – auf Hoffnung hin". Das bringt es mit sich, daß die Gewißheit eigener Unvergänglichkeit eines Christen niemals weiter reicht als sein entsprechendes Glauben, Lieben und Hoffen – alles Dinge (*pragmata*), für die er selbst die Verantwortung trägt.

Unter diesen Auspizien muß das himmlische ewige Leben von nicht zu überbietender Anziehungskraft und das irdische endliche Leben von nicht geringer Abstoßkraft sein, wenn es nicht einfach geistig-geistliche Trägheit ist, sich aufs Geradewohl von einem Glücksversprechen vereinnahmen zu lassen, dessen so ungleich hoch gepriesenes Glück auf keiner menschlichen Erfahrung beruht. Der deutsche Meistererfinder eines von Gott verwalteten menschlichen Nach-dem-Tode, Angelus Silesius, weiß zwar für die Seligen es sehr hell zu machen mit Sonnen ganz anderer Art, was aber die Verdammten anbelangt derart sadistisch aufzutrumpfen, daß kein himmlisches Frohlocken mehr aufkommen mag.[135]

134 *5. Mose* 32,4.

135 Siehe Verf., *Der menschliche Tod*, um ein Nachwort erweiterte Neuauflage Freiburg/München 2016, S. 223.

Der wegen seiner Prophetien gerade für den christlichen Glauben so wichtige Prophet Jesaja sagt Großes an, was menschliche Friedfertigkeit betrifft, die ja als Markenzeichen dieses Glaubens gilt. Da liegen nun in diesem angekündigten Friedensreich, um es für jeden anschaulich zu machen, die wildesten Lebewesen zusammen, die von Natur aus Kraft und Lust haben, als Stärkere den Schwächeren aufzufressen; und tun sich nichts, aber auch gar nichts. Was für ein verlogenes Bild! *Jesaja* 11, der Text, in dem das erzählt wird, ist ein nationalistisch-rassistisches Pamphlet, das Israel und Juda huldigt, die den Rest der Völker, die sie, weil sie ihrer kriegerischen Landnahme entgegenstehen, zu Feinden erklären, mit ihres erfundenen Volksgottes Hilfe[136] „auszurotten" beginnen. Ein Kapitel aus dem *Alten Testament*, das wegen Aufhetzung zu Verbrechen wider die Menschlichkeit vom Tag seiner Niederschrift an auf den Index gehörte, wird als Werbematerial Güteklasse 1 für das Christentum eingesetzt. Als Anfang zu dieser unerträglichen Wortmeldung zugunsten des Rechts des Stärkeren wird die Gottesfurcht gepriesen und ein Odem Gottes genannt, der tödlich wirkt. Jude liegt friedlich bei Jude, auch bei Israeli, bei niemandem sonst. Das größte Verbrechen, was sich der erfundene Volksgott ausgedacht hat, das ein Jude begehen kann, ist, mit einer Nichtjüdin zu schlafen.[137]

136 Shlomo Sand, *Die Erfindung des jüdischen Volkes* (2008).
137 *Esra* 9.

IV.

Christliche Gläubigkeit ist weltweit im Abnehmen begriffen, auch wenn Pfingstler und Evangelikale noch Orte und Zeiten finden, die sie reüssieren lassen. Die im Sommer 2023 veröffentlichten Berichte über den Rückgang christlicher Gläubigkeit in Deutschland sind dramatisch. Kardinal Karl Lehmann (1936–2018) sprach dem Verfasser gegenüber von der Möglichkeit, daß die katholisch zu sein beanspruchende Kirche zur Sekte würde. Das muß für kein Nachlassen des metaphysischen Bedürfnisses sprechen, da sich die Möglichkeiten eher mehren, es anderweitig zu befriedigen. Daß mit dem Tod „alles vorbei" ist, das Leben wirklich sein Ende gefunden hat, will bei weitem nicht jeder wahrhaben.

Die Bejahung des Todes, wie er dem je eigenen und je gemeinsamen Leben von Natur aus bevorsteht, hat durch das Fortschreiten von einer Modernität der Lebensführung zur nächsten unter Menschen nicht zugenommen. Zur Natürlichkeit der Todesgewißheit gehört, daß dieser Intimus, wie er das eigene und das gemeinsame Leben durchherrscht, sich zeitlebens als Bevorstand nicht wegräumen läßt. Folgt aber daraus, zumal notwendig, eine lebenslängliche Bedrohung durch den Tod, die ihn, wie es der Apostel Paulus behauptet, zum „letzten Feind" macht? Kämpft ein Kranker, gegebenenfalls mit Pflegern und Ärzten, um seine Gesundung, dann kämpft er natürlich mehr oder weniger direkt auch gegen seinen Tod. Doch das ist der Tod zur Unzeit, kein Kampf gegen die Vergänglichkeit des Lebens überhaupt. Der „Kampf" um ein langes und ein gesundes Leben ist keiner gegen die Natur, sondern der mit der Natur um ein Weiterleben auf Zeit, Wie aber, wenn der Tod ein Stachel wäre? Paulus vertut dieses Bild, wenn er es mit Hölle und Sünde verbindet[138] und so Erfindungen nutzt, den Menschen an die Möglichkeit ewiger Verdammnis zu erinnern und die Zwietracht zwischen Leben und Tod, die er gesät hat, zu festigen. Nein, Vergänglichkeit kommt als der bleibende Stachel im Leben in den Blick, der ein anstachelnder ist. Das ist der Stachel, der das Leben aufweckt und zu sich selbst bringt: es ernstzunehmen, damit auch sich selbst und die, mit denen es gelebt wird. So gewinnt es aus sich selbst den Status eines Auftrags, an dessen erster Stelle die Dankbarkeit steht. Sich selbst ernstzunehmen ist der erste Schritt, sich der wunderbaren Mitgift anzunehmen, die das Leben als solches darstellt. Was für einem Reichtum sieht sich jeder gegenüber, der damit beginnt, die eigenen Möglichkeiten ins Auge zu fassen, tätig und gestalterisch zu werden. Ist Vergänglichkeit ein guter stetiger Mahner, die Zeit zu nutzen, dann läßt sie als Stimulans doch keinen in Panik geraten, mit dem eigenen Bemühen immer schon zu spät zu kommen. Das eigene Leben als eigenster Auftraggeber überfordert auch dann nicht, wenn es in wichtigen Dingen nie weniger verlangt, als an die Grenzen der eigenen schöpferischen Möglichkeiten zu gehen. Vergleichbar dem signifikanten Nichtwissen, das den Menschen die Frage, die er sich selbst ist, nicht beantworten läßt, spricht alles dafür, daß sich Vergänglichkeit, wie sie im menschlichen Miteinander wirkt, als ein stets neu zu hebender Schatz erweist.

138 *1 Korinther* 15,55.

V.

> ach, so zerrinnst du,
> Stunde, und hast kein Sein, [...][139]

Ja, Schmerz, Verwunderung, Einsicht zeichnen die Gestimmtheit des spontanen poetischen Ach der getroffenen Seele. Das Ach von Kleists Alkmene gilt einem Gott, der sie im Bett um ihren Mann betrogen hat, das Ach Benns einem alltäglichen Anzeichen der Vergänglichkeit, die ihn um das Sein betrügt – auch er in eigenster Sache verwundet.

Stunde ist nicht nur das Wort für ein am täglichen Gang der Zeit orientiertes Zeitmaß, sondern auch für den Kairos eines Geschehens, der nach menschlichem Ermessen, gegebenenfalls auch Zutun, kommen wird, da ist oder auch nie kommt (Gottfried Benn: „Die Stunde des Nie"). Wer auf Rache sinnt, sehnt ihre „Stunde" herbei. Ihre Zeit abwarten und alles tun, daß sie auch wirklich kommt, gehen zusammen. Religiöse Prophetie übt sich vielfach im Verkünden kommender „Stunden" zumal was die Stunde des „letzten Gerichts" anbelangt:

> Wahrlich, wahrlich, ich sage euch: Die Stunde kommt und ist jetzt da, daß die Toten die Stimme Gottes hören werden [...]
> Denn die Stunde kommt, in welcher alle, die in den Gräbern sind, seine Stimme hören und hervorgehen werden, die das Gute getan haben, zur Auferstehung für das Leben, die das Böse verübt haben, zur Auferstehung für das Gericht.[140]

---

139 Gottfried Benn, *Gedichte 1*, a. a. O., S. 108. („Nebel").

140 *Johannesevangelium*, 5,25; 5,28.

Die Stunde, die kein Sein hat, kein Bleiben, ist die Stunde des Tages, sein vierundzwanzigster Teil, seit dem 15. Jahrhundert dank technologischem Fortschritt in der Uhrenproduktion ein genau bemessener nach Minuten und Sekunden. Jede Stunde eines einmaligen Tages ist ebenso einmalig. Nimmt sich einer eine Stunde frei, um sich auszuruhen, dann ist diese Stunde nach einer Stunde abgelaufen; sie ist vorbei. Das Jetzt, in dem sie anfing, und das Jetzt, in dem sie endete, sind samt der durch sie begrenzten Ruhe Vergangenheit. Zeit, in diesem Falle die Zeit einer Stunde, ist als gemessene (gezählte) von zwei Jetzten begrenzt – von einem früheren und einem späteren. Zeit ist so die durch zwei Jetzte gezählte/gemessene Strecke eines (begrenzten) Zeitgangs.[141] Die „große, unzählbare Zeit“ (Sophokles) ist das Element des Zeitlichen: des Entstehenden und Vergehenden, dem der Mensch zugehört. Hat nicht griechischer „Lebenspessimismus“ das Wort, dieses „Am besten, nicht geboren zu sein, und wenn schon geboren, dann das Nächstbeste, sogleich zu sterben und von viel Erde bedeckt zu sein“,[142] dann ist es allgemeine Menschenart, daß einen nicht das Geborensein umtreibt, sondern das Sterbenwerden. Dabei ist beides gleich konstitutiv für menschliches Leben. Spricht der Dichter von „Vergänglichkeit“, „Vergängnis“, „Vergang“, nicht aber entsprechend von „Entständlichkeit“, „Entständnis“, „Entstand“, dann darum nicht, weil das für ihn kein Thema ist. Es bringt in ihm keine Saite zum Schwingen; für diese Wörter besteht kein Bedarf. Das wird der Zeit ungerecht. Der Zeitgang lebt davon, daß er keinen Halt macht.

Eine gelebte und vergangene Stunde Zeit, kehrt nie wieder. Vergingen die Stunden nicht, gäbe es keine Stunden. Jeder Pulsschlag der Zeit schafft Zeit, die sogleich

---

141 Aristoteles, *Physik, Delta* 11.

142 Am wortstärksten Theognis, ein Dichter im 6. Jh. v. Chr.

gelebt, gebraucht, vergangen ist. Hielte die Zeit an, hielte das Leben an – es gäbe weder Zeit noch Leben. Ebenso gewiß ist: Solange die Erde besteht und von Menschen bewohnt wird, folgt jeder Stunde eine nächste Stunde, jedem gelebten Leben neu zu lebendes Leben. Den Stunden wird kein Tort angetan, wenn sie vergehen, verrinnen, ja zerrinnen. Ohne dies wären sie nicht das, was sie sind: eine durchgängige Abfolge zählbarer und, ist der Mensch im Spiel, gezählter Zeit, in der jedes Zeitende schon ein Zeitanfang ist.

Zum menschlichen Umgang mit Zeit gehört es, sie in Zeiteinheiten von Jahrmillionen bis zu Sekundenbruchteilen meßbar zu machen. Die Zeit, die man dem Alter des Kosmos in der Größe von Jahrmillionen und dem Entstehen des Kosmos im „Urknall“ in der Größe von einer Milliardstel Sekunde nach bestem wissenschaftlichem Wissen und Gewissen zuerkennt, sind Eckdaten für die menschliche Fähigkeit, sich Zeitdimensionen vorstellen zu können. Zeitbewußt ist der Mensch „zunächst und zumeist“ in seiner Alltäglichkeit. Es gibt die Tugend der Pünktlichkeit, die zeitlichen Verpflichtungen und Verabredungen zum Guten dient. Gemeinsam gestaltete Zeit ist eine Grundform von Lebensteilung. Ob man sich am Telefon verabredet oder im Café, die Verabredungszeit nennt den bestimmten Tag und die bestimmte Zeit dieses Tages. Die Physiologie eines Menschen und die gewählten Umstände lassen die verabredete Zeit von Kommunikation und Kooperation unmöglich eine abstrakte bzw. neutrale Größe sein. Morgenstunde und Abendstunde, trauriger oder freudiger Anlaß, am Strand oder im Büro. Jedes Vergehen von Zeit, ob gleich oder unterschiedlich empfunden, hat eine eigene Geschwindigkeit, die, wenn überhaupt, nicht beliebig steuerbar ist. Bei all diesem Und und Oder fasziniert eines immer wieder neu, was auch einschließen kann, daß es neu schockiert: die Unbeirrbarkeit des Zeitgangs. Er macht einfach keine Pause, was zu erinnern, in jedem Falle die Uhr ein Garant ist. Wird alles Lebendige im Verlaufe einer Stunde um eine Stunde älter, so macht sich das in der Regel nicht bemerkbar. Lebt aber der Mensch noch mit dem Tag, dann mit dem Tag, der der Nacht folgt, zum Morgen und Mittag wird, bis es dämmert und Abend wird, Dunkelheit einbricht und aufs Neue Nacht wird. Helle, Dunkelheit und wieder Helle, Licht, Finsternis und wieder Licht – das kann dem poetisch gestimmten Menschen zum Bild des Lebens im Ganzen werden –, ja, alles vergeht, aber zunächst ist es der Tag, der vergeht, nicht das Leben. Das Alter, wie es einem langen Leben zugehört, ist ein deutlicher Vorbote des Todes. Lebenspraktisch wird es als „Schule der Endlichkeit" erfahren.[143] Das gilt für den Einzelnen, der ein hohes Alter erreichen darf in seiner Einzelnheit, nicht aber in seiner Lebensteiligkeit. Besonders schöne Beispiele für das gelingende Miteinander und Füreinander von Jung und Alt bieten Enkel und ihre Großeltern, Großeltern und ihre Enkel. Wird auch mit jedem Leben ein neuer Tod geboren, so ist das nicht eigens zu akzentuieren. Das wäre schon rein genetisch falsch. Nicht der Tod geht weiter, sondern das Leben. Kommt ein Mensch auf die Welt, so wird er zum Teil des Lebensstromes des Menschengeschlechts, keines Todesstromes.

VI.

Menschliches „Dasein", Heideggers Wort für den Menschen als Seinswesen, das er *expressis verbis*, was die Nationalität anbelangt, als griechisches und deutsches be-

143 Rainer Marten, *Endlichkeit*, Freiburg/München 2013, S. 160.

nannt hat, als „Sein zum Tode“ verstanden, taugt nicht für den Menschen, der nicht nebenher auch, sondern von A bis O ein Lebewesen ist.[144] Wie Heidegger das „Sein“ des Menschen als Dasein/Existieren versteht, ist der Mensch das einzige Wesen (um hier vom Problem der („weltenden“) „Welt“ abzusehen), das „existiert“, das also nach seiner Idee ein wirkliches *Seins*wesen ist. Eine Kuh „ist“ für Heidegger, „existiert“ aber nicht.[145] Für den seiner Idee von Seinsmensch adäquaten Menschen besetzt er das Verständnis von „Tod“ neu: Nur ein Seinswesen „stirbt“, ein Lebewesen dagegen „verendet“. Er schanzt also dem Menschen keine religiös zu glaubende Unvergänglichkeit zu, aber ein „ekstatisches“ Da, das in der existenziellen „Eigentlichkeit“ seiner Gegenwart der Augenblick des *Seins* ist.[146] Dieses „Sein“ soll von der unmöglichen Art sein: reines Daß ohne Was. Das macht es klar: Es hat keinen Leib und kann keinen Leib haben, kann kein Lebewesen sein. Die Erfindung dieses Daß muß gänzlich an den Geist gehalten sein, an den „jähen“ (eine nach *Sein und Zeit* für Heidegger wichtige Vokabel) Augenblick eines eigentliche Gegenwart schaffenden denkenden Selbst. Für seinen systemischen fundamentalontologischen Entwurf hat er damit das Lebewesen Mensch aus der Welt geschafft. Ist ein Daß ohne Was erst einmal als möglich erfunden, ist für das ekstatische Dasein ein Sein zum Tode nur konsequent. Dies „Sein“ hat ja für ein Werden keine andere Möglichkeit, als sein reines Anderes zu werden: das „schlechthinnige“ Nicht-Sein. Die metaphorisch anzusprechende „Geburt“ des Seinswesens Mensch muß, metaphorisch angesprochen, auf den „Tod“ zielen,

144 Martin Heidegger bei einer Abendeinladung zum Verfasser: „Herr Marten, gebrauchen Sie nie das Wort Leben!“

145 Siehe Verf., *Existieren, Wahrsein und Verstehen*, Berlin 1972, „Der Mensch allein existiert“ (Heidegger), S. 211–251.

146 Martin Heidegger, *Sein und Zeit*, S. 338 et al.

eben auf das Nicht-Sein. Der Aufbruch des neugeborenen Lebewesens ist dagegen der in das Leben, zumindest einer in die Anfänge des reich segmentierten Lebensganges. Der „plötzliche Tod" (*sudden death*) eines Kleinkindes liegt nicht auf dem Weg eines „Seins zum Tode". Das Neugeborene hat schon eine embryonale Entwicklung hinter sich. Für kurze Zeit gleicht sein Leben, wie Kinderärzte sagen, einer Fortsetzung des Uterusstadiums: Es schläft und schläft, von kurzen Saugzeiten mit wachem Blick auf das Gesicht der Mutter unterbrochen. Kein „zum Tode" hat seinen Anfang genommen, ist Ziel eines Werdens geworden, sondern das „ins Leben", das sich in Wachstum und Reifung konkretisiert. Der Tod, der das Lebensende markiert, hat seine Zeit, gegebenenfalls Unzeit, wenn er in Anbetracht des Lebenspotentials zu früh kommt. Wird einem ekstatisch existierenden Da-Sein das Seinkönnen genommen, weil das subsistierende Lebewesen gestorben ist, „dann ist es auch schon in eins damit zum Nicht-mehr-da-sein geworden. Die Behebung des Seinsausstandes besagt Vernichtung seines Seins."[147] Diese „Vernichtung" hinterläßt keinen Leichnam, der sich beerdigen ließe, keinen Angehörigen, den das schmerzte. Der „existenziale ‚Solipsismus'"[148], der das ekstatische Dasein gedanklich fundiert, zeigt sich in seiner vollen Stärke: Es gibt für den Seinsmenschen keine Nächsten. Er ist das Daß, das er ist, rein für sich selbst. Es ist unmöglich, daß der Seinsmensch liebte. Um Gefühle zu haben, bedürfte es des Leibes als eines Zuhauses der Seele. Der Ausschluß des nicht anhaltbaren Gangs der großen unzählbaren (Heidegger: vulgären) Zeit kennt in seiner Radikalität keine Ausnahme. Das „Dasein" altert nicht, ist nicht vergänglich. Es kennt allein die Alternative von

147 Martin Heidegger, *Sein und Zeit*, S. 236.
148 Martin Heidegger, *Sein und Zeit*, S. 188.

Da-sein oder Nicht-mehr-da-sein, aber kein Zunehmen und Abnehmen, kein Entstehen und Vergehen, keine Klimax, eben nichts, was Zeit braucht. Man sieht, der (Existenzial- bzw. Fundamental-) Ontologe ist auf seine Weise auf das Sein bedacht, nämlich auf das Daß des Existierens, was „sterben" und „Tod" dieses Seinswesens zu schlechten Metaphern macht. Das erste, was bei dem, der sein Sterben vollendet hat, für den Nächsten spürbar wird, ist das Erkalten.[149] Zum menschlichen Sterben gehört, jemandem zu sterben. Dieser Jemand verspürt den Verlust des Da seines Nächsten unmittelbar als den seiner Wärme, wobei physisches und psychisches Empfinden zusammengehören. Es ist faszinierend zu bemerken, wie bewußt Heidegger all das auszublenden vermag, um die vermeinte Stärke seiner epochalen Umwälzung der Thanatologie zu demonstrieren.

VII.

Zwei in der Sache zusammenhängende Kardinalfehler in Heideggers Thanatologie, auf die er systemisch nicht verzichten kann, sind sein Solipsismus und seine Vorstellung von Todesangst. Wie er den Tod als „eigenste unüberholbare Seinsmöglichkeit des Daseins" ontologisiert und zu einem eigensten, dem eigenen Selbst des Daseins übereigneten „Seinkönnen" macht, entrückt er ihn vollständig der Lebenswelt menschlicher Gemeinschaften und Gesellschaften. Die unbefleckte „Eigentlichkeit" herrscht, die alles Prädikative, das Lebensteilungsverhältnissen des Mitseins entstammte, von sich abgestreift hat. Der Seinsmodus ist erreicht, der einzig fähig ist, die

149 Siehe „Der endgültige Abschied vom Anderen, 1. Kaltwerden", in: Verf., *Nachdenken über uns*, Freiburg/München 2018, S. 337–339.

unüberholbare Möglichkeit des eigensten Seinkönnens wahrzumachen: der Seinsmodus der „Eigentlichkeit“ als der des vollendeten Solipsismus. Es ist das berüchtigte „Sein selbst“, gelegentlich auch „Sein selber“, das in *Sein und Zeit* erstmals auf Seite 12 auftaucht, um das es dem Dasein in seinem Sein geht; um das Daß der Existenz, eben des *Da*-Seins. Dieses vom Ontologen so hoch gehandelte Sein ist das von jeglichem Mitsein gereinigte gänzlich eigene Sein, wie es Heidegger dem von ihm geprägten Ausdruck „die Jemeinigkeit des Todes“ zu schulden meint.

Heidegger wählt die „Befindlichkeit“ der Angst als das, was dem Dasein „(d)ie Geworfenheit in den Tod“ „ursprünglicher und eindringlicher“ enthüllt: die Angst als die schlechthin vereinzelnde Befindlichkeit. Diese Auffassung hat nun evidenterweise kein *fundamentum in re*. Ängsten sich Eltern um die Gesundheit eines Kindes, dann verbindet sie die Angst auf ganz besondere Weise. Auch die Angst von in einem Luftschutzkeller Versammelten, eine allesvernichtende Luftmine könnte das Haus treffen, eint weit eher, als daß es die Selbstbezogenheit der Einzelnen steigerte und selbst Liebende und Befreundete einander gleichgültig würden. In seiner Geworfenheit in den Tod stehe sich das Dasein in seinem eigensten Seinkönnen bevor. Die Angst vor dem Tod ist so die Angst vor dem eigensten Seinkönnen. Ja, so merkwürdig sich das auch anhört: Das Dasein „kann“ den Tod. Bei der Einführung seines Gedankens des „Gevierts“ wird er sagen: Die Sterblich sind die, die den Tod als Tod „vermögen“. Das „Seinkönnen“ ist also in der Tat nicht im Sinne des Zufalls, sondern in dem der Kompetenz, des Sich-Verstehens-auf gemeint.

Die Radikalisierung des „Seins“, wie sie das Konzept eines Seins zum Tode als eigenstes eigentliches Seinkönnen anzeigen will, um alle anderen Seinsweisen dem „Verfallensein“ und Uneigentlichsein zuzuschlagen, macht die Künstlichkeit und den lebenspraktischen Widersinn des Bemühens überdeutlich, fundamentalontologisch einen Menschen, der *ist* und nicht *lebt*, zu inaugurieren. Der Ausschluß des Zeitgangs und damit der Vergänglichkeit blendet auf für die philosophische Verständigung des Menschen über sich selbst als Mensch intolerable Weise jegliches menschliche Für- und Miteinander aus.

Die als gedanken*künstlerisch* vermeinte, weil auf dem Grundsatz eines absoluten existenzialen Solipsismus basierenden totale Isolierung je eines „Seins zum Tode“ ist in Wahrheit künstlich und falsch. Das paßt unmöglich zum Menschen. Kann der Entwurf eines auf das nackte Daß abgemagerten Seins zum Seinsende darauf nicht verzichten, dann ist der Entwurf von Grund auf falsch. Vergänglichkeit ist dank ihrer Zeitlichkeit rhythmisch. Sie wiederholt sich, weil sie keine Totale kennt. Die Vergänglichkeit des Lebenden bleibt in das Entstehen von Leben eingebunden. Wo Vergehen ist, ist auch Entstehen; Heidegger hat auf der Hütte dem Verfasser zweimal das Gedicht „Vergänglichkeit“ von Johann Peter Hebel vorgelesen. Ja, das hat ihn bewegt: das für die christliche Heilsgeschichte erfundene Welttheater eines Weltenendes – eines Endes von „allem“? Nein, das natürlich gerade nicht. Da bleibt ja irgendwo noch das Göttliche, das auf ewig Unvergängliche, oder etwa nicht? Folgte man der traumwandlerischen Logik des hl. Augustinus, wäre das nicht möglich: Die Wahrheit ist unvergänglich. Ginge auch „alles“ unter, dann gehörte dem „alles“ doch nicht die Wahrheit zu, da es sonst nicht mehr wahr sein könnte, daß alles untergegangen ist. Das Bewußtsein Gottes, sein Wille und sein Urteil *bleiben* selbstverständlich. So zu denken, wird nicht empfohlen, sondern, ist einsozialisierter absoluter Befehl.

Stirbt ein alter Mensch, dann ist es in Friedenszeiten der häufigste Fall, daß er in seinem Todeskampf von Jugend und neuem Leben umstanden ist, von Kindern und Enkeln. Geteiltes Leben ist Leben, das Leben weitergibt. Es als „Leben zum Ende“, als „Leben zum Tode“ zum „eigentlichen“ Leben zu erklären, wäre widersinnig. Leben ist rhythmisch und zyklisch, weil es als gelingendes ein gelingend geteiltes ist. Das Ende eines Erdendaseins, das durch seine Beerdigung besiegelt wird, ist umkränzt von neuem Anfang. Das ist das wahre Mysterium des Lebens: Es führt den zum Leben Geborenen nicht nur ins Leben hinein, sondern läßt den seiner Vergänglichkeit bewußten Lebenden auch zum Führer zu neuem Leben werden. Ins Leben ist niemand „geworfen“ als einem „Leben zum Tode“, „Leben zum Ende“, sondern der Geborene, Aufwachsende und Reifende lebt und liebt, um *sich* zu erhalten, *die Seinen* und *das Menschengeschlecht* – dem Fundamentalontologen, wie er spüren läßt, ein Greuel.

VIII.

Der Versuch Heideggers, als Fundamentalontologe, der sich am Seinsmenschen orientiert, die Ontologie als ehrenwerte, an der Universität beheimatete Disziplin zu retten, hat für den erhellend Aufklärenden nicht selten geradezu komische Züge. Dieses Konstrukt von Seinkönnen und Möglichsein, was als Gedankenkonstrukt vorrangig als Sprachkonstrukt auftritt, um ja nichts Lebensweltliches in sich aufkeimen zu lassen, bringt nun doch wirklich nicht mehr und nicht weniger zuwege, als die äußerste und unüberholbare Seinsmöglichkeit vorzuführen, die, wird sie wahrgemacht, die absolute Seinsunmöglichkeit ist. Ginge es um leibhaftiges Sterben, könnte man natürlich die Binsenwahrheit formulieren, daß kein Mensch ein zweites Mal stirbt, wenn keine Metaphern im Spiel sind, sondern im Sinne der klaren Antwort auf die Frage „Was ist Leben?“ von Erwin Schrödinger[150] das Leben eines Organismus verstanden wird. Die sprachlich aufheizende Rede von der unüberholbaren Daseinsmöglichkeit als der Möglichkeit der absoluten Daseinsunmöglichkeit dient der Dramatisierung einer Binsenwahrheit. Nun ist aber zudem erst noch zu fragen, ob das ontologische Diktum überhaupt wahrheitsfähig ist. Mit den „Sein“ in der Rede vom „Sein zum Tode“ ist das ekstatische Daß (ohne Was) des „Daseins“ gemeint. Gibt es denn aber so etwas: ein Sein, und sei es noch so jäh, das außerhalb der Zeit ist (Platon: *aneu chronou*)? Nein, das gibt es nicht. Bereits Aristoteles hat das, wie zu erinnern war, widerlegt. Lassen sich die Begriffe Daßsein und Wassein sinnvoll unterscheiden, wie es auch für die Begriffe Stoff und Form gilt, so macht das dieselben doch nicht zu selbständigen Entitäten. Das ist metaphysische Unbekümmertheit: Gedachtes, weil es Gedachtes ist, für wahres, zeitlos-bleibendes Sein zu nehmen. Platon, Anselm, Hegel, Heidegger – um nur die Spitze des Eisberges von großen Geistern des Menschengeschlechts zu benennen, die abgesprochener- und unabgesprochenerweise ihre Denkkraft als Schöpferkraft verklären, als tauglich, rein durch Denken, also durch Hervorbringen von Gedanken, eine höhere, die der Natur übersteigende Wirklichkeit zu erzeugen: die des bleibenden Seins. Der Philosoph ist der Wahrheit des wahren Wirklichen im gedanklichen Diskurs (*logoi*) nicht weniger nahe als wer sie in der banalen Wirklichkeit (*ergoi*)[151] sucht, im Gegenteil. Für den Platonischen Sokrates ist nichts selbst-

150 Erwin Schrödinger, *What is Life? And Other Scientific Essays*, Cambridge at the University Press 1944

151 Platon, *Phaidon* 100a.

verständlicher als solch ein Statement. Die Zeit, dem in gedankenloser Begeisterung zuzustimmen, geht dem Ende entgegen und ist vielerorts schon vorbei. „Ontologie“, die „Lehre vom Sein“, hat mehr als zwei Jahr tausende etwas gelehrt, das die Wirklichkeit und damit die Möglichkeit übersteigt. Den Wunsch des Menschen, dem Entstehen, Vergehen und neuem Entstehen zu entgehen, durch was auch immer gespeist und befeuert, hat er sich selbst erfüllt – in Gedanken, entsprechend auch im religiösen Glauben –, wo denn sonst?

Heidegger war im Leben ausgesprochen gesellig, entsprechend großzügig als Gastgeber, belebend im persönlichen Gespräch. Als Ontologe jedoch feierte er aufs Strikteste die „geistige Existenz“ als die „eigentliche“. „Welt“, wie sie in dem von ihm inaugurierten Begriff „in-der-Welt-sein“ verstanden wird, ist der Ort des existenzanzeigenden „Da“ allen Daseins. Das ist signifikant keine Lebenswelt, ist nicht die Welt, in der Lebendiges „auf die Welt kommt“. Da gibt es nur Sein, eben In-der-Welt-*sein*, und dies in allen Seinsmodi vom eigensten eigentlichen Seinkönnen bis zum Uneigentlichsein, vom „Sein zum Tode“ bis zum „Sein zum Anderen“, wenn es nur *Sein* und nicht *Leben* ist. Ist das Dasein in seiner Alltäglichkeit „zunächst und zumeist“ „entwurzelt“ und „bodenlos“ an die Welt „verfallen“, dann ist damit eine Seinsweise angesprochen, keine Lebensweise. Die vorherrschende Seinsart des Daseins in seiner Alltäglichkeit nennt er das „Man“, auch aus dem die Entlastung, ja Erübrigung der Selbsthaftigkeit des Daseins spricht. Das Man, ein „Niemand“, das als „‚Subjekt‘ der Alltäglichkeit“[152] fungiert, erweist sich als unverzichtbar für die Uneigentlichkeit des alltäglichen Miteinander, das vom

152 Martin Heidegger, *Sein und Zeit*, S. 114.

Sein zum Tode in seinem Sein zu Anderem abgekommen ist.

Platon läßt dazu seinen Sokrates einen Gedankengang vortragen, den dieser selbst für nicht ohne weiteres zugänglich ansieht, der aber dank eines nicht schlagbaren Beispiels, gemeint ist die Ideenlehre, für jedermann zustimmungsfähig, mehr noch, zur Zustimmung verpflichtend wird. Was dieser Sokrates vorträgt, sagt etwas Ungeheuerliches, das *in nuce* das Gesamtunternehmen „Metaphysik" der europäischen Philosophie zusammenfaßt: Wer um der Einsicht des wahren Wesens der Dinge willen seine Zuflucht bei den Gedanken sucht, der tut nur gut daran. Er ist dann nicht bei bloßen Bildern von sinnlich zugänglicher Wirklichkeit, sondern er ist beim wahren Seienden selbst. Man setze nur Prädikate wie schön, gut und groß als etwas, das an und für sich das *ist*, was es besagt, dann ist auch schon der Beweis erbracht, dass die gedankliche Anschauung um einen Himmel weiter reicht als die sinnliche. Das Schöne und das Gute, je als reiner Gedanke, eben als „Idee", ist ja auch schon als das gedacht, was unveränderlich und für immer bleibend das in jeder Hinsicht einzig das ist, was es benennt. Nur das Schöne selbst ist wirklich und wahrhaft schön, entsprechend nur das Gute selbst wirklich und wahrhaft gut. Soll sonst etwas mit einigem Recht „schön" und „gut" genannt werden, dann ist es das, für was es ausgegeben wird, nicht auf selbsthafte Weise, sondern allein durch Teilhabe.[153] Von solchem Unsinn hat sich die idealistische europäische Philosophie bis einschließlich Hegel und Schelling, ja gar noch bis Heidegger (das „Sein selbst"!) nicht mehr erholt.

Das Sein zum Tode signalisiert nach Heidegger einen „Ausstand": Das existierende Dasein ist noch da in der

153 Platon, *Phaidon* 100a–e.

Welt, in welcher Seinsweise auch immer, ist aber noch nicht da, worauf es geworfenerweise zugeht; es ist noch da und nicht schon weg. Das Dasein ist erst dann ganz und ohne Ausstand, wenn es nicht mehr sein kann, also tot ist. Anfang und Ende von etwas machen aus diesem Etwas ein Ganzes, in diesem Falle ein Ganzes des Seinkönnens. Wieder zeigt sich, wie die geistige Existenz subsistierend das Lebewesen braucht. Basierte das Konstrukt des Seinswesens Mensch nicht auf dem Lebewesen Mensch, gäbe es für den Niemand, der, nichts als verfallend, im Man den Ort seiner welthaften Existenz gefunden hat, keinen Grund anzugeben, warum diese Existenz, die mit ihrer Uneigentlichkeit und Wurzellosigkeit keine Probleme hat, unversehens ein Ende finden soll.

> Im Dasein steht, solange (!) es ist, noch etwas aus, was es sein kann und wird.[154]

Das „solange“ auf das der Verfasser hinweist, spricht die Vergänglichkeit des Seinkönnens des Daseins aus und damit notwendig die seines Aufenthalts in der Lebenswelt. Es ist schon kurios, was Heidegger da mit Ausstand als Noch-nicht-ganz-sein zur Darstellung zu bringen sucht. Kurz gefaßt, sagt er: Am *Da*sein fehlt je noch etwas, es ist noch nicht *weg*. Zum Ganzsein des Daseins gehöre sein Nicht-mehr-da-sein, gehöre der Tod. Ist aber das In-der-Welt-sein demnach auch ein In-der-Zeit-sein, dann hat das Seinswesen Mensch seine *Stunde* des Todes, seine ihm gewährte, ihm bestimmte Zeit, auch wenn Tod im Gesamtgedankengang nicht mehr (und nicht weniger) besagen soll als Nicht-mehr-sein-können. – Jetzt fehlt nurmehr eins, der Tod; ist er

154 Martin Heidegger, *Sein und Zeit*, S. 233.

gekommen, dann bist du ganz. Ganzsein, weil es unmöglich weitergeht!? Das klingt nach Fertigsein. Da geben doch einfach die am Ende abzählbaren Lebensstunden eines ganzen Lebens die Ganzheit der Momente des Existierens eines Daseins wieder, das gestorben ist. Wie künstlich Heideggers Ontologisierung des menschlichen Lebens ist, zeigt sich gerade da deutlich, wo die Subtilität der Gedankenführung hervorsticht, wenn es darum geht, die Gebürtigkeit und Tödlichkeit des menschlichen Lebens in Betracht zu ziehen, ohne die reine Existenzialität des Daseins aus den Augen zu verlieren, in der es diesem in seinem Sein um dieses Sein selbst geht.[155] Die erfundenen Seinsmodi, die Heideggers Argumentieren tragen, wirken – entgegen den Beteuerungen des Autors, dass sie die Grundlage zum Aufbau einer ontologischen Ethik bilden, die bis zur Begründung der Einzigartigkeit eines deutschen Daseins führen könnten – lebensfern. Kein Mensch ist mit seiner Geburt in den Tod bzw. in das Leben zum Tode geworfen, und dies gar im Vollzug von Lebensweisen, die dem „zum …“ gerecht oder nicht gerecht werden. Es gibt eine ohne gesetzte Norm im Leben wirksame Ethik, die den selbsthaft ins Leben Aufbrechenden zu verstehen gibt, daß es tunlich ist, sein eigenes Leben und das eigene Leben Anderer ernst zu nehmen, damit aber auch sich selbst und die Anderen. Die hilfreichste Vorgabe dafür ist, wenn das Bewußtsein von der Einmaligkeit des Lebens herrscht, von seiner endgültigen Vergänglichkeit, die stets die ungesprochene Mahnung eines „beizeiten“ parat hält.

„Ich habe noch nie von einem Patienten gehört, daß er Angst vor dem Totsein habe, wohl aber die meisten, daß sie Angst haben, ihnen könnte ein schweres Sterben bevorstehen“ – so war ein bekannter Freiburger Univer-

155 Siehe z. B. Martin Heidegger, *Sein und Zeit*, S. 374 f.

sitätskliniker zu hören. Das leuchtet unmittelbar ein, jedenfalls allen, denen nicht der Glaube an die Möglichkeit einsozialisiert wurde, nach dem Tod von himmlischen Mächten auf höllische Art drangsaliert zu werden. Menschen kommen in der Nähe des Todes einander näher, ob einer einem anderen zu sterben droht oder ein gemeinsamer Tod droht. Der radikal vereinzelnde mit Angst bevorstehende Tod ist eine systemisch bedingte Erfindung für eine durchontologisierte Welt. Es sind nicht die Menschen, die ihr Leben zu leben und nach Möglichkeit gemeinsam gelingend zu gestalten haben, die sich ihr verweigern, sondern sie verweigert sich ihnen. Der Fundamentalontologe weiß sich dem erfundenen Sein selbst verpflichtet, nicht dem gemeinschaftlich lebenden Menschen.

IX.

Vergänglichkeit kann als schmerzlich schön empfunden werden. Gottfried Benn wagt das Wort „Nur das Vergängliche ist schön". Er ist fasziniert vom Entblättern der Rosen, die das Vergehen des Sommers verkünden, von den Stunden, die in den Abend rinnen, die desgleichen mit dem Tage tun. Die bewegten Zeichen faszinieren ihn, die die Unaufhörlichkeit und Unnachgiebigkeit der Vergänglichkeit demonstrieren. Der Dichter, dem Rosen und Tränen das Nächste in seinem Gesang sind, lebt den unauflöslichen und unüberholbar belebenden Widerspruch des Lebens: rhythmisch dem Gang der Tageszeiten und der Jahreszeiten mit ihrer Folge von Licht, Dunkel und wieder Licht anheimgegeben zu sein, und dabei, von Leben erfüllt, auf eine in ihrem Wann offene Stunde zuzugehen, die alle Rhythmik mit ihrem „und wieder Licht" für immer beendet.

Allen Menschen, denen der Glaube an die Möglichkeit eigener Unvergänglichkeit einsozialisiert ist, muß Vergänglichkeit als der wahre Horror erscheinen. Eigentlich sind Menschen konform der Ansicht, daß alles vergeht. Die Gewißheit der Vergänglichkeit von allem Entstandenen, die zur Mitgift jedes gesund geborenen Menschen gehört, weil keine Erfahrung sie widerlegt, könnte eigentlich der Anstoß sein, sich der Kostbarkeit des Lebens in allem Tun und Lassen mit Priorität bewußt zu sein. Doch da kommt, von Stimmungen genährt, der herrschende religiöse Glaube dazwischen: Das menschliche Leben ist ein Nichts, ist, bei allem möglichen ephemeren Glück, das reine Elend.[156] Das weiß der Glaubensapostel Paulus: Die Menschen sind vergänglich (*phthartoi*). Im reinsten Sinne freilich sind das für ihn allein die Gottlosen, da die Gläubigen ja mit dem unvergänglichen (*aphthartos*) Gott um der eigenen Unvergänglichkeit willen zu tun haben.[157] Damit haben die Erfinder des Unvergänglichen als einer Möglichkeit des Menschen ihr Werk aufgenommen.[158] Mit diesem durch den Glauben geschaffenen in Unvergänglichkeitserwartung lebenden Menschen ist ein merkwürdiges Zwitterwesen erzeugt. Es lebt auf der Erde, stirbt auf der Erde, was es zur Erde als seinem stofflichen Element zurückbringt, aber im Vorgriff auf den eigenen realen Tod hat sich in ihm, in seinem hoffenden träumerischen Geiste, ein phantastischer Himmel breitgemacht, der ihn empfangen/aufnehmen soll, um ohne zeitliche Begrenzung seine Wohnstatt bei *dem* Unvergänglichen zu haben, der ihn, zum Guten, an Wesenskraft unendlich überragt. Die von

---

156 Siehe G. Bertram, R. Bultmann, G. von Rad, s. v. *zaô ktl.*, in: G. Kittel, *Theologisches Wörterbuch zum Neuen Testament*, Stuttgart 1935/1954, 833–877.

157 *Römerbrief* 1,23.

158 *Römerbrief* 2,7.

Christen geglaubte Wohnstatt, gänzlich neu zum Leben gekommen im überhimmlischen Himmel, ein Traum? Nein, würde das oben zitierte Rösle antworten, sondern durch geistlich-tätigen Glauben verdiente Wirklichkeit, indem sie wieder hinzufügte: „So hat es uns jedenfalls die Kirche gelehrt."

X.

Der Ontologe aus Meßkirch, der, so gut er konnte, sich radikal von dem ihm einsozialisierten Glauben losgesagt hat, zeigte sich daraufhin als ein Intimgegner ebendieses Glaubens, unbeschadet seines Bekenntnisses: „Herkunft bleibt Zukunft". Die einfachste, systemisch griffbereit vorliegende Möglichkeit war es, dem geglaubten Gott zur Last zu legen, daß er ein seiender, nicht wie die griechischen Götter ein „wesender" Gott sei. Der Gott ein Seiendes, etwas, das eine feste Gestalt hat („nach seinem Bilde schuf er ihn"), nein, das ist für den Seinsdenker saft- und kraftlos. Von Berufs wegen befremdlicher ist ihm freilich, daß Menschen hier ihr Seelenheil suchen, von einer Ausrichtung auf eigentliches Seinkönnen keine Spur. Er selbst überläßt den Seinsmenschen in seinem Todesverhältnis genau nicht diesem Gott, sondern sich selbst als einer zu ergreifenden Seinsmöglichkeit, die herausfordernder nicht sein könnte. Das Dasein hat sich nichts Lebensentlastendes vorzunehmen, ja nicht!, will es nicht aller Eigentlichkeit seines Seins und Wesens nachhaltig verlustig gehen. Ist das Leben eine Last und kann gerade auch das Dasein eine Last sein, das den Ontologen vom „Lastcharakter des Daseins" sprechen läßt,[159] dann veranlaßt ihn das nicht, nach Er-

159 Martin Heidegger, *Sein und Zeit*, S. 134.

leichterungen zu suchen, die den ontologischen Entwurf von Seinsmöglichkeiten des Daseins hinzugefügt werden könnten. Ein Seinswesens, das sich mit seinem unüberholbaren Seinkönnen im Einklang weiß, schreckt vor keiner Herausforderung seines Seinkönnens, das es unter Beweis stellt, zurück. Doch diese Einsatzbereitschaft ändert nichts an dem trostlos abstrakten Bild, das die Vorstellung eines Da- und Daß-Seins vermittelt, das Sein zum Ende ist. Das Dasein, das in seinem geworfenen Sein zum Tode nichts mit Anderen teilt, schon gar kein Leben, sondern nichts als von Da zu Da sein ergriffenes Selbstseinkönnen ist, bleibt unmöglich bei diesem Sein, da sonst „Tod" und „Sterben", wie sie der Erfinder des Daseins für es usurpiert hat, allen Sinn verlören, denen ihn der Daseinsentwurf systemisch zumutet. Heidegger bringt selbst einen „Ablaufzusammenhang" ins Spiel, der „einmal abschnappt".[160] So möchte er das „Sein zum Tode" nun auch nicht gesehen haben. Indem er das selbst vorträgt, gibt er zu erkennen, daß sich dieses Bild nahelegt. In *Sein und Zeit* spricht Heidegger von „Übergang", wenn Dasein in Nichtmehrdasein umschlägt. Er vermeidet, das Jähe zu assoziieren, das Unmittelbare, das er im Sinn haben müßte, doch sein Seinsdenken keinen Lebenden zuläßt, der dahinsiecht, der einen Todeskampf führt. Der „Übergang" des Tages in die Nacht hat Zwischentöne, schaltet nicht, es sei denn in der Wüste, im Nu von Licht auf Dunkel. Auch der Übergang über den Rubikon braucht Raum, braucht Zeit. Erklärt Heidegger mit Blick auf die Brücke, die in Heidelberg über den Neckar führt, die Brücke, die im Tod ans ganz andere Ufer führt,

160 *Der Begriff der Zeit*, *Gesamtausgabe* Bd. 64, Frankfurt am Main 2004, S. 16.

zur „eigentlichen“ Brücke,[161] dann räumt er der Grenze, die Sein und Nichtsein des Seinswesens Mensch trennt, einen eigenen Raum ein. Demgegenüber ist die Rede vom Abschnappen eines Ablaufzusammenhangs für das, wie und was er denkt, die ungleich passendere Wahl. Der Gedanke eines Seins zu Tode als einer Folge von ekstatischem Daß und Da gibt nichts vor, das an einen natürlichen Prozeß denken ließe, der das *natura non saltat* evident macht.

Das „Wesen“ des Daseins sei seine Existenz, sei nicht durch ein sachhaltiges Was zu bestimmen, was den Titel zu einem „*reinen* Seinsausdruck“[162] mache. Diese Bestimmung macht es unmöglich, daß es vergeht. Es kann allein „gewesen“ sein.[163] Werden Menschen durch monotheistische Religionen vor die Alternative gestellt „glauben oder leugnen“, dann weiß Heidegger für das gedachte Dasein, das existierend sein Da ist, die Alternative des „Ergreifens oder Versäumens“[164] seines eigensten Seinkönnens vorgegeben. Die „Wesensbestimmung“ des Seinswesens Mensch ist ja keine andere, als „daß es je sein Sein als seiniges zu sein hat“[165], was für das als sterblich erklärte Dasein allem zuvor besagt, daß es je, um seiner Eigentlichkeit willen, das eigenste Nichtmehrdaseinkönnen übernimmt, und zwar in der Weise, daß es „den Tod als Tod vermag“ (*Dingvortrag*), also nicht vor ihm flieht, obwohl dem Dasein in seiner Alltäglichkeit und seinem Verfallensein an die Welt „Flucht“ eigens als Seinsmodus zugestanden/zuerkannt ist. (ebd.) Fazit:

161 Siehe Martin Heidegger, *Bauen Wohnen Denken*, in: *Vorträge und Aufsätze*, Stuttgart 2009, S. 146–153. Zu dieser Inversion der Metapher siehe Verf., *Denkkunst*, Freiburg/München 2018.

162 Kursivierung durch den Verfasser.

163 Martin Heidegger, *Sein und Zeit*, S. 12.

164 Ebd.

165 Ebd.

Heideggers Seinsmensch ist der Unvergängliche, weil er, als Da existierend, so oder so sein Wesen ist, nicht aber seine Wirklichkeit, mit der er in der gemeinsamen Lebenswelt auftritt. Heideggers Seins- und Wesensmensch gibt es durch das Denken und für das Denken. Fragten sich nach dem Zweiten Weltkrieg Hörer und Leser Heideggers, ob sie selber wohl Exemplare von „Dasein" seien, fragten sie am Ende, ob Heidegger selbst wohl „Dasein" sei, so zielten diese Fragen, wie sich zeigt, notwendig auf nichts.

XI.

In das „Sein zur Liebe" geworfen – nein, das machte für Heidegger unmöglich einen *Seins*sinn. Hat er auch selber bekundet, erotische Liaisons auf Zeit nötig zu haben, weil als Impuls für sein geistiges Schaffen nutzen zu können, so hat da „Liebe" dem Wortlaut nach eine Rolle spielen können (in einem Brief: „Ich grüße und ich liebe Sie"), aber nicht in der Sache. Diese „Lieben" hat er nicht mit dem Tod verbunden, dem Tod des einen und dem Tod des anderen, was zur Liebe gehört, der es „um alles oder nichts" geht, die also ernst gemeint ist, ernst im Sinne eines ernstgenommenen Lebens. Von einem Menschen gezeugt und von einem zweiten Menschen empfangen, ausgetragen und geboren zu sein, und dies als wesendes, nicht lebendes Wesen, dem es um sein Daß und Da zu gehen hat – ist das wirklich denkwürdig? Ja, man muß Beifall zollen, Heideggers Entwurf des Seinsmenschen könnte umsichtiger und konziser kaum sein. Doch das Gedankending bleibt ein Ding der Unmöglichkeit.

Sterben fürs Vaterland. Wem das widerfährt – der Undank des „Vaterlands" ist ihm, entgegen allem Denkmalprotz, gewiß, was allein schon die harten Prozesse bekunden, die der Staat mit Kriegerwitwen führt, um sie nicht als solche anzuerkennen. Der Nationalist Heidegger hat seine *Parmenidesvorlesung* im Stalingradwinter genutzt, das „Opfer“ deutscher Soldaten zu preisen, das sie für die Wahrung der Wahrheit des Seins erbringen. *Sein zum Opfer für das eigenste Blut*!?

> Jeder Tod muß seinem Leben gleichen. Wir werden nicht anders, um zu sterben. Ich deute immer den Tod aus dem Leben. Und wenn man mir von einem Ende mit dem Anschein der Stärke nach einem schwächlichen Leben berichtet, so glaube ich, daß es die Wirkung einer schwächlichen und diesem Leben gemäßen Ursache sei.[166]

Der Adels- und Lebemann Michel de Montaigne (1533–1592) überrascht in seinen *Essais* (1582) mit der Vielfalt kenntnisreicher und besonnener, auch anregend-provokanter Urteile. Schließt er sich gegebenen Urteilen an, dann tragen sie daraufhin seine Handschrift. Das berühmte, einem der Sieben Weisen zugeschriebene moralische Urteil „nichts zu sehr" (*mêden agan*) wird bei ihm zur Erkenntnis, daß ein Zuviel an Sittlichkeit in Unsittlichkeit umschlägt, ein Zuviel an Gerechtigkeit in Ungerechtigkeit. Die Erkenntnis wieder, daß ein Übermaß an Wissen schädlich ist, könnte in Zeiten zunehmender Verwendung von KI nicht ohne Interesse sein. Nun liegt hier von diesem Mann ein Text vor, in dem er sich zum Verhältnis von Leben und Tod beim Menschen äußert. Er geht von der Erfahrung und der durch sie gebildeten Meinung aus. Was als Erstes anstößig auffällt ist das „jeder" – „jeder Tod". Beim Gebrauch eines Allquantors ist stets besondere Vorsicht angezeigt. Bei weitem nicht jedem Tod geht ein Sterben voraus, das seinen Namen verdient. Sterben wird zumeist als zeitlicher Vorgang erfahren und entsprechend verstanden. Doch es gibt den Ziegel vom Dach, das Einschlafen und Nicht-mehr-aufwachen, das tödliche Opfer eines Raubüberfalls

166 Montaigne, *Essais*, Zweites Buch. Über die Grausamkeit. Übersetzt von Herbert Lüthy, Zürich 2009, S. 408–409.

und eines Frontalzusammenstoßes. Sodann gibt es den Tod derer, die nicht mehr über sich selbst verfügen, den Tod im Drogenrausch und im Rausch schmerzstillender Medikamente. Auch „Nachlassen der Natur“ als Angabe der Todesursache, wie sie sich in alten Kirchenbüchern findet, dürfte das überwiegend, wenn nicht rein passive Verhalten eines auf den Tod Zugehenden angesprochen haben.

Menschen machen im Alter neue Erfahrungen, gewinnen neue Erkenntnisse, die Einfluß auf ihr Lebensverhalten nehmen. Nicht wenige werden milder, nachsichtige, frömmer. Ja, Religiosität, die zu unterschiedlichen Vorstellungen von einem Nach-dem-Tod geführt haben, können spätes und letztes Lebensverhalten prägen. Kirchen predigten Männern, ihr erotisches Verlangen zu mäßigen, ja gar gänzlich zu unterdrücken, um jenseitsfähig zu werden. Vom Vater eines berühmten Philosophen des 20. Jahrhunderts weiß man, daß er vor dem Eintritt des Todes stundenlang schrie, weil er als gläubiger Sünder Riesenangst vor dem Höllenfeuer bekommen hatte. Erklärte Montaigne daraufhin diesen Vater, der froh und flott gelebt hat, für eine ängstliche Natur?

Ein Paar, das sich ohne religiösen Bezug auf den Tod versprochen hat, wird mit der durch das Altern im Alter bedingten Zunahme der Todesnähe abschiedlicher gestimmt.[167] „Wir werden nicht anders, um zu sterben“ – oder wie Hans Stilett übersetzt: „Das Sterben ändert uns nicht“ – nein, das kann nicht stehenbleiben. Der Abschied von der Welt, von der Erde, von Menschen, von Nächsten und dem Nächsten, von sich selbst, vom eigenen Bewußtsein und Gedächtnis als endgültiger ist, wird er vorausbedacht, ein zutiefst bewegendes Ereignis. Es könnte dem gelebten Leben geschuldet sein, in

167 Siehe unten Kap. 13: „Der Versprochene“.

der Zeit spürbar zunehmender Todesnähe Bilder noch einmal wachzurufen, die Gelebtes erinnern, das von besonderem Gewicht war, ehe es für immer verschwindet. Wieso sollte ausgerechnet das Alter als „Schule der Endlichkeit"[168] mit den zunehmenden Gedanken an den endgültigen Abschied von Allem „uns" nicht ändern, uns als die bewußt auf Zeit Lebenden?

Michel de Montaigne gibt sich solipsistisch. Er bedenkt nicht, daß es zum menschlichen Tod gehört, jemandem zu sterben. Endet glückhaft geteiltes Leben, dann kündigt sich ein Schmerz von nicht gekannter Stärke und Nachhaltigkeit an. Überlebende von glücklichen Paaren bekunden, daß sie wie versteinert waren, unfähig zur Trauer, die ja noch eine menschliche Regung gewesen wäre. Der sich ankündigende Abschiedsschmerz bringt etwas Einmaliges, völlig Neues ins noch zu lebende Leben, der die beiden Betroffenen in ihrer Beziehung von Grund auf verwandelt: Sie erfahren sich in einer Innigkeit, wie sie wohl einzig die Verbindung der Intimität der Liebe mit der Intimität des Todes hervorzurufen vermag.

Noch ein Zweites von Gewicht bedenkt Michel de Montaigne nicht: die Erlösung. Schlägt, weil es unerträglich geworden ist, die Lebensbejahung und mit ihr der Lebenswille in heftiges Verlangen nach Erlösung von dem Leben um, dann ist das kein Zeichen der Unvernunft dieses Lebenden, wie Kant in der *Grundlegung zur Metaphysik der Sitten* diagnostiziert, weil er damit sich selbst widerspreche. Die Bejahung des Lebens erfolgt zu einer anderen Zeit als seine Verneinung, was deutlich macht, daß der erst Bejahende und spät Verneinende nicht derselbe sind. Die unterschiedenen Zeiten mit ihrem unterschiedlichen Erleben des zu lebenden Lebens

168 Rainer Marten, *Endlichkeit*, Freiburg/München 2013, S. 160.

machen den Sterbenden zu einem Anderen als den Lebenden.

Er deute sich den Tod immer aus dem Leben. Das hätte sich der grandiose Essayist Michel de Montaigne besser nicht zur Maxime machen sollen. Sie trifft nicht die Wirklichkeit. Das beginnt schon mit „dem Leben“, das der Tod endet. Diese Rede ist nur im biologischen Verstande eindeutig, nicht aber im biographischen. Das gelebte und zu lebende Leben kann sich durch ein Ereignis so grundlegend ändern, daß es nicht mehr dasselbe ist, weil der, der es lebt, nicht mehr derselbe ist. Wie es keinen unerschütterlichen Fels gibt, so auch keinen Lebenden, der unerschütterlich *so* lebt. Wen unerwiderte Liebe in den Tod treibt wie „die Günderrode“ (Karoline von Günderrode 1780–1806), macht hinlänglich Erfahrung von der Änderung der eigenen Lebensart und des eigenen Selbst.

9. Der Unerschütterliche

I.

Der Unerschütterliche wähnt, im geistigen Besitz von Unerschütterlichem zu sein. Das macht ihn gefährlich. Es gibt nichts Unerschütterliches – weder in der Natur noch im Menschen, noch „an sich". Um sich die Unverbrüchlichkeit der Treue ihres geglaubten und erhofften Gottes zu veranschaulichen, haben Autoren der Bibel – von denen der Tora bis zu Paulus – den Gott zum Fels und zur Burg (Feste) gemacht, wohl wissend, daß auf der Erde gebaute Burgen und Felsen in der Natur erschütterbar und zerstörbar sind. Sagt ein Psalmist, nachdem er seine Liebe zum „Herrn" bekannt hat, er sei sein Fels, seine Burg, sein Erretter, dann merkt man so richtig, wie er ins Volle greift, ohne sich zu fragen, wie tragfähig seine Metaphern sind. (*Psalm* 18,3) Weiß ein Psalmist auch darum, daß die Stärke eines Felsens relativ ist (*Psalm* 31,3), dann bleibt er doch dabei: ein Fels soll sein Gott sein, eine Burg, eine *feste* versteht sich. Nein, die Veranschaulichung glückt nicht; sie kann nicht glücken, weil es ohne Erfindung nicht bleibend Festes und Verläßliches gibt. Daß es freilich des Todes eines Gottes bedarf, um ein Erdbeben statthaben zu lassen, das die Felsen „zerreißt" (*Matthäus* 27,52), ist ein grandioser dramaturgischer Einfall. Er macht die kurz vorhergehende Preisung des lebensklugen Hausbauers vergessen, der sein ihm haltgebendes Haus nicht auf Sand, sondern auf Wassern standhaltendem Fels baut (*Matthäus* 27,4 f.).

Noch im 20. Jahrhundert höchst wirksam gewordene Ideologen beschwören als Bild für die Unbeugsamkeit ihrer unfehlbar richtigen Gesinnung härtestes Gestein:

> In dieser Zeit bildeten sich mir ein Weltbild und eine Weltanschauung, die zum granitenen Fundament meines derzeitigen Handelns wurde.[169]

Martin Heidegger wieder konnte den zum Helden des „Ruhrkampfs" erklärten Albert Leo Schlageter nur als „auf dem Granit des Schwarzwaldes gewachsen" denken. Anmaßende Wörter mit einem unschönen Grundton wie „unbeirrbar" und „unerbittlich" sind nicht von ungefähr kreiert worden, weil sie gut dazu taugen, das Gefühl, mit der sie leitenden Überzeugung im Recht zu sein, als Gewißheit zu inszenieren.

II.

Unerschütterlich – das gibt es, physisch wie psychisch, allein auf Zeit. Nichts ist seinem Wesen nach unerschütterlich. Es gibt in der Natur, das „Innere" des Menschen eingeschlossen, kein solches Wesen. Das Unerschütterte im Sinne des Unbewegten, Stillen, zeigt sich anschaulich in der durch nichts erschütterten Wasseroberfläche eines Sees, ehe der Wind sich erhebt und der erste Fischer mit Boot auf Fang geht. Allein im Geiste läßt sich Unerschütterliches erfinden, wie es Parmenides vorgemacht hat.

Warum sollte eigentlich Unerschütterlichkeit ohne weiteres etwas Gutes, ja eine Tugend sein? *Metanoeite* – denkt um!, kehrt um!, zeigt Reue!, tut Buße! Nicht nur der einst weithin geglaubte Gott der „Abendländer",

169 Adolf Hitler, *Mein Kampf*, 815.–820. Aufl., München 1943, S. 21.

Frömmler und Panikmacher rufen dazu auf, sondern auch Besonnene und Kenntnisreiche, die Mensch und Erde in Gefahr sehen.

III.

Die Gefolterten von heute sind die Folterer von morgen. Diese erschreckende, durch reiche historische Erfahrung erhärtete Tatsache verweist auf eine geradezu übermenschliche Kraftquelle im Menschen, die ihm die Stärke verleiht, für seine Überzeugung Ärgstes zu erdulden, ja sein Leben aufs Spiel zu setzen. Fragt man sich, was da einem übermenschliche Stärke verleiht, so überrascht es nicht, als Antwort zu finden, daß es die Wahrheit ist, genauer der Glaube, im Besitz einer Wahrheit zu sein, von der unter keinen Umständen abzurücken ist. Das ist der bedeutsame Sprung im Geiste eines Menschen, daß die Glaubensgewißheit, weil unmittelbar mit dem Leben verbunden, zur höchsten Gewißheit wird. Wer das Geglaubte in Frage stellt, stellt das Leben in Frage. Eigentlich ist Glaube ein Wissensvorbehalt. Steht er aber für höchstes und tiefstes Lebensvertrauen, dann hat der Glaubende sich dem Geglaubten ohne jeden Vorbehalt selbsthaft übereignet. Natürlich sind die „Folterer von morgen" keine ruhigen Leute. Sie zeichnet nicht Besonnenheit, sondern Fanatismus aus. Im wahrsten Sinne des Wortes *fanaticus* sind es Rasende und Wahnsinnige, weil von Gott Besessene.[170]) Das macht Wahrheit zum Problem: Universitäten, Stätten der Wissenschaft, schmücken sich mit göttlicher Wahrheit. An der Westseite des Kollegiengebäudes I der Freiburger Universität prangt in goldenen Lettern: „Die Wahrheit wird euch

---

170 Heinrich Georges, *Lateinisch-Deutsches Handwörterbuch.*

frei machen.“ Das spricht im *Johannesevangelium* der als Sohn Gottes geglaubte Messias (8,32), der sich selbst als „die Wahrheit und das Leben“ versteht (ebd. 14,6). Der „Erlöser“ spricht in dem erfundenen Wort: er macht frei von Sünden. Eine wahrhaft abgründige Vorstellung: Ein Gott, der beansprucht, *in persona* „die Wahrheit“ zu sein, befreit als die Wahrheit, die er seinem Wort nach *ist*, durch einen Gnadenakt Menschen von ihren Sünden, das heißt Gottesvergehen. Der solcherweise befreite Mensch soll sich nun in der ihn überwältigenden Freude dazu verstehen, ein Paradiesanwärter ersten Grades zu sein. Auch die Münchner Universität hat an markanter Stelle verstanden, Wahrheit generell mit Gott zu verbinden. Wie schon des öfteren erwähnt, hat der Verfasser das Wort nicht vergessen, das ihn am Eingang zur Aula an der Decke staunen machte: „Das Wahre ist Gott ähnlich.“ Goethe hat es so gedacht und gesagt.

Der Schreiber des *ersten Johannesbriefs* setzt Gott mit Liebe gleich (*ho theos agapê estin; deus caritas est, 1. Joh.* 4,8). Der Evangelist Johannes tut desgleichen mit der Wahrheit (*egô eimi … hê alêtheia, ego sum … veritas, Johannesevangelium* 14,6). Beides ist eine radikale Usurpation. Ist Gott *die* Wahrheit, dann ist das Wahre Gott nurmehr ähnlich, da es nicht selbsthaft wahr ist. Akkurat Entsprechendes ist bereits am Ideendenken Platons aufgewiesen worden: Ist „das Schöne selbst“ idealiter sowie realiter schön, dann ist von Menschen schön Genanntes und als schön Empfundenes teilhabend schön, in keinem Falle aber selbsthaft. Zwei Wunder geschehen auf einmal. Die Wahrheit wird, unanfechtbar, zu einem Metaphysicum, das zweite, eigentlich noch größere Wunder: „das Wahre“ ist nurmehr der Steigbügelhalter zum einzig selbsthaft Wahren: zur wahrhaften Wahrheit (Selbstprädikation!). Damit haben die großen und kleinen Wahrheiten, wie sie sich der Tatsächlichkeit von Tatsachen verdanken, nicht vollends ausgespielt. Sie werden ja immerhin für Gott ähnlich erklärt. Doch diese Ähnlichkeit ist asymmetrisch: Das Wahre ist Gott ähnlich, Gott aber nicht dem Wahren. Da setzen die fanatischen Überzeugungstäter doch mehr ein als die idealistischen Platoniker. Die Wahrheit der Fanatiker ist selbsthaft wahr: Sie ist von ihnen mit ihrem Selbst belehnt, mit ihrem Leben.

Wahrheit zu vergöttlichen heißt, ihr einen Seinsstatus zu verleihen, den denkbar höchsten. Wird denn aber auf diese Weise Wahrheit nicht zu einer selbständigen Entität? Nein, das kann nicht sein. Damit es Wahrheit gibt, muß etwas wahr sein: Der behaupteten Tatsache muß eben diese Tatsache als Tatsache zugrundeliegen, damit sie wahr ist. Dazu aber bedarf es keines Gottes und keiner Vergöttlichung der Wahrheit. Seinsdenker sehen das seit der Frühzeit der Philosophie anders. Der Seinsdenker Heidegger versucht das mit aller Macht in Erinnerung zu bringen, und koste es die Wahrheit:

> Daß die Aussage *der* Ort für „Wahrheit" wird, ist mit das Befremdlichste in ihrer Geschichte.[171]

Hält Aristoteles im Buch E4 der *Metaphysik* fest, daß Wahrheit nicht in den Dingen (*ouk en tois pragmasin*), sondern im urteilenden Verstande (*en dianoia*) ist, dann deutet Heidegger diese Feststellung, um Aristoteles auf seiner Seite zu behalten, tatsächlich so, daß er mit ihr das Gegenteil gemeint habe:

> Daß hier eigens vom *alêthes* gesagt wird: *ouk en tois pragmasin*, deutet darauf hin, daß es *doch* in gewisser und vielleicht ursprünglicher Weise dahin gehört.[172]

171 Martin Heidegger, *Beiträge zur Philosophie (Vom Ereignis), Gesamtausgabe* Band 65, Frankfurt am Main 1989, S. 358.
172 Martin Heidegger, *Grundfragen*, S. 71 f. Siehe dazu Verf., *Heidegger lesen*, S. 211.

Das ist das Bravourstück einer Logik, die sich der tiefsten eigenen Überzeugung verpflichtet weiß, daß die „Wahrheit des Seins" die einzig zu denkende Wahrheit ist, die ihren Namen verdient, *die* Wahrheit, an der kein erkennender Verstand beteiligt ist. Vor allem durch den Vorsokratiker Parmenides sieht sich Heidegger in der Unfehlbarkeit seines Seins- und Wahrheitsdenkens „seinsgeschichtlich" bestärkt.[173] Ist Wahrheit die des Seins, dann, und nur dann habe sie den ihr gehörigen Seinsrang, der sie unerschütterlich sein läßt.

IV.

Für den Weg zum einzig Unerschütterlichen hat Parmenides (6.-5. Jh. v. Chr.), der erste europäische Ontologe, in einem „Lehrgedicht"[174] einen „wissenden Mann" erfunden, der in einer Auffahrt über das Menschliche hinaus zum Göttlichen mit himmlischer Hilfe bei diesem Unerschütterlichen anlangt. Er zeichnet ein denkwürdiges Bild, das den Leser auf die ausführliche geistige Durchdringung dieses einzigartigen „Seienden" (*on*) in *Fragment* B 8 vorbereitet. Den wissenden Mann geleiten freundlich weibliche Dämonen über alle Wohnstätten hin außerhalb der Pfade des Menschen, wo ihn am Ende eine Göttin in Empfang nimmt, die verspricht, ihm alles zu wissen zu geben, was im Überstieg des bloß Menschlichen zu Tage tritt: die Wahrheit der Wahrheit und die Unwahrheit der Unwahrheit; das Sein des Seins und das Nichtsein des Nichtseins:

---

173 Martin Heidegger, *Sein und Zeit*, S. 171 et al. Dazu Verf., *Heidegger lesen*, S. 170–181.

174 *Fragment* B 1, in: *Fragmente der Vorsokratiker*, 1. Bd., S. 228 ff.

der wohl gerundeten Wahrheit unerschütterlich Herz wie auch der Sterblichen Schein-Meinungen, denen nicht innewohnt wahre Gewißheit.[175]

Dem wissenden Mann wird die wahre Gewißheit anvertraut, die Wahrheit in ihrer Unerschütterlichkeit, wodurch er selbst „der Unerschütterliche" wird. Die ganze Spielwiese der Philosophie des Übernatürlichen tut sich dem Mann, der für den Menschen steht, auf: die göttliche Wahrheit von der Göttin dargeboten, die sie verwaltet. Das Herz dieser Wahrheit ist kreisförmig, das Sein Gottes kugelförmig (*sphairoeidês*).[176] Ohne Gottheit und Göttlichkeit geht in metaphysischer Philosophie nichts. Diese Philosophie nutzt nicht nur Bilder der Mythologie; sie *ist* Mythologie. Nur so eröffnet sich ihr das Eine und Ganze, das weder entsteht noch vergeht, das keinen Anfang und kein Ende hat, sich nicht fortbewegt und verändert. Es ist nur als rund vorstellbar, nicht als linear. Wer aus dem Reich des Menschen in göttliches Gefilde gelangt, bekommt das Vollkommene zu Gesicht in der Gestalt reiner Rundung. Und doch tun sich dem Menschen in dem, was die Göttin ihm als übernatürlich und übermenschlich zu Schauendes eröffnet, in Einem zwei Dinge auf: zwei Wege – den, was göttlich wahres Wissen anbelangt, einzig begehbaren, und, in Konfrontation dazu, den schlechthin unbegehbaren:

Erstens: daß IST *ist*
Zweitens: daß NICHT IST *ist*[177]

175 Parmenides, *Fragment* B 1.

176 Parmenides, *Fragment* A 6, in: *Fragmente der Vorsokratiker*, 1. Bd., S. 229,34; Xenophanes, *Fragment* A 1, in: *Fragmente der Vorsokratiker*, 1. Bd., S. 113,25.

177 Parmenides, *Fragment* B 1, ebd., S. 231.

Sollte damit gesagt sein, von einem roten Ding zu sagen, daß es rot ist, sei richtig, dasselbe aber von einem Ding zu sagen, das nicht rot ist, sei falsch, dann wäre das banal. Hamlet, der auf der Bühne „Sein oder nicht sein" zur Frage macht, versteht jeder Zuhörer: Es geht um Lebendigsein oder Totsein. Nein, der dichtende und mythologisierende Philosoph hat weit mehr im Sinn: *das* Sein, das Sein *selbst* (*selber*), das *Daß* ohne Was, die *Stöße* des Daß.[178]

Das unerschütterliche Herz der Wahrheit ist nichts Seiendes, ist kein Etwas, ist also von seinem Seinsstatus her nichts, was vergänglich sein könnte. Das wohlgerundete Herz *der* Wahrheit, die nicht Wahrheit von etwas ist. Was sich da von seinem Innersten, von seinem Herzen her zeigt, ist die von jedem Etwas abgelöste absolute Wahrheit, die Wahrheit „an und für sich" in ontologischer Ausführung. Das macht sie nicht zu einem Ding, im Gegenteil. Eine Deontifizierung hat statt: *Daß* IST ist. Heidegger führt das dazu, von einer „Wesung des Seyns" zu sprechen, die sich einem „Er-denken des Seyns" verdankt.[179] Es sind die großen Zeiten der nationalsozialistischen Herrschaft in den 30er Jahren des 20. Jahrhunderts, in denen Heidegger tagträumerisch das „Ereignis" er-denkt, *das* seinsgeschichtliche Großereignis, das er mit Bezug auf die Publikation von *Sein und Zeit* mit möglichen Jahresdaten belegt, die ganz der *Seins*geschichte gelten, den „Stößen des Daß": daß Hölderlin den künftigen Dichter gedichtet hat, der er selbst als der erste „ist", der Nähe und Ferne der gewesenen und künftigen Götter zur Entscheidung gestellt … .[180] Weil für Heidegger die von ihm erdachte Seinsgeschichte in

178 Dazu Verf., *Heidegger lesen*, Teil V: „Die Stöße des Daß", S. 227–238.
179 Martin Heidegger, *Beiträge zur Philosophie*, S. 60–67; 86.
180 Martin Heidegger, *Beiträge zur Philosophie*, S. 463.

eins die des Menschen und die von Gott und Göttern ist, des da-seienden und seinsdenkenden Menschen und der wesenden Götter, ist das Ereignishafte Hölderlins von tragender Bedeutung für die Eschatologie dieser Geschichte:

> Wer möchte sich wundern, wenn dieser Hinweis auf das erste Daß der Seynsgeschichte im Übergang von der Metaphysik in das Erdenken des Seyns für ganz willkürlich und unverständlich gehalten wird?[181]

Ja, das ist nur verständlich, wenn man mit Heidegger in Hölderlin den Dichter des Vaterlandes erkennt, den Dichter der Deutschen, und im nationalsozialistischen „Aufbruch" den Willen, ihren geschichtlichen Auftrag zu erfüllen.

Am Schluß der Rede, die Heidegger am 27. Mai 1933 bei der feierlichen Übernahme des Rektorats an der Universität Freiburg gehalten hat, spricht er von einem „ob":

> ob wir als geschichtlich-geistiges Volk uns selbst noch und wieder wollen –

Für sich weiß er die Antwort im Voraus:

> Aber wir wollen, daß unser Volk seinen geschichtlichen Auftrag erfüllt. Wir wollen uns selbst.[182]

Keine vier Monate zuvor, am 30. Januar 1933 hatte die Machtergreifung Hitlers begonnen, die vom ersten Augenblick an auf eine Diktatur zielte, von Heidegger in der Rektoratsrede ein „Aufbruch" genannt, dessen „Herrlichkeit" und „Größe" noch nicht ganz verstanden wer-

---

181 Ebd.

182 Martin Heidegger, *Die Selbstbehauptung der deutschen Universität*, Breslau o. J., S. 22.

de. Der Redner muß ihn als einen Stoß des Daß verstanden haben, als ein Momentum der Seinsgeschichte.

V.

Heidegger ist ein dichterisch-denkender Deutschnationaler gewesen, kein kriegerischer:

> [...] und wehrlos Rat gibst rings / den Königen und den Völkern. (Hölderlin, *Germanien*)

Das war auch Heideggers Sicht. Keine durch biologische Masse zu erzielende Suprematie gab seinem eschatologischen Denken die Richtung vor, sondern die Friedfertigkeit seiner bäuerlich-schwäbischen Heimat. Das in den 30er Jahren er-dachte „Ereignis" war (und ist?) *ganz* dem deutschen Volk als dem der Dichter und Denker zugedacht, damit freilich einem Dichten und Denken, das allein Deutsche vermögen. Ein geistiger Nationalismus und dementsprechender Rassismus liegen unleugbar vor.

Heidegger versteht sich als denkender Vorbereiter einer neuen Welt: „Wenn Welt einst weltet" – wenn sie also ganz dem eigenen Seinsdenken entspricht in einem jähen seinsgeschichtlichen Daß. Das wäre ein Sieg, ein Triumph des seinsgeschichtlichen Denkens über das fortschrittsgeschichtliche Denken und Handeln der Technik.

Der eschatologisch denkende Fundamentalontologe versteht sich als unerschütterlich. Notiert er in den *Schwarzen Heften*, daß ihn kein Gott und keine Macht der Welt von der Selbstübereignung an sein Seinsdenken abbringen werde, dann ist das auch zur Bibel und zum technologischen Fortschritt gesagt: Ich konkurriere nicht mit euch. Ich weiß, und dies als sich aus dem eigenen Denken von selbst ergebende Prophetie, daß das von ihm vorgedachte und dadurch vorbereitete jähe Seinsereignis eine Welt zeitigt, die nicht neu gegenüber einer alten, sondern die überhaupt erst wahrhaft Welt ist. Die von ihm angedachte „weltende Welt" werde von reiner Originalität sein und damit auch das die Seinsgeschichte Vollendende. Das Sein finde in ihm seine „Letze", wozu auch der (letzte) Gott gehört, kein biblischer Gott, kein griechischer Gott, sondern ein deutscher Gott. Vater, Sohn und Heiliger Geist, wie sie dreieinig geglaubt werden, gelte es loszuwerden, den technologischen Fortschritt bis zum Ende der Technik und ihres Wesens in gut dreihundert Jahren auszustehen. Heidegger ist sich sicher, der einzig in Wahrheit seherische Eschatologe zu sein. Er bedarf für sich keiner Zustimmung von anderen.

Spätestens im Jahre 2005 hat ein Führender des technologischen Fortschritts den Sieg der Technik verkündet, daß sie mit ihrem Tun und Lassen bestimmt, was aus dem Menschen wird. Auch er gibt sich unerschütterlich in seiner Gewißheit, daß von nun an er und Seinesgleichen es sind, die einzigartig für die Zukunft des Menschen in Verantwortung stehen. Dafür genügt es, das 2005 erschienene Buch *Menschheit 2.0. Die Singularität naht* von Ray Kurzweil anzuführen.[183]

Den Seinsdenker hätte das Gerede von Transhumanität aller Wahrscheinlichkeit nach nicht ernsthaft angefochten. Das dem „Wesen" der Technik geschuldete Werk der Zerstörung muß ja seinen Höhepunkt erreicht haben, bevor es im Zuge der erfundenen Seinsgeschichte zum „Ereignis", einem Wunder von biblischem Ausmaß kommen kann: zur „unversehrten Erde", ein Wunder, das dem der „zweiten Schöpfung" gleicht, die von einer „neuen Erde" spricht.

183 2. Auflage, Berlin 2014.

Jesaja sowie die Autoren des *2. Petrusbriefes* und der *Apokalypse* prophezeien einen neuen Himmel und eine neue Erde. Die Autorenschaft der *Genesis* hatte beides nun Altgewordene ja Gott am ersten Tag der überhaupt ersten Schöpfung schaffen lassen. Doch warum sollten Himmel und Erde ihren Dienst getan, der Gott ausgerechnet mit diesen beiden „Geschöpfen" nichts Bleibendes geschaffen haben? Antwort: Weil die eschatologische Heilsgeschichte einen Höhepunkt brauchte. Die alte Welt samt dem alten Menschen mußte weg. Sie war nicht nur alt, sondern, was das Verhältnis von Schöpfergott und Mensch anbelangt, auch mißstimmig geworden. Vergehen Himmel und Erde, dann vergehen aber „meine Worte" nicht, läßt der Evangelist Gott sagen.[184] Gemeint sind die Worte der Verheißung. Der unbekannte Schreiber des *2. Petrusbriefs* macht die Sache mit dem Weltenende dem Gläubigen verständlicher. In dieser jüngsten Schrift des *Neuen Testaments* läßt es ihr Autor so richtig krachen und heiß werden: „Mit großem Krachen werden die Himmel zergehen und die Elemente in der Gluthitze zerschmelzen", um dann doch Konkreteres in Aussicht zu stellen als bleibende Worte: die Gerechtigkeit als das mit der Neuschöpfung eigentlich Erwartete. Der Autor der *Apokalypse* namens Johannes übertrifft mit seinen Bildern des Neuen und Endgültigen, das im Kommen ist,[185] alles. Aus dem neuen Himmel kommt das neue Jerusalem auf die neue Erde herab, geschmückt wie eine Braut für ihren Mann. Das ist der Endzustand. Nichts entsteht mehr, nichts vergeht mehr: Die ewige Wohngemeinschaft von Gott und Menschenvolk in einer himmlischen, auf die Erde heruntergekommenen Wohnstatt hat begonnen. Gott hat sich als der Unerschütterliche

184 *Matthäusevangelium* 24,95.
185 *Apokalypse* 21,1 ff.

erwiesen durch seine Treue. Er hat nun auch die Macht, daß für die neu zu lebende Zukunft alles unerschütterlich bleibt, angefangen mit dem neuen Himmel und der neuen Erde.

Ausgerechnet unter dem Leitwort „*Besinnung*“ beginnt der Autor von *Sein und Zeit* (1927), der sich als Fundamentalontologe am Werke sieht, wie besessen ein Bild vom mystischen Auftrag der Deutschen zu entwerfen.[186] Es ist das Jahr der Wannseekonferenz (1942), das Jahr, in dem sich das Siegen der deutschen Angriffsarmeen in Richtung eines *unconditional surrender* zu wenden beginnt. Als Erfinder einer philosophischen „Seinsgeschichte“, die mit griechischem Denken beginnt und mit deutschem Denken endet, ist es ihm darum zu tun, ein Ganzes vorzuführen, markiert durch mystisch Erstes und mystisch Letztes. Ursprüngliches und Anfängliches gilt es für den dem Schwabentum eines Hölderlin und Hegel als dem spezielleren Deutschtum verpflichteten Ontologen zu erfinden, bleibendes Letztes. Im wesentlichen geht es um ihm geweihte mystische deutsche Jünglinge. Sie sind die Garanten des im Ersten und Letzten Unerschütterlichen und damit selbst die Unerschütterlichen. Das gilt bei den an der mystischen Narretei Teilhabenden freilich nur für das, was sie aus ihrem Inneren bestimmt, nicht aber für das, was ihnen dabei von außen zustößt. Der lügenhafte Mythos der Schlacht von Ypern / Langemark diente den Deutschen zur heldenhaften Verklärung ihrer Niederlage. Am 10. November 1914 waren dort bei einem Sturmangriff von zehntausend eingesetzten Soldaten mehr als zweitausend gefallen. Das Deutschlandlied, wie die oberste deutsche Heeresleitung es wahrhaben wollte, hatten die fehlgeführten Angrei-

186 Martin Heidegger, *Gesamtausgabe* Bd. 97, S. 46 ff.

fenden nicht gesungen. Das führt zur Frage, ob verklärende Mystik in jedem Falle unschuldig ist.

Heidegger verbindet sein Bild von einem Urzustand, den es nie gegeben hat, mit einer zutiefst deutschnationalen Grundüberzeugung:

> die Heimkunft zur unversehrten Erde unter dem ruhigen Himmel des nährenden Landes, wenn die das Wesen eines, nämlich unseres Volkes wäre.[187]
> Wir brauchen dem zuvor die Jünglinge, die aus langsamem Wachstum reifen, das Wesen des Vaterlandes wissen und bauen zu lernen.
> Das Wesen des Vaterlandes ist das Abendland.
> In ihm werden die Deutschen erst deutsch und erkennen die Mutter von Allem: die unversehrte Erde.[188]

VI.

Heidegger sieht Land: Vaterland, Abendland, unversehrte Erde, den Mutterschoß des Ursprünglichen und Anfänglichen. Die im Band 97 der *Heideggergesamtausgabe* gesammelten Notizen aus dem Jahr 1942, dem Jahr der radikalen Verschärfung der Judenverfolgung und der Dämmerung des Kriegsglücks der dem „Führerbefehl" gehorchenden Armeen, zeigt den Fundamentalontologen dabei, das Fest seines prophetisch-eschatologischen Denkens zu feiern, das Fest seiner Einsamkeit und Einzigkeit als Denker, der einsam-einzig weiß, „was ist", weil er entsprechend als Wenigster geistig mit dem vertraut ist, was wahrhaft fest und unerschütterlich ist. Von sich selbst weiß er, daß er unmöglich zu den Vielen gehört.

---

187 Ebd., S. 46.
188 Ebd., S. 52.

Fragt er sich, was mit den Vielen geschehen soll, dann ist seine Antwort, um sie zu wiederholen: die sollen dorthin gehen, woher sie gekommen sind. Im Band 97 seiner *Gesamtausgabe* formuliert er das noch um eine Nuance verächtlicher: „Und dabei *dieser* Lärm um das Umkommen der Vielen, die man nicht kennt und auch nicht kennen will".[189] Er schiebt den „Nazi" zur Seite, „Hitler und Mussolini". Jetzt ist er dran. Auf der ersten Textseite des von Peter Trawny 2015 herausgegebenen Bandes finden sich fünf zusammenhängende Textstücke. Das vierte lautet:

> Alle Lichter am Himmel verlöschen.
> Die Menschen der Metaphysik werden
> unter erloschenen Sternen sterben.

Das dritte lautet:

> Anfänglich naht verhüllt die Zeit
> der Inständigen des letzten Gottes.

Heidegger hat sich mit seinem ontologischen Wesensdenken allzeit als Inhaber der Wahrheit gewußt, der wesentlichen Wahrheit: der Wahrheit des wesenden Seins. Er ist sich des Anfänglichen ebenso sicher und gewiß wie des Letzten, weil es sich um Wesendes handelt. Das läßt ihn einzigartig unerschütterlich sein. Auch und gerade als Nationalist hat er nichts zu bereuen. Wer groß denkt, muß groß irren – Irrtum wie Königtum. Das ist kein Eingeständnis eines der Größe des von Hitler initiierten „Aufbruchs" geschuldeten Fehlverhaltens, sondern ein Vorwurf der Mediokrität gegen die massenhaft Vielen, die klein denken, und dies nicht zuletzt darin, daß für sie jeder Mensch zählt, weil er Mensch ist.

189 Ebd., S. 129.

10. Der Reine

I.

Reinheit – ein klangvolles, ein hochgestimmtes Wort! Es klingt nach einem nicht einlösbaren Versprechen, das als solches eine ganz eigene Sogwirkung ausübt. Was wäre der Mensch ohne, nein, nicht ohne seine Sehnsucht nach dem Unmöglichen, sondern ohne seinen Willen zum Unmöglichen, in diesem Falle zur vollkommenen, um nicht zu sagen absoluten Reinheit!? Doch was kann sein Wille schon gegen seine Natur ausrichten? „Empfangen und genähret / Vom Weibe wunderbar" sind die Worte, mit denen Matthias Claudius sein Gedicht DER MENSCH beginnen läßt. Damit aber endet auch schon das zu preisende Wunder des Lebensanfangs. „Kömmt er und sieht und höret" heißt es im Folgenden. Die Welt bricht ein – durch Auge und Ohr. Die Wirklichkeit ist da, die Lebenswirklichkeit. Die freilich ist alles andere als rein zu erfahren. Das Eigene scheidet sich vom Nichteigenen, dies jedoch so, daß eine Wechselwirkung nicht ausbleibt: die des Nichteigenen auf das Eigene und die des Eigenen auf das Nichteigene. Die Lebenswelt in der Form der Wahrnehmungswelt nimmt Gestalt an. Die ein Leben lang nicht endende Abstimmung von Sehen und Hören auf zu Sehendes und zu Hörendes hat eingesetzt. Claudius trifft den Kern, wenn er nun die Worte folgen läßt: „Und nimmt des Trugs nicht wahr". Der wunderbar Empfangene und Genährte verliert seine Ursprünglichkeit und gewinnt, dazu herausgefordert, erste Eigenständigkeit, was die Möglichkeit eröffnet, sich zu verfehlen.

Eigenständigkeit im Lebensvollzug, ob eher aktiv oder passiv bekundet, ist unausweichlich mit der Differenz von Wahr und Falsch konfrontiert. Der Mensch, der sich seinen sinnlichen und geistig-seelischen Kräften anvertraut, ist ohne Unmittelbarkeit zur Lebenswelt. Urteilend steht er sich selbst im Weg.

Den Schoß der Mutter verlassend, auf die Welt zu kommen, wäre dann der erste, aber auch schon letzte Augenblick des vollkommen rein Entsprungenen. In diesem Falle bekäme der Neugeborene mit dem Namen „der Reine" bereits den Status einer menschlichen Erfindung. Unangebrachtem Realismus könnte sich zur Bekräftigung der Hinweis nahelegen, daß Säuberung zum Ersten gehört, was dem Neugeborenen von Menschenhand widerfährt.

II.

Ein Räthsel ist Reinentsprungenes.[190]

Rein zu entspringen, ist nichts Unmögliches, weil es Wirklichkeit ist. Hölderlin sieht in lichten Höhen Schweizer Alpen den Rhein aus dem Schoß der Mutter Erde hervorquellen – schön und rein. Frei ist er geboren, wollte er doch selbst mit aller Macht aus Lichtlosigkeit und abgründiger Kälte heraus in mittägliche Helle. Dabei hat der Rhein auch Glück gehabt: Die Höhen, auf denen er entspringt, sind „günstig". Es sind ja die „heiligen Alpen" – so heilig, wie rein. Die poetische Schöpfung vollkommener Reinheit zeigt sich an. Vom „Donnerer" gezeugt und in den Alpen aus heiligem Schoß der Mutter Erde geboren, ist der Rhein von seinem Ursprung her heilig und rein, weil ein Göttersohn.

190 Friedrich Hölderlin, *Der Rhein.*

Das Glück der Geburt bleibt dem Rheinstrom treu. Fließt er, städtegründend, durch „deutsche Lande", wird nichts unrein an ihm, sofern die Reinheit des Ursprungs in der erinnernden Seele dominant bleibt, getreu dem Versprechen, das Hölderlin dem Rhein mit auf seinen Weg gibt: „Wie du anfiengst, wirst du bleiben" – das ist der Rhein seiner poetischen Heiligung schuldig.

Das reine Licht und die reine Luft alpiner Höhen haben ihre Überzeugungskraft: Es gibt Reines! Gilt das aber für in Höhen und durch Höhen Reines weiterhin, wenn es mit ihm in Tiefen ohne reines Licht und reine Luft geht, die den Strom Unreines zuführen? Ja, zum Glück seiner Reinheit ist Hölderlins RHEIN bis in seine Deutschheit hinein übernatürlichen Wesens. Dichterisch entsprungen, wie er ist, bewahrt er seine Göttlichkeit und Heiligkeit, behält er, ungeachtet seines sich trübenden Wassers, seine übernatürliche Schönheit, veranschaulicht als die Reinheit der Elemente heiliger Gebirge, die allein das schöpferische Auge des Dichters zu sehen vermag und der mitdichtende Leser Hölderlins. Reinentsprungenes ist ein Rätsel. Der Dichter bleibt treibende Kraft seiner Verrätselung.

III.

> Alles ist schön an dir, meine Freundin, an dir ist kein Fehl.[191]
>
> Schön bist du ganz und gar meine Freundin! Kein Makel ist an dir.[192]

---

191 *Lied der Lieder (Hohelied)*, 4,7. *Zürcher Bibel.*

192 Ebd., *Bibel in gerechter Sprache*. In Adalbert Stifters *Witiko* wiederholt Bertha, ihrem Witiko zugewandt, diese Worte: „Jetzt bist du ohne Makel".

„Schön“ ist ein Wort der Verklärung. Das „alles“ / „ganz und gar“ verstärkt die Überhöhung der Wirklichkeit. Mit der reinen Schönheit der Geliebten, einer Schönheit, die durch nichts getrübt ist, wird etwas Reines angesprochen, das voll seiner Benennung entspricht. Im Falle einer „großen Liebe“ („groß“ aus dem Sprachschatz der Verklärung) ist erotische Liebe eine Kunst, keine *ars amandi* wie jene eines römischen Dichters, die allein über Praktiken des Verführens unterrichtet, schon gar nicht die der besonderen Fertigkeiten erotischer Praxis, sondern die Kunst schöpferischer Verklärung. Geliebter und Geliebte als die Reine und der Reine, rein im Sinne des Unbefleckten und Unvermischten und eben ganzheitlich Vollkommenen, sind Schöpfungen großer Liebe. Für den groß Liebenden ist die ins Unmögliche überhöhte Wirklichkeit wirklicher als die des Alltags und der Wissenschaft. Verantworten will und kann er dies *sacrificium intellectus* einzig durch die gelebte Liebe.

IV.

HARFENSPIELER

Wer nie sein Brot mit Tränen aß,
Wer nie die kummervollen Nächte
Auf seinem Bette weinend saß,
der kennt euch nicht, ihr himmlischen Mächte.
Ihr führt ins Leben ihn hinein,
Ihr laßt den Armen schuldig werden,
Dann überlaßt ihr ihn der Pein:
Denn alle Schuld rächt sich auf Erden.

Johann Wolfgang von Goethe

Der Christ, der sich die geistig nicht nachvollziehbare Zumutung, durch einen erfundenen „ersten Menschen“, der höchste Schuld auf sich geladen hat, genau diese Schuld, weil als Mensch geboren, geerbt zu haben, gläubig aneignet, geht höchst-schuldig ins Leben. Das macht das Leben von vornherein, tritt nicht etwas Außerordentliches ein, bis zu seinem Ende zur Bußanstalt. Die Schuld ist so schlau erfunden, als sie als nicht selbst erworbene auch nicht aus eigenen Kräften getilgt werden kann. Der „fröhliche“ Christ bezieht seinen Frohsinn aus der gläubigen Gewißheit, daß sein Erlöser lebt und, das gilt ihm als Gewähr, daß sein Glaube an den Erlöser ihm die Erlösung garantiert. Die geerbte Lebensschuld besteht für ihn im Erbtod als der geerbten Lebensstrafe. Jetzt kann er fröhlich, so das erfundene höchste Versprechen, dem „ewigen“ Leben entgegensehen, entgegengehen, einem „Leben“, dem die Grundart des Lebens fehlt: die Zeitlichkeit mit ihrer Rhythmizität, und die Endlichkeit, die ihm als Leben zugehört.

Auch Goethe dichtet menschliches Leben im Banne höchster Mächte, aber gänzlich anders als das Christentum: als unabwendbares Schuldigwerden – im Ausgang von ursprünglicher Unschuld. Da war der Dichter dann doch Mensch genug, um die Perversität, die dem herrschenden religiösen Glauben seiner Zeit als maßgeblicher Eckstein seines Gesamtgebäudes stützte, nicht zu teilen.

V.

Zum Glück hat das von Menschen psychisch-physisch zu führende und zu erlebende Leben nichts gemein mit dem für den *Homo religiosus* erfundenen, das seine Krönung in der Ewigweile findet. Mit seiner Bedachtsamkeit und Empfindsamkeit ist der Dichter ganz beim Menschen, der wir sind. Die „himmlischen Mächte“ stehen für die entrückte Letztbegründung der Wirklichkeit des gelebten und zu lebenden Lebens. „Ins Leben gehen“ ist das sprachliche Bild für den Aufbruch in eigene Verantwortlichkeit. Da es nicht des Menschen Art und Möglichkeit ist, sein Leben rein vegetativ zu vollziehen, lebt es sich unmöglich rein aus sich selbst. „Das Schicksal macht sich selbst der Knabe“ – das Wort hat seine Wahrheit. Ob Mann oder Frau, von der Adoleszenz an begleiten den Menschen, der sein Leben führt und erlebt, geschriebene und ungeschriebene Gesetze, politische und moralische, gleich einem kontinuierlichen Tribunal für das der Selbstverantwortung Geschuldete.

Niemand, der „ins Leben“ geht, bewahrt seine ursprüngliche „Reinheit“: er wird zwangsläufig „unrein“ – „Unreinheit“ als strafwürdiger Tatbestand. Unrein, wie der Lebende nun ist, ist er schmutzig im übertragenen Sinne: Er ist schuldig – schuldig an was? Für die Griechen war etwas Strafwürdiges und durch Strafe wieder Gutzumachendes im Grundsatz eine zu verantwortende Unordnung, etwas aus dem Recht und der Richtigkeit Geratenes des Ganzen, und sei es ein noch so kleiner Teil. Jeder Rechtsbruch ist so seinem Wesen nach eine Zerstörung von Ordnung. Der Kosmos in seiner ursprünglichen Reinheit und Schönheit ist wohlgeordnet und somit Vorbild für Gerechtigkeit, die, vom Ganzen her, ein kosmisches Prinzip ist. Goethe denkt hier nicht griechisch. Die rächende Pein ist der einzelnen Person, die ihr Leben lebt, als unentgehbares Erdenschicksal zugedacht. Dem Menschen ist kein Leben gegönnt, das rein und unschuldig bleiben könnte. Er denkt nicht kosmisch in diesem Fall, sondern menschlich. Sein Wort ist jedoch dadurch stark, daß es nicht pauschal Leid für menschlichem Leben Zugehöriges erklärt, sondern als ein verdientes: Es straft Schuld. Damit erklärt Goethe sich und uns als zu bleibender Reinheit unfähig, Leben gibt es nur um den Preis des Straffälligwerdens. Kein Endgericht droht, sondern verdientes Leid. Ist denn aber ein Richter, der leidvolles Leben als Strafe verhängt, so stellt sich jäh die Frage, nicht ein Unmensch, zumindest ein Nicht-Mensch: ein Gott?

VI.

Der Christ glaubt an sein endliches Leben als eine von dem einen Gott verhängte Strafe. Aber rächt sich dieser gläubig erfundene Gott damit? Ja, das könnte sein, verdankt sie sich doch der Überschreitung eines Gebots dieses Gottes. Eine echte *hamartia*, ein Widergotthandeln gilt es zu „versöhnen" (sühnen), das heißt durch eine an Gewicht der Verfehlung entsprechende Strafe aus der Welt zu schaffen. Dem geglaubten Gott liegt ein Sichrächen alles andere als fern:

> Die Rache ist mein, ich will vergelten, spricht der Herr.[193]

Das ist der alttestamentarische höchste Eifer: Der Gott wird keinen seinen Willen mißachtenden Sünder ungestraft von dannen gehen lassen, es sei denn, er lasse Gnade vor Recht ergehen, weil er an die von ihm gegebenen Gesetze selbst nicht gebunden ist. Die Strafe reinigt, aber auch die Gnade eines göttlichen Straferlasses. Weil Goethes Wort „denn alle Schuld rächt sich auf Erden" in der Erfahrung keine Bestätigung findet, sind auf die reinigende Kraft der Strafe setzende Philosophen auf den merkwürdigen Gedanken gekommen, einem Strafwürdigen, der „auf Erden" nicht bestraft worden ist, sie ihm

193 *Römerbrief* 12,19 (*5. Mose* 32,35), vgl. *Nahum* 1,2. Übers. Martin Luther.

dadurch zu sichern, daß sie mit dieser Begründung eine Unsterblichkeit der Seele erfinden, wie es Platon und Kant getan haben. In der Religion, wie auch in der Metaphysik zeigt sich immer wieder der Wille, die Reinheit ursprünglicher Unschuld zu bewahren oder wiederzugewinnen als treibende Kraft, für eine so ganzheitlich wie nur mögliche Gerechtigkeit und Ordnung Sorge zu tragen.

VII.

Ins Leben zu gehen führt notwendig ins Schuldigwerden und damit zu verdienter Pein!? Aufs Erste hört sich Goethes Wort plausibel an, wenn es denn nur sagte, daß das zu lebende Leben niemanden unbehelligt läßt, ganz so als könnte es von nichts berührt und betroffen werden. Doch das bringt nicht zwangsläufig mit sich, gegen geschriebene und ungeschriebene Gesetze zu verstoßen. Sich keiner Schuld bewußt zu sein, ist im Besonderen und Einzelnen nicht selten ein falsches Gefühl, nicht aber im Allgemeinen, nicht grundsätzlich. Daß, ohne Ausnahme, jeder Mensch, der „ins Leben" geht, in einem Grade schuldig wird, daß er peinvolle Strafe verdient, haben Institutionen erfunden, denen es gelungen ist, Menschen in großer Zahl davon zu überzeugen, die alleinige Schulderlaßinstanz zu sein. Sie hat nach Möglichkeit dafür gesorgt, jedem Menschen ein Schuldbewußtsein einzupflanzen, um ihn seelisch an sich zu binden, und dies mit finanziellem Gewinn. Die verdiente Pein wurde durch sie nur „im Falle daß …" als Drohkulisse aufgebaut, für gewöhnlich genügte die Bezeugung von Unterwürfigkeit und Geld. Der fromme Mensch, der mit seinem Gott im Reinen ist, kann aber auch der sein, der sich „rein" fühlt, wenn nicht weiß.

Für Herder war Matthias Claudius „der reinste Mensch".[194] Das ist das höchste Prädikat für einen Christusgläubigen. Allem zuvor ist das reine Herz angesprochen, das alles Sinnen und Trachten ein gottesfürchtiges und gottgefälliges sein läßt. Wem Jesus Christus die Füße wäscht, der ist *ganz* gereinigt.[195] Claudius ist ein solcher: ein vorweg Erwählter. Das macht ihn aufklärungsresistent. Geht es um das „Kreuz", das seine Erfinder am Himmel als das Zeichen mit den Worten erstrahlen ließen: *„In hoc signo vinces"*, dann steht der Dichter treu zu dessen göttlicher Wahrheit. Wen Gott wäscht, der ist im Ganzen rein. Die reinen Herzens an Christus als den Messias glauben, sind allesamt rein. Nur der, der Christus verraten *wird*, *ist* schon unrein.[196] Das ist erfunden, um geglaubt zu werden.

Der fromme Dichter macht sich zum Fürsprecher des reinen Menschen. Als wäre er der Mond, der auf die Urunschuld des Menschen herabsieht: auf die Mutter, die ihr Kind aufs Lieblichste säugt, sieht er die Menschen für fromm und rein an. Als der Aufklärer ihm, in Zustimmung zur christlichen Religion, aufzählt, was alles an unentbehrlichem Nutzen in ihr für den Menschen ist, und dabei an „Flecke" erinnert, „wo die Justiz und Polizei nicht hinkönnen", um abschließend zu fragen (der Dichter fragt fiktiv sich selbst), ob *„außer dem* noch etwas Wahres im Christentum sei", lautet seine Antwort spontan: „Im Ernst".[197] Für den zutiefst Frommen ist unmöglich der lebenspraktische Nutzen seiner Religion ihre ganze Wahrheit. Allem zuvor hat das Geglaubte wahr

194 Matthias Claudius, *Der Wandsbecker Bote*. 1. Aufl. o. J. Nachdruck der Originalausgabe (1912), S. 13.
195 *Johannesevangelium* 13,10.
196 *Johannesevangelium* 13,11 ff.
197 Matthias Claudius, *Der Wandsbecker Bote*. Ebd., S. 202.

zu sein, der „wahrhaft“ reinen Herzens Gläubige braucht den sicheren Sitz in der Realitätsfalle. Die Einsicht, daß alle Gründe für Gottesfurcht schöpferische Eigenerzeugnisse sind, ist striktes Tabu.

VIII.

Was aber ist schon die Reinheit des Herzens für den Gedanken des Reinen gegen die Reinheit des Blutes!? Das reine Herz reinen Blutes schlägt für die Volksgemeinschaft. Das reine Blut will und soll das des Volkes sein, des eigenen Volkes, das sich erwählt weiß gottweißwoher, das einen Auftrag hat. Die Erfindung des reinen Blutes ist die des höheren Blutes, das meint, der stärkeren, der edleren Rasse. Das Volk Israel ist ein erwähltes Volk, weiß sich als „heiliges Volk“. Das Kapitel 9 des Buches *Esra* des *Alten Testaments* führt dramatisch vor, daß und wie der größte Frevel eines Gottesvolkes darin besteht, daß es gegen die ihm von seinem Gott verliehene Heiligkeit und Reinheit verstößt. Der Volksführer, der auf Geheiß des Perserkönigs die zweite Hälfte des Volkes von Babylon nach Jerusalem zurückführt, verzweifelt an der Widergöttlichkeit, Sünde genannt, die größer nicht sein könnte: israelitische Männer haben mit Nichtisraelitinnen geschlafen; sie haben sich und die dem Beischlaf Entspringenden unrein gemacht, unrein, das heißt vermischt. Den „heiligen Samen“ mit Völkern anderen Stammes zu vermischen, ist ein Vergehen an der Eigenheit durch Vereinigung mit absoluter Fremdheit. So fordern denn die Priester Israels von den Männern, die fremdgegangen sind, sich sofort von den „fremden Frauen“ und den mit ihnen gezeugten Kindern zu trennen und sie wegzuschicken – ohne freilich ihre unheilvolle Tat dadurch wieder gutmachen zu können.

Nun waren für den Autor von *Mein Kampf*[198] israelische Volksgenossen gegenüber den eigenen die herausragend fremden: „arische“ gegenüber „jüdischer Rasse“. Konsequenterweise war für ihn der Beischlaf eines arischen Deutschen mit einer Jüdin Rassenschande – was für Esra eine Rassensünde war, das Vergehen gegen das eigene Blut adäquat zu dem, was ein Vergehen gegenüber dem eigenen Volksgott ist, der über die Reinheit des Blutes und Gottesglaubens seines Volkes wacht. Das Wissen ist Gemeingut, daß es kein reinblütiges Volk gibt und geben kann. Versteht sich eine Menge von Menschen als Volk, dann handelt es sich stets um eine gemischte Menge, die eine Geschichte ihrer Einigung hat und damit offen für eine Erzählung ist, die ihrer Einheit ein sie prägendes und eigens hervorhebendes Gesicht gibt. In Babylon saß kein rein- und einblütiges Volk der Juden. Das ist große Literatur und eben Fiktion: die *eine und selbe* – erfundene – Geschichte, die eint. Erfindet der italienische Rassenfanatiker Julius Evola (1893–1974) ein mystisches Ur-Thule, wo sich Himmel und Erde, Odin und Arier nahe sind, dann tut er nur pointiert das, was alle Menschen, die sich als „Volksgenossen“ begreifen und mehr oder weniger bewußt Nationalisten sind, schon immer tun: an einen erfundenen (erdichteten) einigen Ursprung zu glauben, der bestimmend für ihr Menschsein ist. Melden nationale Medien ein Unglück, das Menschenleben gekostet hat, dann gehört zu dieser Meldung als Erstes die Klärung, ob unter den Opfern Angehörige der eigenen Nation sind.

Die Blutsvermischung und das dadurch bedingte Senken des Rassenniveaus ist die alleinige Ursache des Abster-

198 Adolf Hitler, *Mein Kampf*. Zwei Bande in einem Band (Band I 1925, Band II 1927), München 1943.

> bens aller Kulturen; denn die Menschen gehen nicht an verlorenen Kriegen zugrunde, sondern am Verlust jener Widerstandskraft, die nur dem reinen Blute zu eigen ist.[199]

Der höchste Maßstab, an dem sich der Wert des Menschseins eines Menschen ermißt, ist für Hitler seine Rassenzugehörigkeit. Das Blut entscheidet, es versteht sich: das reine.

Wie Esra im *Alten Testament* allein an der Reinheit jüdischen Bluts interessiert ist, so Hitler allein an der Reinheit arischen alias germanischen/deutschen Bluts. Steht bei Esra das auserwählte Volk Gottes auf dem Spiel, so bei Hitler das deutsche Volk als die klarste Verkörperung des Arischen bzw. Germanischen. Der unvermischte Arier in der Gestalt des unvermischten Deutschen bringt, wie sich der in seinen Wiener Zeiten zum fanatischen Judenhasser Gewordene gewiß ist, etwas von Natur mit, das keine Erziehung zu bewirken vermag, nämlich eine „Gesinnung", ohne die kein Mensch „Mensch" sein kann. Damit steht das Urteil fest: Allein die reinrassigen Arier von Thule bis Indien, von ihnen aber am klarsten die reinrassigen Deutschen, sind würdig und fähig, „Menschen" zu sein. Ihre Gesinnung sei die des „Idealismus", die gegensätzliche zum Egoismus: Das Gemeinwohl geht über alles, die Opferbereitschaft für Mitmenschen bis zur Hingabe des eigenen Lebens, was „die Fähigkeit zur Errichtung umfassender Gemeinwesen" entscheidend befördere. So sei es dieser Idealismus, der „allein erst den Begriff ‚Mensch' geschaffen hat". Hitlers Fazit:

> Dieser inneren Gesinnung verdankt der Arier seine Stellung auf dieser Welt, und ihr verdankt die Welt den Menschen.[200]

199 Adolf Hitler, *Mein Kampf*. S. 324.
200 Adolf Hitler, *Mein Kampf*. S. 311–327.

IX.

Nun hat im frühen Mittelalter die von der Lehre der herrschenden Kirche abweichende religiöse Gruppierung der Katharer („die Reinen“) auf längere Zeit historische Bedeutung erlangt. Ihre Erfindung vollkommener geistlicher Reinheit war von Erfolg gekrönt. Das spezielle Programm der Sekte, Unmögliches für möglich zu erklären, wirkte betörend: makellose himmlische Reinheit statt irdischer Befleckung. Truppen der allein selig machenden Kirche und Inquisition sorgten dafür, daß dieser Verkündigung des allzu Reinen das Wort entzogen wurde. Im 15. Jahrhundert wurde die Erde (Südfrankreich) katharerfrei.

X.

Martin Heidegger (1889–1976), im badischen Meßkirch geboren, ist der erste und bislang letzte Philosoph gewesen, der sich selbst zum Fundamentalontologen erklärt hat. Allein als ein solcher glaubte er, einen an die Deutschen ergangenen seinsgeschichtlichen Auftrag selber übernehmen zu können: Die reine Existenz, das nackte Daß von etwas, sei dessen Wesen, kein Was. So grundlegend wollte er das Verständnis des von Ontologen gelehrten Seins verändern, um dem „Sein selbst/selber“[201] gerecht zu werden, was sogar den von ihm geschätzten deutschen Idealisten nicht gelungen war.

Nimmt der Ontologe als „Seiendes“ den Menschen in den Blick, dann geht es Heidegger zufolge um die Einsicht, daß die selbsthafte Übernahme seines wesenhaften Seinkönnens vom Menschen die vollkommene Reinheit

201 Martin Heidegger, *Sein und Zeit*, S. 12 et al.

seiner Existenz verlangt. Der Mensch, der wir sind, kann das auf den ersten Blick nicht nachvollziehen, aller Voraussicht nach auch nicht auf den letzten. Menschliches Miteinanderleben in seiner belebendsten Nähe an *einem* Tisch und unter *einer* Decke, macht jedes „eigentliche" Seinkönnen der fundamental gemeinten Art zunichte. Im Miteinander*leben* ist das ontologisch anvisierte Miteinander*sein* „immer schon", der Reinheit der Existenz verlustig, zu einem Kind der Lebenswelt geworden. Heidegger will vom Menschen als *Lebe*wesen nichts wissen, aber alles von ihm als einem *Seins*wesen. Diesen von ihm erfundenen Menschen hat er „Dasein" genannt. Als der, der er ist, und das heißt west, ist er, in vollkommener Selbstübernahme seines „eigentlichen" Seinkönnens, ekstatisch sein Da – das reine Daß seines Seins ohne jedes Was. Damit ist der Mensch, soweit er lebt, zur Uneigentlichkeit verurteilt, dies freilich nicht als Lebewesen, sondern als Seinswesen. Heimsen darum konsequenterweise Verhaltensweisen in der alltäglichen Lebenswelt aus der Seinsperspektive noch so viele Pejorative ein, so sind die nicht negativ gemeint, wenn doch Uneigentlichkeit in der Lebenswelt nicht das Lebenkönnen, sondern allein das Seinkönnen betrifft.

Die Grundart, in der das Seinswesen Mensch in der Alltäglichkeit sein „Da" ist, nennt Heidegger das „Verfallen". Damit soll gesagt sein:

> Das Dasein ist zunächst und zumeist *bei* der besorgten „Welt". Dieses Aufgehen bei … hat meist den Charakter der Verlorenheit in die Öffentlichkeit des Man. Das Dasein ist von ihm selbst als eigentlichem Selbstseinkönnen zunächst immer schon abgefallen und an die „Welt" verfallen. Die Verfallenheit an die „Welt" meint das Aufgehen im Miteinandersein, sofern dieses durch Gerede, Neugier und Zweideutigkeit geführt wird. Was wir die Uneigent-

lichkeit des Daseins nannten, erfährt jetzt durch die Interpretation des Verfallens eine schärfere Bestimmung.[202]

Das Immer-schon des Abgefallen- und Verfallenseins des Seinswesens Mensch, das ihm jede mögliche Selbsthaftigkeit und Eigentlichkeit des Seins zunichte macht, bringt Heidegger nicht vom Konzept einer vollkommen reinen geistigen Existenz ab. Im Gegenteil. Der Kontrast kann für ihn gar nicht scharf genug sein. Mit dem „zunächst und zumeist" entdeckt er ja seine Absicht, die Scheidung der „Wenigen" von den „Vielen" weit genug treiben zu können, um die Stunde der „Seltenen" und „Einzigen", die unbedingt kommen muß, und unausweichlich kommen wird, als solche plausibel zu machen: „Jetzt kommt es auf die Dreißig- und Vierzigjährigen an, die gelernt haben, wesentlich zu denken", heißt es einmal bei ihm. Er weiß ja von sich selbst, wie er in den Schwarzen Heften offenbart, daß er als der Seinsdenker, der er ist, unmöglich den Vielen zugehört. Mag es den Frommen um die Reinheit des Herzens gehen – der Fundamentalontologe hat die Reinheit des Geistes im Sinn. Welchen reineren Seinsgedanken aber könnte es geben, als den des nackten Daß, der die Welt namenlos zu einem Nichts macht?

Es gibt Sein. Das Es, das großzuschreiben ist, gibt Sein so, daß es in seinem Gegebensein nicht vergeben ist. Das ist der inständige Gedanke des Seins, seine inständige Sage.

Für den Denker, der nach dem Zweiten Weltkrieg zu sagen wußte, worauf jetzt alles ankommt, bleibt es als dem Reinen, weil auf rein geistige Existenz Setzenden, nicht bei seinem exzeptionell reinen Seinsgedanken des Seins *selbst*: dem Daß ohne Was.

---

202 Martin Heidegger, *Sein und Zeit*, S. 175.

Als ein von den Seltensten und „Einzigsten“ gedachter, hat er, wie Heidegger es vorsieht, am reinsten der völkischen Berufung zu entsprechen, die je zu einer Stunde durch den nie anders als geschickhaften „Zuspruch“ des Seins selbst ergeht. Wie schon die geniale Seinsfrage im Notsemester Sommer 1919 bezeugt, die Frage „Gibt es etwas?“, hat der Seinsphilosoph seinem Selbstverständnis nach das reine Gehör für die „Stimme des Seins“, die in ihrer Geschichtlichkeit und Geschickhaftigkeit zu den epochalen Wandlungen des schöpferischen Seinsverständnisses führt. Für den Fundamentalontologen, der die Geschichte des Seins erfindet, ergeht der Zuspruch des Seins an zwei Völker, an das griechische und das deutsche, in denen das Wesen des Menschen kulminiert. Markiert Heidegger in seinem Vortrag *Zeit und Sein* (1962) die geschichtlich-geschickhaften Wandlungen des „Es gibt Sein“ durch die Philosophennamen Platon, Aristoteles, Kant, Hegel und Nietzsche, dann ist das kein Zufall. Parmenides und Heraklit, Leibniz („der deutscheste aller deutschen Denker“) und Schelling wären die Nächsten gewesen, die er im Repertoire gehabt hätte. Das ist bei ihm völkisch gedacht. Wer das Pathos seiner Rektoratsrede hörend oder lesend durchgestanden hat, muß bemerkt haben, daß es gerade nicht biologistisch gedacht ist. Ein Mensch „lediglich als solcher“ (*Humanismusbrief*) ergibt addiert nichts als Biomasse. Heidegger seufzt einmal über die 65 Millionen Deutschen, die unmöglich für die stehen können, auf die es „jetzt ankommt“. Einst war „griechisches Dasein“ seinsgeschichtlich mit dem Auftrag versehen, im reinen Denken dem Wesen des Menschen gerecht zu werden; jetzt ist es „deutsches Dasein“, das den Auftrag übernommen hat. Der philosophisch erfundene Reine ist nunmehr vollends durchsichtig: Er generiert in epochaler Erneuerung der Ontologie den reinsten (und fruchtbarsten) Seinsgedanken.

Heidegger hat ihn erfunden und er hat in ihm sich selbst erfunden. Auf die Stimme des Seins hörend, ja dem Diktat des Seins folgend, ist er der Prophet des Seins geworden: der weltenden Welt, mit deren jähem Anbruch Welt erst Welt wird, des letzten Gottes, der ein deutscher sein dürfte, ein in reinster Reinheit erstmals seit den griechischen Göttern wieder wesender Gott, der, anders als der christliche Gott, für nichts Seiendes steht. Der Prophet ist, wie er selbst sagt (*Zeit und Sein*), „vorsichtig". Er legt sich nicht fest, sondern behält alles in der Bewegtheit eines Denkens, das keiner geistigen Instanz außer der eigenen Rechenschaft schuldig ist. Man fühlt es förmlich: Dieser denkende Prophet, der mit seinen Aussagen keine Aussagen gemacht haben will, bringt mit dem prophetischen, deutsch gedachten und deutsch gesprochenen Wort des Seins als der Reine selber Reinheit mit sich. Was er dabei – anschaulich – vorhersieht und vorhersagt für künftiges menschliches Seinsgeschick ist die „unversehrte Erde". Reden heute alle von der Künstlichen Intelligenz und ihrer möglichen Wirklichkeit, dann ist das ein revolutionärer Ausblick: die eschatologische Verwindung der Metaphysik in der Gestalt eschatologischer Verwindung des technisch Wirklichen auf dem Planeten Erde. „Nur noch ein Gott kann uns retten."[203] Jetzt sagt der Reine: Er wird es tun.

203 Martin Heidegger, *Spiegelgespräch*.

Intermezzo

Je mehr die Reue sich von der bloßen Tatreue auf die Seinsreue hinbewegt, um so mehr ergreift sie die erschaute Schuld an der *Wurzel*, um sie aus der Person auszustoßen und dieser damit ihre Freiheit zum Guten zurückzugeben. Um so mehr führt die Reue vom Schmerz über eine einzelne Tat zu jener vollständigen „Zerknirschung des Herzens", aus der die ihr selbst einwohnende regenegative Kraft ein „neues Herz" und einen „neuen Menschen" auferbaut. In dem Maße nimmt die Reue auch den Charakter der eigentlichen *Bekehrungsreue* an und führt schließlich von der Fassung neuer guter Vorsätze durch die tiefere Gesinnungsänderung zum echten Gesinnungs*wandel*, ja zur „Wiedergeburt" hin, in der die *letzte* Wurzel unserer sittlichen Akte: das geistige Personzentrum, sich selbst (unbeschadet seiner formalen und individuellen Identität) in seinen *letzten* materialen Intentionen zu verbrennen und neu aufzubauen scheint. [...]
Das ist die große Paradoxie der Reue, daß sie im Blicke tränenvoll zurück*sieht*, aber doch freudig und mächtig nach der Zukunft hin, nach der Erneuerung, nach der Befreiung vom sittlichen Tode hin*wirkt*. Ihr geistiger Blick und ihr lebendiges Wirken sind sich genau entgegengesetzt. Der Fortschrittler, der Meliorist, der Perfektionist, sie alle sagen: Nicht bereuen, sondern besser machen! Ja das Gute – es erscheint ihnen selbst nur das Bessere von morgen zu sein. Aber dieses ist nicht minder paradox: Je mehr diese Leute nach vorne sehen und immer neue Projekte des „Besseren" in ihrem tatenlustigen Busen wälzen, desto furchtbarer *zerrt* die Schuld der Vergangenheit an ihrem inneren Tun, zerrt sie schon in der Inhaltswahl ihrer Vorsätze und Projekte – nicht erst in ihrer Ausführung; desto tiefer sinkt der ewige Flüchtling seiner Gegenwart und Vergangenheit eben dieser Vergangenheit

> in die toten Arme. Denn genau um so mächtiger *wirkt* die Schuld der Geschichte, je weniger man sie gegenständlich sieht und bereut. Nicht: „Die Reue unterlassen und das Getane künftig besser machen wollen“, sondern: „Bereuen, und eben *darum* besser machen“ lautet die rechte Weisung. Nicht die Utopie, sondern die Reue ist die *revolutionärste* Kraft der sittlichen Welt. [...]
> Denn es gibt keine Reue, die nicht den Bauplan eines „neuen Herzens“ schon von ihrem Anbeginn in sich trüge. Reue tötet nur, um zu schaffen. Sie vernichtet nur, um aufzubauen. Ja, sie baut schon dort heimlich, wo sie noch zu vernichten scheint. So ist Reue die gewaltige Tatkraft in jenem wunderbaren Prozesse, den das Evangelium „Wiedergeburt“ eines neuen Menschen aus dem „alten Adam“, Empfang eines „neuen Herzens“ nennt.[204]

Der Philosoph Max Scheler war es, der im ersten Viertel des 20. Jahrhunderts die Erfindung des Menschen zu einem absoluten Muß erklärte. Als Anwalt vollkommener Moralität wußte er sich einer geistig-geistlichen Tradition verpflichtet, die bis in die Antike zurückreicht: Der Mensch genügt nicht sich selbst. Er will, ja er muß mehr sein, als er ist, ein andrer als der, der die Erde bewohnt. Das vorliegende Zitat ist als der dringliche Aufruf an die existierende Menschheit zu lesen, den alten Adam abzulegen und gänzlich neu zu werden: ein neuer Mensch.

Scheler hat für seinen Appell als Leitwort den Neologismus „Seinsreue“ gewählt. Der Mensch, der sich nicht mag, wie er ist, beklagt nicht so sehr sein Verhalten unter Menschen, nicht das, was er tut und läßt, sondern sein „Sein“ ja eben das Ganze seines Wer, Was und Wie. Die Neuheit des Menschen muß bis an die Wurzel seines Le-

---

204 Max Scheler: *Reue und Wiedergeburt* (1917/1920), in: *Vom Ewigen im Menschen* (*Gesammelte Werke*, Band 5), Bern 1954, S. 42; 49–50.

bens, Fühlens und Denkens reichen, mit einem Wort: bis an sein Herz. Der neue Mensch – das ist das neue Menschenherz, die völlig neue Innerlichkeit, Selbsthaftigkeit und Menschlichkeit. Scheler schließt sich so dem großen Mahnruf an: „Denkt um!", „Kehrt um!" Damit meldet sich einer der Erfinder des Menschen zu Wort, die sich an das unlösbare Rätsel machen, das der Mensch sich selbst ist, um es zu lösen. Dazu wechseln sie vom fragenden Philosophen zum antwortenden Theologen. Gefragt nach dem neuen Menschen, antwortet der Gotteslehrer: die Wiedergeburt des von Gott gemachten Menschen als des aufs Neue mit ihm Verbundenen. Durch die Reue, Sproß der ersten göttlichen Schöpfung des Menschen zu sein, der Gott fern geworden war, hat er sich selbst bekehrt.

11. Der Sünder

Pecca fortiter
(Luther in einem Brief an Melanchthon 1521)

I.

Ja, sündige tüchtig, du frommer Christ! Der Sünder ist, was die Christenheit anbelangt, eine absolut notwendige Erfindung. Ohne ihn hätte es das Abendland nicht gegeben, wäre Europa nicht mit Domen, Kathedralen und Münstern überzogen worden, würde Christus nicht in das Herz von Millionen von Gläubigen gefunden haben. Mit ihm ist ein höchst Bedürftiger erfunden worden. Der Sünder bedarf der Vergebung, bedarf der Erlösung, bedarf, wie es zu glauben ist und geglaubt wird, des Gottes in der Gestalt von Gottvater und seinem eingeborenen Sohn.

II.

In die Erfindung des Sünders ist die Erfindung des ersten Menschen eingegangen. Er gilt Christen als Urheber sündigen Menschseins. Als erster Sünder beweist er seine absolute Notwendigkeit durch das Bestraftwerden für die von ihm begangene erste menschliche Sünde, ohne das es den Menschen nicht gäbe, der wir sind, den Menschen, der geboren wird, lebt und stirbt. Die erfundene Sünde (griechisch *hamartia*) besteht darin, daß ein Mensch Gott, dem Menschenerschaffer, zuwiderhandelt. Die kanonisierte Glaubensgeschichte hat das großartig arrangiert: Der Mensch mußte sündig werden. Gott, die erfundene höchste Autorität, hatte dem Menschen verboten, seine Geschlechtlichkeit zu entdecken, sein Paarungsbegehren, und damit die Möglichkeit, Leben der eigenen Art weiterzugeben und zu vermehren. Dieses Verbot konnte unmöglich wirksam sein, sollten samt der mitgeschaffenen, die Geschlechtlichkeit des Menschen vervollkommnenden Gehilfin der erste und der zweite Mensch nicht schon die letzten Menschen gewesen sein.

III.

Nun mußte dafür gesorgt sein, weil nur der für die erste Sünde des Menschen bestrafte Mensch in unserem Sinne ist, daß alle Menschen, die jemals geboren werden, für die erste menschliche Sünde Bestrafte, also echte Kinder und Kindeskinder des ersten Menschen sind, nachdem er Gottes Gebot mißachtet hat. Der Gedanke der Erbsünde war geboren, ein so recht spekulativer, der Unmögliches möglich macht. Das Wunder hat ein Christ tatsächlich zu verkraften: Sieht er einen Neugeborenen in der Wiege, „selig lächelnd wie ein satter Säugling", dann hat er ihn als einen Sünder zu sehen, der an der ersten Sünde beteiligt war, möge sie auch noch so lange vor seiner Geburt begangen worden sein. Glaubt der Christ dieses Unglaubliche, und er muß es, will er Christ und will er Mensch sein, dann glaubt er fortan, mit einer Sünde zu leben, die nicht vergeben, mit einer Strafe, die nicht aufgehoben werden kann. Zugleich aber bleibt die Sünde der Initialimpuls der Heilsgeschichte, sofern davon ausgegangen wird, daß ein bekennender Sünder wie von Natur nach dem Erlöser verlangt, der ihn von der Sünde befreit. Die Erfinder der christlichen Heilsgeschichte haben jedoch eine überzeugende Lösung dieses Widerspruchs erfunden: die Erlösung vom Menschsein.

Die Erbsünde meint ihrer eigentlichen Bedeutung nach den Erbtod. Allein „dank" der ersten menschlichen Sünde ist der Mensch der Sterbliche. Seiner zu glaubenden ursprünglichen Natur nach wäre der Mensch todlos gewesen: als wahrhaft Lebender im Paradies, auf ewig den Garten Eden mit immer mehr auftragsbeflissenen Händen behütend und bewahrend. Der Gedanke der Erbsünde, und in ihn eingeschlossen der Gedanke der Todsünde, machen die als eschatologisch erfundene Heilsgeschichte nicht zunichte. Im Gegenteil: Sie halten das Verlangen nach dem Erlöser wach, den Gottvater in der Gestalt seines eingeborenen Sohnes als Mensch opfert, damit er als von Gottvater beauftragter göttlicher Sohn für die Menschheit insgemein den „Tod töte", den „letzten Feind des Menschen", wodurch der Mensch seines irdischen Menschseins verlustig geht.

IV.

„Sündige tüchtig!" Luther fährt fort: „Aber tüchtiger glaube!" Die Sünde im Range der vom Erbsünder und Erbsterblichen begangenen ist ein wahres Wunder, ist das Wunder des christlichen Glaubens. Wer das ohne Vorbehalt zu glauben vermag, ist ein Meister religiöser Glaubenskunst: In allem Ernst überzeugt er sich geistig-geistlich, als ein an die Botschaft Christi als eine Frohe Botschaft Glaubender, die Verwandlung seines Lebens in ein *ganz anderes* künftig zu erfahren – die Überhöhung des alten endlichen in ein neues ewiges Leben. Dabei vergißt er, überwältigt von der hochgetönten Neuerung als solcher, ob er das überhaupt will, ob das überhaupt erfreulich für ihn wäre. Was bringt ihn eigentlich dazu, im Tod, der dem Leben Halt gibt und Einhalt gebietet, eine Strafe und nicht vielmehr ein Geschenk zu sehen? Sollte es wirklich sein erstes und letztes Verlangen sein, daß die einzigartige Erfahrung, mit anderen Menschen als Mensch am Leben zu sein, nicht aufhört, sondern „ewig" (wie auch immer das vorzustellen wäre) weitergeht? Die Gewißheit, daß einmal für das Einzelwesen Mensch für immer Ruhe ist, weil nach menschlicher Erfahrung keines länger als drei Generationen sein Leben mit anderen teilt, taugt, wie sie ein Ergebnis der biologischen Evolution ist, von sich aus nicht als Grund, sich einem klaren Ja zum Wagnis, Mensch zu sein, zu entziehen. Da muß schon die Ideologie von schöpferischen religiösen Ideologen dazukommen, um in der Aussicht auf göttlich-himmlisches Leben sich vom irdisch zu lebenden Leben mit Abscheu abzuwenden.

V.

Der Herr des Paradieses, der dem Menschen verbietet, seine Geschlechtlichkeit zu entdecken, damit er „sündige", er kann ja nicht anders, und so mit frisch gewonnener Erlösungsbedürftigkeit die Heilsgeschichte in Gang setze, kann unter dem Namen Jahwe auch als Volksgott auftreten, der als solcher eine eigene gravierende Versündigungsmöglichkeit schafft: die Zuwiderhandlung gegen das Reinheitsgebot völkischen Bluts. Ein drastisches Beispiel dafür liefert das Buch *Esra* des *Alten Testaments*. Dieses Buch erzählt Historisches, das nichts Historisches ist. Die Israeliten waren nie im Exil in Babylon, folglich auch nicht Rückkehrer aus ihm nach Jerusalem, waren kein Volk und gründeten auch keinen Staat. Sie waren sehr wohl eine Religionsgemeinschaft, die einen Gründungsmythos brauchte. Was Esra nun in dem Buch seines Namens an erfundener Geschichte zu erzählen weiß, indem er, israelitische Gesittung entdeckend, dem Herrn die Sünde der Israeliten beichtet, die ihn förmlich zerreißt: Israelitische Männer haben mit „Fremdfrauen" geschlafen, mit Frauen, die nicht ihres Volkes und Bluts waren, eine Versündigung am eigenen Gott, die größer und schändlicher nicht sein könnte.[205] Der erfundene Volksgott eines Israel hat durch eigene tatkräftige Mitwirkung demonstriert, wie zu verfahren ist, wenn er den Israeliten ein eigenes Land verspricht: Alles Volk, was sich von Zeiten her dort noch aufhält, ist „auszurotten".[206] Die Gotteserfinder sind aus gutem Grund am meisten darum bemüht, daß der Gott als Gott geglaubt wird. So ist denn auch Gottesfurcht Weisheit.[207] Ein Gott wird nur ernst genommen und eben geglaubt, wenn er ein strenges Regiment führt. Dient Religion ganz allgemein zur Disziplinierung, dann erweist sich die Erfindung Gottes als ein hervorragendes Mittel dafür.

Die Erfinder Gottes sind der richtigen Einsicht gefolgt, daß göttliches Regiment nur gelingen kann, wenn es seine Hand auf die den Menschen am stärksten berührenden Ereignisse legt: auf Liebe und Tod. Hier hat die Sündentat und die Strafe für diese Tat ihren Ort. Der Gott ist Herr über die menschliche Sexualität, über das, wie sie zu leben und auszuleben ist. Den Tod hält er für den Fall eines Zuwiderhandelns als Strafe in der Hinterhand, wobei die Gotteserfinder bewußt übersehen, daß Sexualität als solche ein untrügliches Zeichen für die Endlichkeit und eben Tödlichkeit des Lebens ist.

---

205 *Esra* 9,4 ff.
206 *Josua* 10,9 ff.; *Jesaja* 11.
207 *Psalm* 111,10.

VI.

Religionen, die ihrer Existenz sicher sind, laden nicht dazu ein, ihren Glauben anzunehmen und bekennend zu teilen, sondern zwingen dazu. „Glauben oder leugnen?“ heißt eine in monotheistischen Großreligionen gebräuchliche Alternative. Wer argumentativ dagegenhält, daß er ihn weder glaubt noch leugnet, sondern allein konstatiert, daß es ihn gibt, er im übrigen aber nichts mit ihm zu tun haben will, hat keine Chance: Er ist ein Ungläubiger und damit ein Sünder. Monotheistische Religionen verfahren unter sich nicht anders. Für sie gibt es keine Andersgläubigen, sondern allein Gläubige (des eigenen Glaubens) und Ungläubige. In der Drohung, als Sünder erkannt zu werden, funktioniert der Begriff als Erpressung. Ohne große und kleine Götter ist die Menschenwelt vollkommen frei von Sündern. Gott braucht die Abstempelung von Menschen als Sünder. Der Mensch nicht. Sören Kierkegaards religiöse Selbstquälerei ist ein maßstabsetzendes Beispiel für die erpresserische Funktionstüchtigkeit des Begriffs der Sünde.

Die Erfindung des „dämonischen“ Menschen, der sich dem Guten verweigert, um bewußt und damit willentlich das Werk des Bösen zu tun, zeigt die Hilflosigkeit der Bemühung, die Reinheit der Orthodoxie des ihm einsozialisierten religiösen Glaubens zu bewahren oder wiederherzustellen. Er malt den Teufel an die Wand. Dabei hätte er erinnern müssen, daß es ein Thomas von Aquin war, der sich, als die Frage aufkam, ob es noch des Teufels und der Engel bedürfe, vehement für die Möglichkeit und Notwendigkeit des Teufels einsetzte, womit er die Hexenverbrennungen ermöglichte. Dieselben können Kierkegaard nicht unbekannt gewesen sein. Auch von der durch Kant angestoßenen Aufklärung ist bei ihm nichts zu bemerken. Der christliche Glaube gilt ihm aufgrund von Prophetie als „bewiesen“ und damit als (einzigartig) wahr. Wie komplex auch immer die Relationalität des Selbst von ihm gedacht wird, der Gott, auf dem es gründet, ist dem Selbst in Kierkegaards religiös motivierten Denken sicher, nicht aber ein gottgefälliges Verhältnis zu ihm. Als gläubiger Mitschöpfer des geglaubten Gottes muß er die „weise“ Gottesfurcht sichern und mit ihr die Hybridität des Menschen. Als dämonischer ist er des Gottes und des Teufels. Kierkegaard hat sich die Möglichkeit selbst verbaut, zur Einsicht in das Schöpferische seines Glaubens zu kommen und dafür die Verantwortung zu übernehmen. Er sitzt fest in der Realitätsfalle, die jeden religiösen Glauben von Grund auf verfälscht, weil sie verhindert, den Glauben als Glauben und das heißt mit dem zu ihm gehörigen Wissensvorbehalt zu bewahren. Banal gesehen zeigt sich: Sünde ist Unglaube. Erhellender aber ist es zu sagen: Der Mensch sündigt, weil er an Gott glaubt, denn Sündhaftigkeit hat, wie ausgeführt, Gottgläubigkeit zur unabdingbaren Voraussetzung.

Intermezzo

Blaise Pascals Begriff der Sünde

Blaise Pascal war frühreif und ist früh verstorben. Der Mathematiker, Theologe und Philosoph hat im Alter von 16 Jahren zu publizieren begonnen. In seinem Haupt- und Spätwerk *Pensées* (posthum 1670) äußert er sich in hochgestimmter Frömmigkeit zum Begriff der Sünde. Es ist ein bemerkenswertes Beispiel, wie christliche Theologie diesen Begriff als tragende Grundlage der wahren Religion erklärt.

> Wir erkennen Gott allein durch Jesus Christus. Ohne diesen Mittler wird jede Gemeinschaft mit Gott aufgehoben. Durch Jesus Christus erkennen wir Gott. All jene, die Gott ohne Jesus Christus erkennen und beweisen wollten, besaßen nur unzulängliche Beweise. Doch um Jesus Christus zu beweisen, haben wir die Prophetien, die stichhaltige und handgreifliche Beweise sind. Und da diese Prophetien in Erfüllung gegangen und als wahrhaftig erwiesen sind, beurkunden sie die Gewißheit dieser Wahrheiten und folglich den Beweis für die Göttlichkeit Jesu Christi. In ihm und durch ihn erkennen wir also Gott. Wenn man darüber hinweggeht und ohne die Heilige Schrift, ohne die Erbsünde, ohne notwendigen Mittler, der verheißen und erschienen ist, auskommen will, kann man Gott nicht im geringsten beweisen und auch keine rechte Lehre oder rechte Moral begründen. Durch Jesus Christus und in Jesus Christus aber beweist man Gott und begründet Moral und Lehre. Jesus Christus ist also der wahrhaftige Gott der Menschen. Doch wir erkennen zugleich unser Elend, denn dieser Gott ist nichts anderes als der Heiland unseres Elends. Darum können wir Gott nur richtig erkennen, wenn wir unsere Sünden erkennen.

> So haben jene, die Gott erkannten, ohne ihr Elend zu erkennen, ihn nicht gerühmt, sondern sich dessen gerühmt.[208]

I.

„Ganz Gott, ganz Mensch" – Jesus Christus hat am Kreuz als Mensch *und* als Gott gelitten. So ist von den für christliche Orthodoxie Verantwortlichen mehrheitlich entschieden worden. Das macht den Eifer Pascals verständlich, den Gedanken des Mittlers stark zu machen, den des notwendigen Mittlers zwischen Gott und Mensch. Das ist für ihn, dem Wort Christi folgend, Christus und kein anderer. Damit ist Christus als der veritable Gott des *Menschen* erklärt, der Gott des *Neuen*, nicht der des *Alten Testaments*. Das Verhältnis von Schöpfergott Jahwe und Mensch ist zerrüttet, seitdem bereits der erfundene erste Mensch ihm zuwidergehandelt hat. Es bedarf der heilenden Kräfte und des Heilwillens eines Reparateurs. Bedenkenlos schließt sich Pascal der christlich-orthodoxen Beurteilung der Lage des Menschen in seiner Lebenswelt an: Sie ist schlechtweg ein Elend, ist nichts als beklagenswert. Das ist ja die Voraussetzung, den Menschen als heilungs- und rettungsbedürftig zu sehen, der des guten Herzens eines dem Menschen zugewandten Gottes bedarf. Gute Theologie ist immer auch Glaubenswerbung.

---

208 Blaise Pascal: *Gedanken*, 418 (Lafuma 189 / Brunschvicg 547). Aus dem Französischen von Ulrich Kunzmann. Berlin: Suhrkamp, 2012, S. 182–183.

II.

Pascal hat ein Problem mit dem Glauben, dessen er sich nicht bewußt ist: er glaubt ihm nicht. Als einer, der seinem Glauben erst dann so recht traut, wenn es Beweise gibt, gleicht er dem ungläubigen Thomas. Ein Glaubensleben lang verharrt er in der Realitätsfalle: Er braucht Beweise, um sicher zu gehen, das Richtige zu glauben. In diesem Falle ist es Prophetie, die Prophetie eines Jesaja, der Christus vorhersagt, ganz so, als sei nicht gerade religiöse Prophetie, auch wenn sie als eingetroffen geglaubt wird, ganz Sache des Glaubens. Wie könnte ein als Messias Geglaubter je aus dem reinen Glauben entlassen werden, wenn doch die einzig mögliche Methode seiner Verifikation der Glaube ist?! Das ist eine fundamentale Fehleinschätzung der Dinge, für die sich diese geistig-geistliche (und mathematische) Ausnahmebegabung so vehement einsetzt. Der Evangelist, der Christus das an den ungläubigen Thomas gerichtete Wort in den Mund legt: „Selig sind die, welche nicht gesehen und doch geglaubt haben“[209], zeigt sich ungleich verständiger, was religiösen Glauben anbelangt, als Pascal. Das religiös Geglaubte bedarf allein des Glaubens. Auch der Evangelist hat das nicht voll erfaßt. Wer überhaupt Beweise für religiös Geglaubtes in Betracht zieht, nimmt ihm sein Eigenstes: die schöpferische Kraft für Unmögliches. Glaubensbekenntnisse verdunkeln, daß religiöser Glaube nicht als Für-wahr-halten (*nomizein*), das sich durch empirische und logische Beweise bestärken ließe, gelebt wird, sondern durch Vertrauen (*pisteuein*). wie es das maßgebliche Vermögen einer schöpferisch-gläubigen Seele ist.

Glauben ist kein Erkennen. Wenn, dann wird Gott geglaubt, aber nicht erkannt. Die Rede, daß Gott durch

---

209 *Johannesevangelium* 20,29.

Jesus Christus erkannt wird, ist irreführend. Was es von der Dreieinigkeit und ihren Gliedern in der *Bibel* zu lesen gibt, ist durch und durch zu Glaubendes, nicht aber zu Erkennendes. Verspricht Paulus ein „von Angesicht zu Angesicht“[210], dann ist das ein überzeugendes Bild für eschatologische Gottnähe eines Gläubigen, nicht aber für ein als rein pneumatisch vorzustellendes Wesen, das besondere Erkenntnisorgane betätigt.

III.

Pascals der Wahrheit des Geglaubten voll versicherter Christusgläubige erkennt in Christus nicht allein den Wegbereiter für glaubensbereite Menschen, zu Gottvater zu gelangen, sondern auch den Heiland, der den Menschen heilt und rettet. Doch was gefährdet denn den Menschen, woran krankt er, daß er eines Heilands bedarf? Antwort: Das Elend ist es, das die Situation des Menschen auszeichnet, und Pascal ohne Weiteres sagen läßt: „(D)ieser Gott ist nichts anderes als der Heiland unseres Elends.“ Das ist der Theologe, der erst einmal die Gottesdürftigkeit des Menschen sichert. Will er denn aber wirklich behaupten, daß Abträgliches das Dasein des Menschen bestimmt? Gibt es nicht ein Mehr an Zuträglichem, das ihn das Leben bewältigen und bejahen läßt? Das wäre für Pascal, wie der Text zeigt, die falsche Frage. Dafür steht ihm die christliche Orthodoxie zu nahe, um sich ein realistisches Bild von der irdischen Existenz machen zu wollen und machen zu können. „Darum können wir Gott nur richtig erkennen, wenn wir unsere Sünden erkennen.“ Pascal merkt gar nicht, was für einen Sprung er mit der Verwendung des Be-

210 *1. Korinther* 13,12.

griffs der Sünde macht. Jetzt hat christliche Theologie die Deutung menschlicher Wirklichkeit voll und ganz an sich gerissen. Die Erbsünde ist da, die Pascal für das Schwierigste an seinem geliebten Glauben hält, ohne sich darum freilich in dem argumentativen Gebrauch, den er von ihr macht, einzuschränken.

Jeder Mensch, der geboren wird, lebt und stirbt, trägt schuldhaft mit am Elend menschlichen Daseins. An Gott schuldig geworden, ist er auch an sich selbst schuldig geworden, und dies mit einer Schuld, die er von sich aus nicht bewältigen, das heißt als göttliche Strafe nicht loswerden kann. „Nur noch ein Gott kann uns retten" – dieses Wort Heideggers im *SPIEGEL-Gespräch* beschwört menschliche Ohnmacht und göttliche Allmacht. Es ist ein Wort gegen unsere Selbsthaftigkeit, wie sie die Selbsterhaltung demonstriert. Der Evangelist wählt als Vorbild für göttliche Befreiung von Selbsterhaltung die Vögel.[211] In der Tat: Störche müssen die Frösche und Mäuse nicht züchten, von denen sie leben, indem sie dieselben fressen. Da hat die Evolution des Lebens vorgesorgt. Christlicher Glaube beharrt jedoch darauf, daß der Mensch sich aus seinem Elend, an dem er selber schuld ist, nicht selbst befreien kann. Die Notwendigkeit eines dazu hinreichend mächtigen Gottes gilt es ja zu begründen.

IV.

Ja, es gibt Schicksale, die eine Lebensbejahung schier unmöglich machen. Leib und Seele bestimmen die Grenze, die nicht überschreitbar ist: das Unerträgliche, wie es nicht zuletzt bei Entrechtung, Armut, Schmerzen und in Beziehungen in Erscheinung tritt. Die Geschichte ge-

211 *Matthäus* 6,26: „Euer himmlischer Vater ernährt euch".

lebten Lebens, die der moderne *Homo sapiens* auf dem Planeten Erde geschrieben hat, spricht, soweit bekannt, nicht dafür, daß die Unerträglichkeit des Lebens in ihr allbeherrschend gewesen wäre, daß, wenn schon Leben, für eine Bejahung nur ein ganz anderes, durch himmlische Güte geprägtes in Frage käme. Die Pauschalisierung und Universalisierung sind Anzeichen einer Realitätsfälschung aus Eigennutz, die nicht vorhat, dem Wohl des Menschen zu dienen.

V.

„Darum können wir Gott nur richtig erkennen, wenn wir unsere Sünden erkennen." Pascal streitet für ein „richtiges" Christsein, wie es ihm der geglaubte Klartext Gottes der *Bibel* verbindlich vorgibt. Das läßt ihn in seiner Lesart den Gott „richtig" als den Heilenden erkennen, als den rettenden und erlösenden. Das ist der Gott, dessen Wirken sich darin erfüllt, der Menschengott zu sein: Der Mensch braucht ihn unabdingbar, um trotz seiner geglaubten Urschuld und Bestrafung der Urschuld ein lebbares Leben führen zu können. Das verlangt von ihm nicht weniger, wie es für religiösen Glauben üblich ist, die gläubige Erwartung von Unmöglichem: den Wechsel von der Erde in einen Himmel, der nicht als der zur Erde gehörige Himmel zu konkretisieren ist, was die Ausrichtung auf einen unvorstellbaren Lebensort und eine unvorstellbare Lebensart einschließt. Diese Konstruktion einer Harmonie von göttlicher Wirksamkeit und menschlicher Bedürftigkeit beruht auf einem irreparablen Fehler: Vor lauter vermeintem Realitätserkennen verkennt sie ihr Geglaubtsein. Pascal verwechselt die für das Glaubensbekenntnis relevante theologische Klärung dessen, was zu glauben ist, mit Erkenntnis. Sünde ist durch und durch eine Sache des Glaubens und nicht der lebenspraktischen Realität. Um sich durch Weihnachtsvöllerei bei einer Sünde und gar Todsünde erwischt zu sehen, muß schon ein gehöriges Maß an Glauben aufgeboten werden, wenn sie in Wirklichkeit ein für leibliches Ergehen unkluges, zumeist menschlicher Geselligkeit geschuldetes Verhalten ist.

Daß Pascal in seinem Engagement für christlichen Glauben einem Grundmißverständnis religiösen Glaubens aufsitzt, nicht beim Glauben zu bleiben, sondern für seine Stärkung mit einem Erkennen und Beweisen operiert, teilt er mit vielen „großen Geistern". Das ändert nichts an der Einsicht, daß er im Ganzen seines Bemühens einem gravierenden Mißverständnis aufgesessen ist. Im Gegenteil.

12. Der Vernünftige

I.

Wer wollte nicht sogleich an Philosophen denken, wenn es gilt, Vernünftige zu benennen? Als die erklärten Sachwalter der Vernunft scheinen sie sich doch bewährt zu haben. Sie klären über Unwissen und Scheinwissen auf, über verbliebene Tierheit als der Würde des Menschen abträglich, nicht zuletzt über die Notwendigkeit von Besonnenheit und Selbstbeherrschung. Macht man jedoch die Probe aufs Exempel, dann wird das Selbstverständnis des Rückgriffs fraglich. Platon, Kant und Hegel genügen, das exemplarisch zu belegen.

Platon, wie er sich in der von ihm geschaffenen Gestalt des athenischen Sokrates als Meister des vernünftigen Dialogs inszeniert, operiert oft am Rande einer redlichen Kommunikation. Auffällig ist das appellative Argumentieren, das dem Redegesellen ein *alêthestaton*, ein „am allerwahrsten“, das heißt die absolute Zustimmung abverlangt. Doch das können Strategien vernünftiger Wahrheitsfindung sein. Als Sachwalter der Vernunft wird Platon nicht durch die dialogische Form seines Philosophierens in Frage gestellt. Der Ideendenker und der Theologe, als der er sich offenbart, ist es, der ihn als Erzieher zum Vernunftgebrauch nachhaltig problematisiert.

Platon ist bis heute die Leitfigur des idealistischen Nihilismus, wie er in hochgeschätzten philosophischen und theologischen Positionen vorherrscht. Wie gezeigt, macht der Gedanke der „Teilhabe“ alles, was der Idee nachbenannt ist, im Letzten zu etwas, das gegenüber der

Idee ein Nichts ist. Nur die Idee ist selbsthaft das, was sie benennt, das Teilhabende und Nachbenannte zeichnet sich dadurch aus, akkurat nicht selbsthaft das zu sein, als was es sprachlich auftritt. Damit ist gedacht und gesagt: Schön genanntes Wetter, entsprechend schöne Singvögel und schöne junge Menschen sind in Wirklichkeit nicht schön; allein die Idee des Schönen ist schön. Erweitert könnte das besagen: Kein Kreisel ist wirklich rund, kein Rad; allein der Begriff des Runden ist wirklich rund. Diese Entwirklichung menschlicher Lebenswirklichkeit widerspricht jedem von Menschen gelebten Leben, die bei Vernunft sind. Die Hypertrophie des philosophischen Idealismus, daß sein Denken mit der Idealität auch schon die Realität treffe (am nachdrücklichsten bei Schelling), verdankt sich einer Vernunft, die außer sich geraten und für menschliches Leben untauglich geworden ist. Müssen die Räder von fahrtauglichen Fahrzeugen auch wirklich rund sein, so ist für diese Wirklichkeit keine abstrakte Idealität gefragt, sondern die von Radmachern überprüfbare Realität. Nimmt man Platons Ideenlehre, was sich nahelegt, für ein Experiment mit „reinen Bedeutungen", dann wird einsichtig, daß eine sprachliche Orthodoxie dieser Art nicht möglich ist. Sprachliche Verständigung kennt keine reinen Bedeutungen. Sprachliches Verstehen und sprachliche Verständigung gibt es nicht ohne Interpretation.

Die idealistische Entwirklichung der menschlichen Lebenswelt ist eine bewußte Degradierung des Menschen. Mit seinen sinnlichen und geistigen Vermögen sei er gar nicht fähig zu einem Urteil über das Wirkliche. Einzig Gott sei das.

Berufen zur Erfindung des Vernünftigen, sieht sich der Idealist Platon als Theologe gefordert. Geisteserziehung ist Seelenerziehung. Der vom Philosophen zu erziehende junge Mensch braucht als Vorbild das höchste Gute: den guten Gott. Die Götter des homerischen Epos sind Platon zuwider, weil sie allzu menschlich sind: sittenwidrig und lächerlich. In seiner radikal kurzgefaßten „Theologie“[212] erklärt er, wie dargelegt, den Gott kurzerhand zum Urheber ausschließlich von Gutem, unmöglich aber von Schlechtem, womit wie nebenbei auch schon für eine immergültige Theodizee gesorgt ist. Die Idee des Guten ist für Platon die höchste Idee: die Idee der Ideen. Der menschliche Geist braucht in seiner höchsten Form das Höchste. Da darf Gott nicht fehlen. Der zu erfindende Vernünftige braucht demnach einen Bezug zu Gott, durch den er der ausschließlichen Güte Gottes versichert ist. Das ist ja die glückliche Eigenart der Denkkraft namens Vernunft (gr. *nous*), daß sie sich als Erkenntniskraft erfindet, die aus sich Höchstes und eben Göttliches erdenkt. Von der göttlichen Sonne kann menschliches Wahrnehmen allein zu ihrem Körper Zugang finden, nicht aber zu ihrer Seele, die sie zu einer göttlichen Sonne macht. Die zu erkennen und eben *geistig* zu sehen ist der Vernunft vorbehalten.[213] Das Nachdenken (gr. *dianoia*) vervollständigt den geistigen Höchstbezug. Das Göttliche (die lebenden und wirkenden Gottheiten) wird dem Vernünftigen nicht nur durch denkendes Erkennen zugänglich, sondern auch durch nachdenkliches Erschließen und Beweisen. Stehen, wie Immanuel Kant es auf Lateinisch formuliert, dem Menschen zwei Welten offen: der *mundus sensibilis* und der *mundus intelligibilis*, dann hat letzterer für den Denkkünstler einen einzigartigen Vorteil: Der Vernünftige kann in ihm zu einer ganz eigenen Künstlerschaft gelangen und die Freiheit seiner Kunst voll auskosten. Die Sinnesphysiologie sorgt dafür, daß die Individualität des sinnlichen Sehens ihre

---

212 *Politeia* II, 479a.

213 Platon, *Gesetze* X, 9 et al.

natürlichen Grenzen hat. Die geistige Welt setzt dagegen der Generierung von Geistigem keine entsprechenden Grenzen. Der Ruf philosophischer Idealisten nach einer Mythologie der Vernunft läßt sich von keiner Art von Natur her als ein unvernünftiger vorführen. Nur ein erfundener Gerichtshof kann darüber urteilen, was geistig zu „sehen" ist und was nicht, mehr noch: was geistig gesehen und als Erkennbares anerkannt werden muß. Platon hat einen solchen Gerichtshof in den von ihm erdachten *Gesetzen* eingesetzt.

II.

Der Mensch gilt dem Philosophen als ein lernfähiges und entsprechend anzuleitendes Wesen. Niemand von uns habe das Recht, unwissend zu bleiben und dumm zu sein. Dabei steht, in Anbetracht eines philosophischen Wesens des Menschen, nicht im Vordergrund, möglichst Vieles (gr. *ta polla*), sondern das Größte (*ta megista*), das meint das Höchste zu wissen, an dem sich der Mensch als Mensch ermißt.

In Hochkulturen entwickelter religiöser Glaube wird vom aufwachsenden Individuum für gewöhnlich durch Sozialisation „gelernt". Glauben im Sinne von gr. *nomizein* versteht ihn als Brauch. Der Gläubige folgt im Umgang mit Gott und Göttern der allgemeinen, für ihn verbindlichen Sitte; man „meint" es mit den nicht wahrnehmbaren höchsten Wesen wie alle der Gemeinschaft und Gesellschaft, der man zugehört. Auch Platon hält es mit dem religiösen Brauch (*nomizein*). Doch er geht noch weiter. Als Spontantheologe, der, gut monotheistisch, *den* Gott als Urheber von Gutem und nur von Gutem „weiß", nimmt er den Toren (*aphrôn*) des *Psalm* 14 vorweg: es sei Unwissen und Torheit, nicht an Gott zu glauben, nicht an Gottheiten, die sich um den Menschen sorgen. Gottesglaube gehört für diesen idealistischen Ontologen zur Grundverfassung des geistigen Menschen. Nicht daran zu glauben, daß es göttliche Urheber des Guten gibt, weil man sich dem herrschenden religiösen Brauch *und* der Einsicht verweigert, daß der Gott das höchste Erkennbare und Wißbare ist, muß demnach als ein Vergehen an Würde und Wert des Menschseins eingeschätzt werden. Das läßt dem hochbetagten, Gesetze erdenkenden Platon keine Wahl. Als Anwalt des geistigen Menschen bringt er den Menschen, der nicht an Gott glaubt und Gott nicht verehrt (gr. *asebês*) vor *sein* Gericht, damit es ihn schuldig spreche, des Menschseins nicht würdig zu sein. Was Wunder, daß die von dem für ehrwürdig erachteten Miterfinder des Vernünftigen vorgesehene Strafe, in der der erhellend Aufgeklärte einen philosophischen Justizmord erkennt, in keinen Paragraphen eines Bürgerlichen Gesetzbuches Eingang gefunden hat.

Kant ist der Erfinder der „reinen" Vernunft und der „gesetzgebenden" Vernunft. Er hat von ihrer Reinheit Gebrauch gemacht und hat sie – im Geiste und mit öffentlicher Wirkung – gesetzgeberisch tätig werden lassen. Kant hält es durchgängig mit der Vernunft als der Vernunft eigenen Sache. Zu diesem Zwecke erfindet er das Interesse der Vernunft. Der erdachte Vernünftige und mit ihm Kant in Person vertritt das Interesse der Vernunft, nicht das Interesse von Menschen. Deutet Kant selbst einmal an, daß im Interesse der Vernunft Menschliches zu kurz kommen kann, will er das dennoch als Triumph moralischer Stärke verstanden wissen! Ein Schnappschuß vom Vernünftigen sieht so aus:

Er lebt nur noch aus Pflicht, nicht weil er am Leben den mindesten Geschmack findet.[214]

Keine Form von Empathie darf das Handeln des Vernünftigen auch nur mitbestimmen. Dessen „ächte Triebfeder“ ist das Handeln, das er sich selbst zum Gesetz gemacht hat.

III.

Die moralische Pflicht, nicht pflichtgemäß, sondern umwillen der Pflicht dem Gesetz der reinen praktischen Vernunft zu folgen, ist dem Vernünftigen allein als einem Bürger des *mundus intelligibilis* – gedachterweise – aufzuerlegen, nicht aber als einem, der, von eigener Natur und Kultur, Wurzeln im *mundus sensibilis* hat. Kant nutzt die Freiheit metaphysischen Denkens, Ideen zu entwerfen, die von absoluter Reinheit sind, was einsichtigerweise dazu führt, daß sie mit den Realitäten des *mundus sensibilis* nicht zu vermitteln sind. Der „mögliche *reine* Wille“ als der „uneingeschränkt allein gute Wille“ ist solch eine Idee, die, was den ganzen Menschen anbelangt, notwendigerweise Unrealistisches, also Unmögliches in Betracht zieht. Es ist der Wille des Vernünftigen im *mundus intelligibilis*. In ihm führt er kein Eigenleben, er wächst nicht, reift nicht, altert nicht. Er „lebt“ das Interesse der gesetzgeberischen reinen praktischen Vernunft. Das verleitet Kant dazu, einen reine praktische Unvernunft vorführenden Widerspruch zu formulieren, der, wie er selber wissen müßte, für den, der sein Leben mit und für sich sowie mit und für andere lebt, beileibe

214 Immanuel Kant, *Kritik der praktischen Vernunft*, Bd. V, Berlin 1968, S. 88.

keiner ist: der Wille eines Menschen, der seine Zeit hat, das Leben zu wollen, und seine Zeit, den Tod zu wollen.

Der Prediger (Buch *Kohelet* im *Alten Testament*) sagt:

> „Alles hat seine Zeit (*chronos*), jedes menschliche Tun (*pragma*) hat seine Stunde, in der es an der Zeit ist (*kairos*).“[215]

Kant philosophiert metaphysisch. Sein Denken erfindet eine für Menschen verbindliche Moralität, die dem gelebten und zu lebenden Leben, der Zeitlichkeit des Lebens, der geselligen und politischen Verbundenheit des Lebens enthoben ist. Die Rede von der Reinheit der von ihm gehandhabten praktischen Vernunft ist Beweis genug, daß er Unrealistisches und vollends Impraktikables im Sinn hat. Was das unlösliche Paar von Leben und Tod angeht, kennt er nur die moralische Pflicht, menschliches Leben zu erhalten. Dies meint nicht: unter allen Umständen, in jedem Falle, zu jeder Zeit. Der um des Sittengesetzes willen Handelnde zieht die Lebenswelt erst gar nicht in Betracht.

Von Anbeginn haben Menschen Menschen getötet, individuell und gemeinschaftlich, unlegitimiert und für legitimiert angesehen. Landnahme und Landesverteidigung sind seit jeher ein blutiges Geschäft. Tötungen bei diesen Vorgängen wurden prämiert. Man konnte ein Held und Halbgott werden. Kreuze, Galgen, Scheiterhaufen, Schafott, Folterkammern, Richterschwert, Guillotine, Giftspritze symbolisieren zumeist für legitimiert angesehene Tötung durch staatliche und ideologische Herrschaft, die sich als Herrschaft über Leben und Tod verstand und auch auswies. Autodafés wurden als Feste gefeiert, nicht weniger das Fallbeil der Revolution. Kants

215 *Kohelet*, 3. Eigene Übers.

wie selbstverständlich angeführte, nicht weiter begründete moralische Pflicht der Erhaltung des Lebens[216] wird davon nicht berührt. Sie ist ja „an sich" Pflicht, Pflicht, die auf einem erdachten Prinzip beruht, das fern aller menschlichen Umtriebe im Kopf eines auf subtilste Weise denkfähigen Ideenentwerfers entstanden ist – vor aller Erfahrung, wie Menschen mit Menschen umgehen. Das ist rein geistige, rein praktisch-vernünftige Welt. Da haben erlösende Arznei für einen, dem das Leben unerträglich geworden ist, und Giftspritze für einen zum Tode verurteilten Mörder nichts zu suchen, schon gar nicht das Argument, daß es keine reine praktische Vernunft gibt, weil, wie Anthropologen wissen, Vernunft im sein Leben lebenden Menschen vom Gefühl nicht abgekoppelt ist. Der abstrakt rein Vernünftige soll ja das Stück einer *Meta*physik der Moral, das heißt der Erfindung einer Moralität um der Moralität willen bleiben, das er ist. Das dem Systemdenker Gelungene triumphiert, das metaphysische Gedankengebäude. Den Widerspruch, den der an der Erhaltung reiner Vernunft interessierte Philosoph in dem auf Selbstliebe gegründeten Lebenswillen entdeckt: einmal das Leben erhalten wollen, ein andermal es abkürzen wollen, ist ein künstlicher: ein Werk subtiler Denkkunst.

Hegel, der gegen aufklärende Schritte Kants Glauben und Wissen zu vereinen wußte, einer der Tübinger Stiftler, die verschworenerweise den reformatorischen christlichen Glauben neu zur geistig-geistlichen Herrschaft bringen wollten. Es galt, wie sie die geistige Lage der Zeit erkannten, einen Kampf für die metaphysische Natur des Menschen zu führen. Göttlichkeit sollte neu die Welt und die Seelen verzaubern. Vordringlich dafür war, sich *des* Gottes zu vergewissern. Ein Gottesbeweis mußte her,

216 Immanuel Kant, *Grundlegung zur Metaphysik der Sitten*, S. 397 et al.

der ontologische, wie Kant ihn nannte, den er gültig widerlegt hatte.[217] Bis heute scheint das Selbstmißverständnis des religiösen Glaubens, daß ein Gottesbeweis dem Glauben aufhelfen könne, kein Ende zu finden, gerade auch bei Theologen und Religionsphilosophen nicht. Jüngst, noch bevor das Buch in den Buchhandlungen vorliegt, ist von einem Bochumer Wissenschaftstheoretiker und Religionsphilosophen auf den ersten zwanzig Seiten zu lesen, daß er über schlüssige Argumente für die Existenz Gottes verfüge und damit in der Lage sei, „eine der dringlichsten Aufgaben der Philosophie und Theologie" endlich zu erfüllen. Daß die vorgebrachten Argumente nicht schlüssig sein können, versteht sich von selbst. Jeder Erfinder und Miterfinder Gottes kann ihm das klarmachen. Daß aber ein für den christlichen, allein seligmachenden Glauben Streitender einmal mehr das höchste Gut christlichen Glaubens, eben den Glauben, vernichtet samt der christlichen Hoffnung und es nicht merkt, ist vollends unverständlich. Die einzig mögliche Methode der Verifikation von religiös Geglaubtem ist der Glaube – das sollte nun wirklich jeder Theologe als Erstes in seinem Katechismus stehen haben[218]) die Frage, ob der Satz „Gott existiert" ein analytischer oder ein synthetischer ist. Ist er ein analytischer, dann wiederholt er nur, was im Begriff enthalten ist, womit er „nichts als eine elende Tautologie ist". Ist er aber ein synthetischer, dann kommt noch etwas hinzu, was nicht im Begriff enthalten ist und ihn „vergrößert": der wirkliche Gegenstand. „Denn der Gegenstand ist bei der Wirklichkeit nicht bloß in meinem Begriffe analytisch enthalten, sondern kommt zu meinem Begriffe (der ei-

217 Siehe Rainer Marten, *Das Glück, Mensch zu sein*, S. 153 (128).
218 Benedikt Paul Göcke, *Gott existiert. Analytische Theologie und die Frage nach dem Ursprung der Wirklichkeit*, Hamburg 2025.

ne Bestimmung meines Zustandes ist) synthetisch hinzu …". Darauf Hegel, als hätte er nicht richtig gelesen: Gott ist der „Inbegriff" aller Realität. Da „Sein" in ihm inbegriffen ist, muß die Existenz Gottes als bewiesen gelten. Man traut seinen Augen und Ohren nicht. Die selbstgewählte Not, der Wirklichkeit (in Fleisch und Blut?) eines Gottes versichert zu sein, gibt sich mit dieser „Logik" zufrieden, ja hochzufrieden. Er wird zum Star. Wir haben nach der überzeugenden Aufklärung über die Unmöglichkeit eines ontologischen Gottesbeweises doch wieder einen durch ihn bewiesenen Gott! Als vermeintlich religiös Gläubiger verspielt der Gegenaufklärer Hegel damit die Erfahrung der ungeheuren Macht des Glaubens, der eben Glauben (Vertrauen und Für-wahr-halten, *pisteuein* und *nomizein*) ist, signifikant aber kein Wissen. Glaube, Liebe (*Deus est Caritas*, denn er hat uns zuerst geliebt), Hoffnung – nicht selten streitet der Mensch für das, was er glaubt, mit einem weit größeren Einsatz von Herz und Seele, aber auch geistiger Verbissenheit, als für das, was er weiß.

Hegels geistiger Minimaleinsatz, seinem dem Stiftler-Schwur geschuldeten Denken Plausibilität zu verschaffen, wiederholt sich in seiner lässigen Denkart, dem Gang der Geschichte Vernunft einzuhauchen. Weiß jeder, der sich ernsthaft mit Geschichte beschäftigt, daß nichts kam, wie es kommen mußte, was ja der Geschichtswissenschaft jeden Reiz nähme, und zeigt sich im historisch gesicherten Gang der Dinge, daß die Welt immer aus den Fugen war, es auch jetzt ist und wohl ebenso in Zukunft sein wird, dann nimmt sich Hegels Gegenrede geradezu dreist aus: Man müsse nur den „höheren Standpunkt" einnehmen, und alles erweise sich als vernünftig. Hegel braucht für seinen Gott keine Theodizee. Alles, was er tut und zuläßt, ist, von dem Standpunkt aus gesehen, den er erfunden hat, göttlich-gut, mag auch der Verstand, der einem Gläubigen geblieben ist, daran verzweifeln.

IV.

Nach dem Zweiten Weltkrieg hat Kants Idee einer reinen Vernunft in Deutschland durch Protagonisten einer empiriefreien „kritischen Theorie“ neuen Auftrieb erhalten. Das Ensemble der neuen Kritiker des Bestehenden, das unter dem Namen „Frankfurter Schule“ firmiert, hat sich kritisch-schöpferisch der „Unwahrheit“ und das heißt der „Lüge“ der bestehenden Verhältnisse angenommen, die dem Kapitalismus geschuldet sei. Es genügt, den Namen Theodor W. Adorno zu nennen. der an der Universität in Frankfurt die Studenten dadurch begeisterte, daß er ihnen, gegen alle geschichtliche Erfahrung, die Möglichkeit einer freien Gesellschaft vorstellte, in der Vernunft herrscht und nichts sonst. Sie sei das wahrhaft „Konkrete“ und notwendig kommende Wirkliche. Daß allein Wirkliches ein sicherer Nachweis von Möglichem ist, kann den Propheten des umstürzend Neuen nicht hemmen. Die formale Denkmöglichkeit genügt ihm, die „Stunde des Nie“ (Gottfried Benn) leichthin zu überspielen. Ob das Utopische für den Menschen, der wir sind, überhaupt tauglich, ja eben gut wäre, ist verboten zu hinterfragen. Wie den kritischen Theoretikern die von ihnen geübte Kritik sakrosankt ist, so auch die konkrete Utopie, die dank der Kritik Wirklichkeit werden soll. Anstatt sich zu den durch die Idee einer reinen Vernunft Verführten zu gesellen, die vorgeben, aus einer möglichen Utopie mit Notwendigkeit geschichtliche Wirklichkeit hervorgehen zu sehen, ist es angebracht, erst einmal dem geschichtlichen Menschen Gerechtigkeit widerfahren zu lassen, dem Menschen, der wir selbst sind, ob er es wirklich nötig hat, in Utopisches verwandelt zu werden, um als Mensch bestehen zu können.

V.

„Die ganze, die große und unzählbare Zeit"[219], in der das Drama alles Zeitlichen zur Aufführung kommt, hat, im Zuge der Entwicklung des Lebens auf dem Planeten Erde, den Menschen in der Gestalt des modernen *Homo sapiens* ans Licht gebracht. Mehr als hunderttausend Jahre hat nun, in reich entwickelter Diversität, diese Gattung, der wir zugehören, überlebt. Die physische und psychische, sensuelle und intellektuelle Mitgift mit ihrem Entwicklungspotential ermöglichte es, aufs Ganze gesehen allem Lebensbedrohlichen, das von feindlicher Natur ausgeht, zu trotzen, den Menschen als Feind des Menschen inbegriffen. Assimilation und Akkomodation versehen ihr Werk. Die Anpassung an vorgegebene Lebensverhältnisse im Verein mit deren Anpassung an menschliche Bedürfnisse haben den Menschen geprägt. Der Mensch ist nicht irgendwer. Wie es im Chorlied von Sophokles' *Antigone* heißt, ist er von zuhöchst furchterregender Gewaltsamkeit: er bezwingt die wilde See und pflügt mit Rossen die erhabenste Göttin, die Erde; kein Tier entkommt ihm, ob im Wald, in den Lüften oder im Meer. Selbst schwere Krankheiten weiß er zu heilen; allein dem Hades entgeht er nicht. Ja, er hat Eiszeiten und Fluten überstanden, pandemischen Seuchen und Hungersnöte, nicht zuletzt menschenmetzelnde Waffengänge blutreichster Art. Doch das Wichtigste und bis zum heutigen Tag nicht Bewußte ist damit noch nicht gesagt: Er hat den Versuch der eigenen Vergottung über-

219 Sophokles, *Ajas* 646.

standen, den mit dem Seßhaftwerden des Menschen einsetzende Frühtranshumanismus, der in seinen starken Phasen alles daran setzte, daß der Mensch vom Menschsein Abstand nehme und in göttliches Sein übergehe. Programm war, die Verähnlichung mit Gott (*homoiôsis tô theô*)[220] „so weit wie nur möglich" voranzutreiben. Wo das Bildverbot[221] nicht galt, hat man sich nicht gescheut, den jüdisch-christlichen Gott, der die Welt geschaffen und Menschen nach seinem Bild gemacht haben soll, als alten Mann mit Bart darzustellen: den exemplarischen Übermenschen als Menschen. Eine absolute Verähnlichung von Mensch und Übermensch, Übermensch und Mensch hat statt. Und das ist das wahre Bravourstück des Menschen: er hat die Überhöhung seiner selbst nicht nur überlebt, sondern zur Schaffung einer geistigen Hochkultur genutzt, die Menschen für Generationen das Leitbild ihres Lebens war. Mit der Gottesversuchung aus der größten Selbstgefährdung eine Selbststärkung zu machen, ist nicht nur der Religion, sondern auch der Philosophie gelungen. Bestimmt Aristoteles das Göttliche im Menschen als den eigentlichen Menschen, dann ist das exemplarisch für das Wüten metaphysischer Philosophie gegen die Natur des Menschen: daß der Mensch den Gott braucht, um wahrhaft Mensch zu sein. Wie der mit Recht als einer der größten der Philosophiegeschichte eingeschätzte Philosoph seine „göttliche Sache" (*theion ergon*) im 10. Buch der *Nikomachischen Ethik* verficht, läßt sich das nicht als Kuriosität abtun; es ist ernst gemeint. Zielte er mit seiner Ermahnung des Menschen, alles für seine Unsterblichkeit (*athanatizein*) zu tun, auf ihn nicht allein als Denkwesen, sondern auch als Lebewesen, dann möchte einem ein Um-Gottes-Willen

---

220 Platon, *Theaitetos* 176b1.

221 *2. Mose* 20,4.

entfahren: Was soll er denn mit der Unsterblichkeit!? Soll er etwa über Hufelands 180 Jahre hinaus noch unzählbare Jahre weiterleben, oder gar in einer Unendlichkeit folgender Generationen ein jeweils neues eigenes Leben durchleben? Der Gott als unbewegter Beweger, den er bewegen läßt „wie ein Geliebtes“ (*hôs erômenon*), ist eine interessante Denkfigur, die er brauchte, um etwas sonst für ihn nicht Erklärbares erklären zu können (was ihn freilich nicht vor einer Anklage wegen Gottlosigkeit bewahrte). Wozu aber der Versuch, aus dem Menschen einen Übermenschen zu machen? Bestimmt Aristoteles in der *Metaphysik* die „gesuchte Wissenschaft“, dann geht er zielgerade auf eine höchste Wissenschaft zu, die eigentlich Sache eines Gottes sei. Was treibt ihn, in seinem Entwurf so weit zu gehen, ist doch der Mensch das einzig bekannte Wesen, das es dahin gebracht hat, Wissenschaft zu treiben, wofür er selbst beispielhaft ist?

VI.

Das Glück, Mensch zu sein, wie es darin besteht, der Gattung von Lebewesen zuzugehören, die einzigartig Bewußtsein entwickelt hat, begleitet von der Entwicklung geistiger Fähigkeiten wie schöpferisches Denken. Gott als Idee, der Begriff Gottes, Gott als Gedachtes (*nooumenon*) und Geglaubtes. Ja, zum Glück, Mensch zu sein, gehört, Gott und Götter erfinden zu können und erfunden zu haben. Dies Glück sollte aber nicht ohne die Gefahr gesehen werden, die es heraufbeschworen hat, den Rat „Nichts zu sehr“ zu mißachten, der uns von den Sieben Weisen hinterlassen und der später von Montaigne in seinen *Essais* bekräftigt worden ist. Für die Verklärung der Welt hat, wann und wo auch immer die Seele nach ihr verlangt, der Mensch bevorzugt ihre

Vergöttlichung betrieben. Das „Alles ist voller Götter", wie es der Vorsokratiker Thales notiert, ist ein frühes Zeugnis für eine Form, in der das Verlangen gestillt werden kann. Doch das macht keinen Menschen zu einem Gott, und schon gar nicht einen Gott zum Menschen. Die religiöse Gottespoesie gerät dadurch aus der Bahn, daß der Gotteserfinder *zu sehr* die Differenz von Gott und Mensch herausstellen möchte und den Menschen im Vergleich mit Gott zu einem Nichts macht, zu einem Hauch, ja zu einem Lügner und Sünder. Wer *Psalmen* liest, z. B. die *Psalmen* 62 bis 64, und *Evangelien*, z. B. das *Matthäusevangelium*, der findet Zeugnisse nur schwer zu überbietender menschlicher Selbstbeschämung und Selbsterniedrigung, dies freilich verbunden mit einem Gottvertrauen, das alle Grenzen sprengt. Dabei hätte statt des gern zitierten „Bedenke, daß du nur ein Mensch bist", es schon immer heißen müssen: „Bedenke, daß du ausgezeichnet bist, ein Mensch zu sein". Der Versuchung, für Herz, Seele und Gemüt etwas zu erdenken, das einen absoluten Halt verspricht, eine Zuflucht, überbordend mit Wärme und Güte, Stärke und Treue, Gnade und Verzeihen, konnte man nicht widerstehen. Das war die Stunde des Wunders religiösen Glaubens, zugleich aber auch die Stunde des Wunsches nach unbegrenzter Gottverähnlichung und Vereinigung mit Gott, der Flucht des Menschen aus dem Menschsein.

VII.

Die Erfinder des Menschen haben für ihre Entwürfe das Höchstmaß von Mensch im Blick: den Vollendeten, den Vollkommenen. Der Mensch ist für sie als das Lebewesen, das er ist, zeitlicher Entwicklung ausgesetzt. Das macht ihn zu einem Wesen, das zeitlebens in eine Spanne von Möglichkeit und Wirklichkeit versetzt ist. Er hat das Potential zur Vollendung und Vervollkommnung – aber nutzt er es? Die erreichbare Höchstgrenze setzen die Menschenerfinder so knapp wie möglich unter den Übermenschen, den sie als Gott erfunden haben. Als metaphysische Philosophen haben sie einen philosophischen Gott geschaffen, der nicht geglaubt, sondern gedacht wird. Bei Aristoteles ist zu lesen:

Gott ist entweder Vernunft oder etwas, das noch über die Vernunft hinausliegt.[222]

Anselm von Canterbury spricht von Gott als dem größten zu Denkenden, über das hinaus nichts Größeres gedacht werden kann, um dann noch eins höher zu gehen: Er ist größer, als daß er gedacht werden kann.

Fazit: Der Gott ist ewig und damit kein Wesen, das sich entwickelt. Er ist unmittelbar seine Wirklichkeit: Vernunft und noch etwas darüber hinaus. Der Mensch ist im Unterschied Vernunft und nichts darüber hinaus, und er ist dies auch nur, wenn er vollendeter und vervollkommneter Mensch ist, der das Mögliche, mit dem er auf die Welt kommt, vollends verwirklicht hat.

Der Gott und der vollends verwirklichte Mensch sind Gedankendinge (gr. *nooumena*); der sinnlich erfaßbare, auf der Erde lebende Mensch ist dagegen ein offensichtlich Wirkliches. Zum menschengemachten Begriff Gottes gehört es, daß er stets ganz das ist, als was ihn der Begriff begreift – gut, gerecht, barmherzig, ja eben das Ganze aller „positiven Prädikate“ ohne jeden Abstrich. Für diesen Gott wird dann freilich auch Extravaganz bereitgehalten. So kann er sich etwa über seine (formale) Gerechtigkeit hinwegsetzen und seinen gerechten Zorn gegenüber seinem Volk zügeln: Er läßt Gnade vor Recht

222 *Fragmenta Aristotelica* 46. 1483a27.

ergehen, und dies mit der Begründung: „Denn Gott bin ich, und nicht ein Mensch.“[223]

Der philosophische Gott ist nichts Vollendetes (gr. *teleion*), nichts, das am Ende einer – zeitlichen – Entwicklung steht. Er ist zwar als Lebewesen gedacht, aber als zeitloses und eben ewiges. So ist er unmittelbar das Gute im Sinne des Besten. Aristoteles, der philosophische Meistererfinder von Gott und Mensch, hat die Besonderheit Gottes als eines zu denkenden und das heißt zu erdenkenden Wesens klar zu fassen gewußt: Gott ist und bleibt dadurch das *ganz Andere* gegenüber dem Menschen, und solcherweise signifikant Konturierende, weil er ohne Spanne von Möglichkeit und Wirklichkeit, von Vermögen und Wirken existiert. Beispiel: Der aristotelische Gott kann nicht schlafen. Es gibt für ihn, seinem Begriff nach, keine Unterbrechung der Wirksamkeit. So hat er keine Vernunft, die er nutzen oder auch nicht nutzen könnte. Seine Denkkraft ist nie bloßes Vermögen (gr. *dynamis*), sondern unaufhörlich in Tätigkeit (gr. *energeia*). Das macht es verständlich, daß Platon und Aristoteles etwas gegen den menschlichen Schlaf haben. Der paßt nicht zum zu erfindenden Vernünftigen, der sich an Gottes Vernünftigkeit mißt. Ist der Mensch, wie Aristoteles es im *Protreptikos* im Überschwang feststellt, am Leben, um zu philosophieren und zu denken (*phronein*), dann hat der visionäre Metaphysiker das „Fleisch“ vollends weggezaubert. Bezeugen für ihn auch sinnliche Vermögen, sind sie in Tätigkeit, menschliche Lebendigkeit, dann ist das doch nicht die des metaphysisch erfundenen Seins und Wesens des Menschen.

Der von Philosophen gedachte Mensch ist ein einseitiges und eindimensionales Wesen, das nie leben und existieren wird, weil es die Wirklichkeit nicht erfaßt, ja ein

223 *Hosea* 11,8.

Projekt verfolgt, das unserem Menschsein widerspricht. Sieht Aristoteles im 10. Buch der *Nikomachischen Ethik* den Menschen als von göttlicher Vernunft erfüllt, dann gilt ihm das als der Teil, der einzigartig dazu taugt, für den ganzen und eigentlichen Menschen zu stehen, weil er mit seiner Göttlichkeit reine Wirklichkeit ist – ohne weiteres Entwicklungspotential. Es ist geradezu kurios, wie Philosophen den Menschen um seine vielseitigen und mehrdimensionalen Möglichkeiten bringen, um ihn in einer erdachten absoluten Beschränktheit als vollendet und vollkommen vorzustellen. Der erfundene Gott kann nicht lügen, nicht weil er nicht will, wie Philosophen zur Rettung seiner Allmächtigkeit vorschlagen, sondern weil das sein Begriff nicht zuläßt: Er kann nicht lügen. Dagegen kann der Mensch, der wir sind, unvernünftig sein, und dies auch mit voller Absicht. Lügen kann er zumal, nicht zu reden davon, wie es, aufs Ganze gesehen, den großen und kleinen Schwüren und Versprechen ergeht, die von Anbeginn zur Gestaltung des Für- und Miteinander gehören.

Kulturelle und zivilisatorische Evolution im Verein mit technologischem Fortschritt haben den *Homo sapiens*, wie wir ihn unter anderem aus der griechisch-römischen Antike kennen, den Menschen in seiner hybriden Natur, beim Apostel Paulus durch Geist (*pneuma*) und Fleisch (*sarx*) markiert, nicht grundlegend verändert. Er hat sich geschichtlich als unverbesserlich behauptet, wenn man an die Anstrengungen selbsternannter Menschheitserzieher denkt, die ausgezogen sind, den Menschen gänzlich die Hybridität zu nehmen und einseitig-eindimensional auf seine geistig-seelische Natur zu reduzieren. Wie sehr das ins Absurde ausarten kann, ist beispielhaft nachzulesen in *Hölderlins Geister* (2019) von Karl-Heinz Ott. Der Dichter Friedrich Hölderlin, auch ein Tübinger Stiftler, der auszog, Gott und Götter neu auf die Erde zu den Menschen zurückzubringen, war einer davon. Der erfolglose Versuch, seinem Zögling mit allen ihm tauglich erscheinenden Mitteln seine fleischliche Natur auszutreiben, hat ihn selbst an die Grenze des psychisch-physischen Ruins gebracht.

VIII.

Metaphysik und Religion haben die Vereinseitigung des Menschen so weit getrieben, daß der durch seine Erfindung geläuterte Mensch sich vor sich selbst ekelt. In eine Ordnung zwischen Gott und Tier gestellt, wird die Abwendung von der „Tierheit" (Kant) und Zuwendung zur Gottheit zum höchsten erzieherischen Gebot, zu einem radikalen Muß. Für den Alltag des gesellschaftlich existierenden Menschen besagt das, ohne Wenn und Aber in der Pflicht zu stehen, jegliches gesellschaftlich relevante Verhalten einer „Vernunft zum Guten" zu unterstellen, die die Erfinder des Menschen in seine Natur gelegt haben. Dazu verweisen sie auf die sprachliche Kommunikation und mit ihr auf den Austausch bzw. auf die Überprüfung als erhellend vorgebrachter Beweise. Das letzte Wort wird dem „besseren Argument" erteilt.

Der erfundene Gott hat prinzipiell einseitige Vermögen, der wirkliche Mensch durchgängig zweiseitige. Paradebeispiel: der Arzt kann gesund- und krankmachen. Ihm ein Nur-zum-Guten in der Gestalt der Vernunft in die Natur einzusenken, ist kontrafaktisch. Es gibt „gute" Anwälte, die nicht für die Wahrheit, sondern für den Freispruch trainiert sind. Was wäre das Vermögen sprachlicher Kommunikation, wenn es allein dem Entdecken und nicht auch dem Verstellen diente!? Wie schon das Buch *Kohelet* des *Alten Testaments* festhält, gehört zu den menschlichen Dingen das Töten nicht weniger als das Heilen, das Steinewerfen nicht weniger als das Steinesammeln, das Hassen nicht weniger als das Lieben. Das gehört zu seiner Natur! Ihn vermeintlich schön- und gutzureden, käme einer Denaturierung gleich. Ein Anwalt kann sich die Freiheit nehmen und legitimiert fühlen, das den Tatbestand verhüllende Argument für das bessere zu halten und als letztes Wort anerkennen, das seinen Mandanten „rettet".

Es ist wichtig einzusehen, daß die Poeten des vollendeten und vollkommenen Menschen ihn ärmer und kraftloser machen, als er in Wirklichkeit ist. Hinzu kommt noch als weitaus gravierender, daß sie generell die Erfahrung mißachten, die der Mensch mit sich in seiner Geschichte gemacht hat. Bei ihren utopischen Entwürfen beharren sie auf einem abstrakten Möglichkeitsbegriff. Nach dem Zweiten Weltkrieg ist es, wie ausführlich dargestellt,[224] in Deutschland Theodor W. Adorno, der mit einem emphatischen Möglichkeitsbegriff die Geister verführte. Jede geschichtliche Erfahrung bekenntnishaft mißachtend, erklärte er das für ihn vordringlich Denk-„Mögliche" für das notwendig wirklich Werdende, womit er das vollkommene und endgültige Reich der Freiheit im Sinn hatte. Die bedeutendste Hinterlassenschaft seiner Verführungsmacht ist der heute (Oktober 2024) 95-jährige, in Starnberg am See lebende Philosoph Jürgen Habermas.

224 Rainer Marten, „Die Möglichkeit des philosophischer Vernunft Unmöglichen: Adorno", in: ders., *Die Möglichkeit des Unmöglichen* (2005), S. 79–107.

IX.

Mundus sensibilis, mundus intelligibilis – wie Kant diese Bereiche unterscheidet und ihren Unterschied philosophisch nutzt, ist nicht ohne Folgen geblieben. Zwei Welten, zwei „alles" umfassende Bereiche: alle Natur, allen Geist. Sind auch die Sinnes- und Geisteskräfte bei den einzelnen Menschen von unterschiedlicher Stärke und Schulung, so wird doch jede der beiden Welten für eine genommen, was alle Menschen eint und gleichmacht. Die Ausstattung mit Wahrnehmungsvermögen gilt als prinzipiell gleich, ebenso die Ausstattung mit geistigen Vermögen. Denkt man jedoch an Descartes' Wort, daß der gesunde Menschenverstand (*le bon sens*) die bestverteilte Sache der Welt ist, dann werden Zweifel wach, ob eine qualifizierte Minderheit von Menschen, die das Gegenteil bezeugt, die klare Universalität von Verstand und Vernunft nicht doch verschattet. Das verbreitete Leugnen von Fakten im 21. Jahrhundert wird wohl nicht als Modeerscheinung abzutun sein.

Der machtbewußte Realist Franz Josef Strauß propagierte, Schaden durch Technik sei durch Technik zu beheben, Platon und Aristoteles waren sich in ihrem philosophischen Staunen (*thaumazein*) darin einig, daß es durch eine Krankheit der Vernunft verursacht werde, die nur durch Vernunft zu heilen sei. Doch das ist eben einseitig gedacht, ohne Anerkenntnis der Hybridität des Menschen. Zeigt man einem Coronaleugner einen an Covid-19 Erkrankten am Atmungsgerät, dann wird der nur lachen. Durch Tatsächlichkeitsevidenz ist er nun schon gar nicht zu überzeugen. Zum Menschen gehört Unvernunft – bewußte Unvernunft. Die Aufklärung darüber, daß Drogenkonsum das einzige Leben, das einer zu führen hat, von Grund auf beschädigt, verläuft parallel zur Zunahme der Drogensüchtigen. Aktiver Pazifismus hat sich nicht als entwaffnendes Argument gegen das Kriegeführen erwiesen. Der Sinn für die Unterscheidung von gut und schlecht geht den Menschen dabei nicht verloren, zumindest nicht notwendig. Als Realisten halten sie es freilich mit dem vielzitierten „Wenn du den Frieden willst, bereite den Krieg vor." Für Aristoteles ist es selbstverständlich, daß Menschen nicht feiern, um arbeiten zu können, sondern arbeiten, um feiern zu können. Was auch immer Menschen gemeinsam und voneinander abweichend für sich unter dem Guten und Glücklichmachenden verstehen, das Zuträgliche (Aristoteles: *to sympheron*) steht an vorderster Stelle, das Angenehme, Lustvolle. Lebt der von Natur gesellige Mensch in Gemeinschaften (gr. *koinôniai*), allem zuvor in familiärer und staatlicher Gemeinschaft, dann versteht sich das gemeinsam angezielte Gute mit einem Wort als das Leben: seine Erhaltung, seine Weitergabe (Fortpflanzung, „Mehrung"), sein gelingendes Miteinander und Füreinander. Nicht nur eheliche Partnerschaft und der Verbund der engeren und weiteren Familie, auch der Staat ist eine Lebensgemeinschaft, deren Ziel und Zweck das gemeinsame Gelingen ist, das freilich kein ausnahmslos und auf Dauer erreichbares ist. Keine Strafandrohung hat unter Menschen je den Ehebruch als wahrgemachte menschliche Möglichkeit auszuschließen vermocht, keine staatliche Verfassung, daß es nicht zur Tyrannei kommen könnte. Der geschichtliche Mensch, dem wir zugehören, kommt seit Jahrtausenden damit zurecht, kein optimales Leben zu führen, und dies gerade auch dann, wenn er sich dazu aufgefordert versteht, in einer Welt, die aus den Fugen ist und aus den Fugen bleibt, sein Möglichstes für das Humanum zu tun. Wie aber soll das geschehen, ohne Ratschlägen folgen zu müssen, die ins Utopische verführen wollen?

Der bedeutende Heideggerschüler Ernst Tugendhat, der

es verstand, eigene Wege zu gehen, macht den faszinierenden Vorschlag, sich zu diesem Zweck „als Mitglied der moralischen Gemeinschaft zu verstehen".[225] Schon der Singular verrät: Es gibt nur eine Moral, die der Vernunft. Tugendhat hält es mit dem „allgemeinen Standpunkt": In einer praktischen Situation, die moralisches Handeln erfordert, gibt es für alle, die in einer vergleichbaren Situation sind, eine, und nur eine Handlungsweise, die der Situation gerecht wird. Die Vernunft ist ja für den Protagonisten des allgemeinen Standpunkts in der Nachfolge Kants absolut rein, von keiner persönlichen Besonderheit des Handelnden befleckt. Als Mitglied der moralischen Gemeinschaft ist er berechtigt und verpflichtet, alle Kritik, weil sie die vom allgemeinen Standpunkt aus getroffene Entscheidung nicht teilt, zurückzuweisen. Den selbstbewußten, lebenserfahrenen Patienten überzeugt das nicht. Eröffnet ihm der „gute" Arzt, den er aufgesucht hat, daß ihm unvermeidbar ein schwerwiegender Eingriff mit ungewissem Ausgang bevorstehe, dann wird er sich die Freiheit nehmen, erst einmal weitere Ärzte zu konsultieren. Die allgemein verbindliche, einzig vernünftige Antwort auf eine Herausforderung, als Mitglied der moralischen Gemeinschaft gefragt, zu wissen, ist schlechte Utopie, weil wider alle Erfahrung. In der Medizin gibt es Schulen, die unterschiedlich verfahren, miteinander konkurrierende Therapien, unterschiedlichen Wissensstand. Es gibt so gut wie immer nie nur eine Lösung eines praktischen Problems. Die ihren gesunden Menschenverstand nutzen, sind zudem unterschiedlichen Temperaments, was sich insbesondere bei der Risikoabschätzung bemerkbar macht. Fazit: Das durch philosophisches Denken geschaffene Gedankending, eigentlich als Vernunftding (*ens ra-*

---

225 Ernst Tugendhat, *Vorlesungen über Ethik*, 2. Aufl., Frankfurt a.M. 1994, 5. Vorlesung et al.

tionis) gemeint, gerät nicht selten, bildhaft vorgestellt, zur Chimäre, zu einem Untier, das es – zum Glück! – nicht gibt. Durch Gleichmacherei, die alle Menschen unterschiedslos in exakt ein und dieselbe Perspektive zwängt, die Welt neu zu fügen und den Menschen zu retten, ist keine gute Idee.

X.

Die Vernunft zum Guten, die allen der moralischen Gemeinschaft zugehörigen Menschen eignet, wenn sie von ein und demselben Standpunkt aus gute praktische Entscheidungen treffen, ist säkularisierter Monotheismus. Das besagt: Dieser Standpunkt hat kein *fundamentum in re*; er ist eine übernatürliche Erfindung, die in der Natur des Menschen, der wir sind, keine Entsprechung findet. Doch nicht nur dies. Diese Erfindung verkennt nicht nur unsere Natur, sondern widerspricht ihr. Sie ist bewußt widernatürlich, wenn sie verspricht, aus uns den „neuen" Menschen zu machen: den guten.

Gutmenschen sind am Werke, möchte man sagen. Doch man sollte dieses in sich verkehrte, durch seine Verwendung diskreditierte Wort besser nicht gebrauchen. Verblendete sind am Werk, blind durch das Licht einer „Wahrheit", die außerhalb alles Menschlichen liegt (siehe Platons Höhlengleichnis!). Theoretische Kritiker aller Umstände und Zustände menschlicher Gegenwart sehen sich dagegen dem Eintritt in einen „wahrhaft menschlichen Zustand" verpflichtet, in ein beständiges vollkommenes Gutes, allem zuvor ausgezeichnet durch die Güter Freiheit und Gerechtigkeit, die das Gut des gleichen Wohlstands aller einschließen.[226] Anstatt sich

226 Siehe Rainer Marten, *Die Möglichkeit des Unmöglichen*, S. 84.

für die Vergewisserung von Möglichem an das zu halten, was in Wirklichkeit ist (Cusanus: „Was existiert, kann das sein, was es in Wirklichkeit ist".), hängen sie Utopien wie der einer freien gerechten Gesellschaft nach, deren möglicher *topos* kein anderer als der erfundene allgemeine Standpunkt sein kann. Eine grundgesetzlich gesicherte freie Lebensgestaltung jedes Einzelnen ohne Rücksicht auf Andere ist etwas für Coronaleugner, aber nichts für Menschen, die bei Sinnen und Verstand sind.

Nun fragt es sich, wie enttäuschungsresistent Menschenerzieher und Menschheitsretter sind, deren ganzes Sinnen und Trachten auf den wahrhaft menschlichen Zustand zielt. Doch nein. Diese speziellen Vernunftoptionisten sollten ja besser dadurch, daß das Unmögliche nicht eintritt, nicht enttäuscht, sondern aufgerüttelt werden, um vielmehr wieder zu Sinnen und Verstand zu kommen.

„Habermas versteht die Welt nicht mehr", resümiert ein Besucher von Jürgen Habermas, der den Philosophen im Herbst 2023 in seinem Starnberger Domizil aufsuchte.[227] Hat denn Habermas überhaupt je „die Welt" auf seinem Weg vom Marxisten zum Hegelianer und jetzigen Kantianer verstanden? Die Welt, die vom Leben und Handeln geprägt ist, war, soweit unsere Kenntnisse reichen, von Anbeginn aus den Fugen, ist es heute und auch, vielleicht sogar in zunehmende Maße, in Zukunft. Wir sind so. Seit mehr als zwei Jahrtausenden prallt alles an uns ab, was uns in Hochkulturen als ideale Verbesserung zugedacht worden ist. Habermas setzt bei all seiner Scharfsinnigkeit und Umsichtigkeit auf nicht mehr und nicht weniger als den allgemeinen Standpunkt, der durch die jedem Menschen mitgegebene Vernunft (zum Guten) als Garant für die Möglichkeit eines

227 Philipp Felsch, *Der Philosoph. Habermas und wir*, Berlin 2024.

vernunftmotivierten all-einheitlichen Einverständnisses gilt. Dies – politisch wirksame – Einverständnis signalisiert bereits rein als solches den Willen zur bleibenden globalen menschlichen Friedfertigkeit. Da jedoch politisches Handeln realer Menschen nie von reiner Vernunft geleitet ist, sondern entweder von Delegierten, die beauftragt sind, besondere Interessen zu vertreten, oder von Selbstherrlichen, die sich zutrauen, rein dadurch ihr Ziel zu erreichen, weil sie die Stärkeren sind, wie etwa die Vitaleren, die den *pursuit of happiness* ein in der Verfassung der stärksten Staatsmacht der Welt verankertes Gut, als das ihnen gehörende Jagdfeld zu nutzen wissen. Mit dem allen Vernunftbegabten und damit allen Menschen zugänglichen allgemeinen Standpunkt im Sinne Kants hat sich Habermas, ganz im Geiste Adornos, dem Konjunktivischen verschrieben, diesem Könnte, Müßte, Sollte, das den Idealisten davor bewahren soll, für einen Utopisten angesehen zu werden.

Die Gedanken sind frei. Ja, das Denkbare, das keiner Realität verpflichtet ist, gibt der reinen Vernunft freie Bahn. Doch stellen wir ihr einmal eine Frage: Was rät sie, was befiehlt sie, wenn das Trinkwasser auf Erden nicht mehr für alle reicht? Vielleicht sagt sie: „Wenn nicht alle von diesem Lebensnotwendigen etwas bekommen können, soll niemand etwas davon bekommen". Sie könnte aber auch auf die Idee kommen, von der – vernünftigen? – Gleichbehandlung der Menschen abzugehen, und alle Zeugungs- und Gebärunfähigen von der Trinkwassernutzung ausschließen, wenn „die Vernunft" als Leitvermögen den Mitgliedern menschlicher Vernunftallheit aus welchen Gründen (im Interesse der Vernunft !?) auch immer mit einem Male sagt, daß die Erhaltung des Menschengeschlechts absoluten Vorrang vor der Empathie sich zu Tode Dürstender besitze. Doch Denkbarkeiten dieser Art kommen unmöglich zum Zuge, wenn es um letzte Ressourcen von Lebensnotwendigem geht. Das Recht des Stärkeren, dieses für Gerechtigkeitsempfinden erschreckendste Unrecht, hat längst zugegriffen, und sei es mit kriegerischer Gewalt.

Ihre absolute Unpersönlichkeit macht die reine Vernunft zu einem Monster. Von Habermas durchgängig als Eintrachtsvernunft in der Nachfolge Kants verstanden, scheint er nicht merken zu wollen, daß sie allein im Sinne ihres abstrakten Entwurfs agiert und rein auf ihre Selbsterhaltung bedacht ist (die Eintracht *aller* aktivierten Vernunftbegabten), unmöglich aber auf die des Menschen, der wir wirklich sind. Wissenschaftlich genutzte Vernunft dient dem Erwerb und also der – unlimitierten – Vermehrung von Wissen. Auf dem Aristotelesstandbild vor dem Kollegiengebäude I der Freiburger Universität steht sein Wort auf Griechisch geschrieben, das auf Deutsch heißt: „Alle Menschen streben von Natur aus (*physei*!) nach Wissen". Auch das ist etwas den Menschen total Verallgemeinerndes, dem allgemeinen Standpunkt der reinen Vernunft Vergleichbares. Ein zu einer philosophischen Tagung zum Thema „Wissen" angebotener Vortrag über Nichtwissen, das angesichts der Maßlosigkeit des Wissenwollens schutzbedürftig ist, wurde vom Tagungsleiter bündig mit der Begründung zurückgewiesen, daß jetzt erst einmal das Wissen daran sei. Führende Initiatoren der KI-Forschung warnen inzwischen eindringlich vor dem, was sie selbst ins Werk gesetzt und hervorgebracht haben. Da Wissenwollen bewußt oder unbewußt durch ein Machen- und Herstellenwollen motiviert ist, sind in der Tat durch die KI und ihr Grundprinzip des maßlosen Wissenwollens Dinge entstanden, die, wie führende KI-Entwickler überzeugend nachweisen, menschheitsgefährdendes Potential haben. Eindringlicher noch als Mustafa Suleyman in seinem Buch *The Coming Wave* warnt jetzt der inzwischen mit dem Nobelpreis ausgezeichnete Physiker Geoffrey Hinton vor dem, was beim jetzigen Entwicklungsstand der KI in absehbarer Zeit durch sie eine reale Chance hat: „die Auslöschung der Menschheit".[228] Seine wichtigste Nachricht für die Öffentlichkeit ist, daß der Mensch mit der KI kein ihm verfügbares Werkzeug geschaffen hat, sondern eine eigene Spezies, die über alles verfügt, worüber der geschichtliche Mensch verfügt, dies aber so, daß der Mensch es nicht in seiner Gewalt hat, was sie damit anfängt. Es ist realistisch, mit der Möglichkeit zu rechnen, daß diese Spezies einseitig das ihr mitgegebene Potential zum Schlechten nutzt.

Um einen vollends vernünftigen Rat geben und vollends vernünftigen Befehl erteilen zu können, müßte man „alles" für die praktische Situation Relevante wissen. Was reine Vernunft in Anbetracht des Erdenkens einer friedfertigen Welt als zureichend bereitzustellen wußte, konnte, falls überhaupt etwas Taugliches dabei wäre, nie mehr als Stückwerk sein. Jetzt, da man dank KI alles zur Zeit Wißbare weiß, weiß man schlechtweg nichts von dem, was diese neue, alleswissende Spezies dem Menschen als neue Wirklichkeit bescheren wird. Fazit: Der von kantianischen Vernunftoptionisten eingenommene allgemeine Standpunkt ist bodenlos. Das nötige Wissen fehlt. Kantianern bleibt unmöglich anderes übrig, als immer wieder enttäuscht festzustellen, daß der Mensch, der wir sind, die Oberhand behält. Der ist nie nur gut, und dies schon gar nicht in der erdachten Weise, daß in ihm die gesetzgebende Vernunft herrscht, jenes geradezu lyrische „moralische Gesetz in mir", aber er ist auch nie nur schlecht. Es ist uns offensichtlich gelungen, in den Jahrhunderten und Jahrtausendenden unseres geschichtlichen Daseins die Hybridität hinreichend in

228 *DER SPIEGEL* Nr. 38/14. 9. 2024.

Balance zu halten. Daraufhin freilich mit der Bemerkung „Ich bin kein Apokalyptiker" sagen zu wollen, daß wir uns wohl mit unserem rätselhaft-sinnlosen endlichen Dasein auch weiterhin durchschlagen werden, mögen die durch uns angestoßenen Bedrohungen unserer selbst, wie sie verkündet werden, noch so gewaltig sein, wäre leichtfertig. Dafür ist das Neue, ja eben absolut Neue, das mit der KI in Spielarten wie *autonomous AI* oder *agentic AI* auf uns zukommt, zu ungewiß, und sind wir mit unserem Dasein zu sehr verwachsen, um nichts Besseres zu tun zu wissen, als den Standpunkt des Fatalisten einzunehmen.

XI.

Dem weisen Staatsmann und Gesetzgeber Solon wird das schon erwähnte Wort zugeschrieben „Nichts zu sehr" (*mêden agan*).[229] Montaigne schreibt im 30. Kapitel seiner *Essais* „Über das Maßhalten", daß ein Zu–sehr an Tugend in Untugend umschlägt, ein Zu–sehr an Gerechtigkeit in Ungerechtigkeit usw. Damit zeigt er Menschenkenntnis und mit ihr den Unwillen, ein abstraktes Konstrukt von Vollkommenheit anzufertigen, und dies in der Einseitigkeit des Zum-„Guten". Habermas hält es bekanntlich mit der guten alten Bonner Republik. Sie ist ihm ein Vorbild der Friedfertigkeit, tauglich, ein Vorbild für die Weltinnenpolitik zu sein, in der seine Eintrachtsvernunft dominant und erfolgreich ist. Muß etwa auch vor dieser realistisch gemeinten Utopie das weise „Nichts zu sehr" eine Warnung aussprechen, weil die paradiesische Vorstellung, daß Wolf und Schaf friedfertig nebeneinander liegen, nicht menschengemäß

229 *Fragmente der Vorsokratiker*, a. a. O., Bd. I, 63,14.

ist, und ein Zuviel an Frieden dem Krieg in die Hände spielen könnte? Nein, das ist wahrlich nicht nötig. Die politische Nachkriegszeit Deutschlands, die sich ab 1949 als Adenauerzeit versteht mit dem politischen Hauptziel der Westbindung, allem zuvor an die USA allein schon aus Sicherheitsgründen, ist alles andere als eine friedfertige Zeit. Die wachsende Zufriedenheit der deutschen Gesellschaft durch wieder zunehmenden Wohlstand ist einem blutigen harten Krieg geschuldet: Das deutsche „Wirtschaftswunder" geht einher mit dem „Koreaboom". Die deutschen Produktionsstätten profitierten von der gewaltigen Auftragsflut, die dieser Krieg erzeugte. Ein einziges Faktum genügt als Beleg: In den Jahren 1950 bis 1952 stiegen die deutschen Exporte um 200 %. Ohne den Koreakrieg wäre die Bonner Republik nicht so gewesen, wie sie war. Der umsichtigere Blick auf die deutsche Republik in der Nachkriegszeit macht klar, daß Habermas' Vision blind für die tatsächlichen Geschehnisse war. Dafür erstrahlt der Mensch, der wir sind, in seiner Hybridität: Ja, wenn es uns gut geht, geben wir das Blut anderer, das es kostet, gerne der Ignoranz anheim.

Habermas spricht vom „Fortschritt der Vernunft". Da die Logik nicht logischer und Kants reine Vernunft nicht reiner und vernünftiger wird, kann er nur meinen, daß der Mensch, dem Philosophen nachsagen, das vernunftbegabte Lebewesen zu sein, Fortschritte macht. Doch der Mensch macht keine Fortschritte. Der Ackerbauer ist nicht mehr Mensch als der Jäger und Sammler. Der moderne *Homo sapiens* als Ergebnis der Evolution des Lebens hat sich seit fünftausend Jahren nicht verändert mit Ausnahme der Milchverträglichkeit, die zugenommen hat. Meint man aber, daß der Mensch menschlicher geworden sei, und dies gar im Zuge einer Verbesserung seines Gebrauchs reiner gesetzgebender Vernunft, der will nicht sehen, daß die Schaffung neuer Möglichkeiten der Humanität stets begleitet war und ist von der Schaffung neuer Möglichkeiten der Inhumanität. Die Folterer auf der Welt, und dies gar in staatlichem Auftrag, sind nicht weniger geworden. Nach der Kapitulation der Holocaustverbrecher am 8. Mai 1945 fiel am 9. August 1945 die Atombombe auf die Hunderttausende von Einwohnern zählende japanische Hafenstadt Nagasaki. Völkerbund, UNO, Menschenrechte – Barbarei und menschenfeindliches Recht des Stärkeren sind dadurch nicht zu Grabe getragen worden. In die neue Ungewißheit gehen wir als die geschichtlichen Menschen, die wir sind: zu allem fähig, wozu der Mensch fähig ist.

Ohne Vernunft zum Guten und ihren reichen Gebrauch gäbe es den Menschen nicht mehr. Aber es gibt ihn eben auch nicht ohne Unvernunft und schlechte Absichten. Das gilt es einzusehen, wenn man unsere Welt verstehen will. Nichts ist gewiß, aber vieles spricht dafür, daß der Mensch noch lange nicht von der Erde verschwinden wird, ihm vielmehr Zeit bleibt, sich mit Innovationen eigener Vernunft und Unvernunft zu überraschen.

> Gentechnik ist die totale und endgültige Zerstörung dessen, was man, wenn überhaupt, das „Wesen des Menschen" einmal hätte nennen dürfen – kurz: Gentechnik ist Anti-Platonismus in actu.
> Aber die Tatsache, dass heute die Spezies Mensch, oder deren Individuen programmatisch und total verändert, also zerstört werden können, beweist natürlich nicht umgekehrt, dass es früher „das Wesen" des Menschen gegeben hatte. Der Ausdruck war schon immer illegitim gewesen, kein theoretischer Begriff, sondern nur ein Beweis von Angst. Von Angst vor der Veränderung, vor dem Nichtidentischbleiben. Dieses Nichtidentischbleiben und die Angst davor könnte man zwar ebenfalls dem „Wesen" alles Lebendigen zurechnen, aber diese „Wesenlosigkeit" der Kreaturen zu deren „Wesen" zu machen, das wäre wohl kaum vernünftig. Obwohl es andererseits nicht sinnlos ist, in der Aussage, dass allen Spezies und Individuen nur vorübergehendes Mit-sich-Identischsein vergönnt ist, eine „wesentliche" Aussage über das Leben überhaupt zu sehen.[230]

Platon gelangt aus seiner Sicht der Dialektik als gesprächsweiser Wahrheitsgewinnung im Dialog *Gorgias* zum Begriff einer Wahrheit auf Zeit: Weiß im Augenblick niemand in der Gesprächsrunde etwas „Anderes", das meint, etwas „Besseres" zu sagen, dann soll das im Gespräch Festgehaltene für jetzt als wahr gelten. Günther Anders (1902–1992) macht in dem Text aus *Die Irrelevanz des Menschen* den Vorschlag, bei den Spezies der Lebewesen wie der des Menschen und deren Individuen

230 Günther Anders, „Die Irrelevanz des Menschen" (1988), in: ders., *Die Weltfremdheit des Menschen. Schriften zur philosophischen Anthropologie*, München 2018, S. 347.

von einem Sein (Identischsein) auf Zeit zu sprechen. Er problematisiert den metaphysischen Wesensbegriff des Menschen, der dem Menschen ein Wesen und mit ihm eine Wesensbestimmung gibt: ein Werden-Sollen. Für Kant ist der Mensch nicht das vernünftige Wesen, sondern das zum Vernunftgebrauch bestimmte. Es gilt, seinen Vernunftgebrauch zu „befördern". Mit einem Wort: Er *soll* vernünftig werden. Das Wesen des Menschen *ist* (bleibend) die Vernunft. Ruft Angelus Silesius (1624–1677) „Mensch werde wesentlich", dann ist das ein Appell, seiner Wesensbestimmung gerecht zu werden: „denn wenn die Welt vergeht, so fällt der Zufall weg, das Wesen, das besteht". Der Mystiker kann gar nicht anders, als dem Menschen ein göttliches Wesen anzudichten, das selbst noch einen Weltuntergang übersteht. Wäre das Wesen des Menschen in der Tat unverrückbar, dann würden gentechnische Veränderungen notwendig das Wesen des Menschen zerstören.

Nun eröffnet aber Anders eine Wesenssicht, die nicht das Wesen des Menschen zum Herrn des Menschen macht, sondern den Menschen zum Herrn seines Wesens. Damit sind alle „Wesens"-Änderungen in das Wesen des Menschen integriert. Es gehört zum Wesen des Menschen, sich dem Risiko gentechnischer Veränderungen und hochentwickelter Künstlicher Intelligenz auszusetzen.

Sollte der Mensch mit den durch ihn erzielten technologischen Fortschritten sich tatsächlich als fähig erweisen, nicht nur die so gut wie zu ihrem Ende gekommene Evolution des Lebens durch die kulturelle Evolution zu ergänzen, sondern selber die Entwicklung des Lebens neu in Gang setzen, dann wäre jede auf den Menschen zielende metaphysische Wesensbegriffsbildung im Vorhinein eine Totgeburt. Wes Wesens er ist? – der Mensch wäre in alle Zukunft für Überraschungen gut.

13. Der Versprochene

I.

> Das Leben bejahen heißt, den Tod bejahen.
> Das Leben lieben heißt, die Liebe leben.

Beide Sätze sprechen erhellend und zugleich verklärend aus, was gelingendes Leben zu einem solchen macht: das Teilen von Leben und Liebe, von Leben und Tod. In seiner vollkommenen, nur selten erreichten Form ist es menschliches Leben, das sich partnerschaftlich auf den Tod versprochen hat: „bis daß der Tod uns scheidet". Der Mensch hat die Menschenliebe erfunden, die sich in ihrer vollkommenen Form gesprochen oder ungesprochen das Versprechen gibt, ihr Ende nicht Sache der je eigenen Freiheit, sondern einzig ein Werk des Todes sein zu lassen. Liebe und Tod, *Erôs* und *Thanatos* – das sind die durch Evolution aufeinander abgestimmten Urquellen der Bindung und Trennung von Menschen. Die begehrende und freudige Liebe gibt den Ton an, wenn es feierlich und hochgestimmt zur Hochzeit kommt, zum höchsten Fest des Menschen, nicht die sorgende Liebe (*agapê*), die jeder gelebten Liebe zugehört.

Das kirchlich kanonisierte *Lied der Lieder* (*asma asmatôn*), das *Hohelied* der Liebe, das keinen Gott kennt und braucht, ist als poetisches Zeugnis liebenden Verlangens und liebender Erfüllung des Verlangens von Mann und Frau, Frau und Mann, ein Bild des Gelingens von Menschlichkeit. Diese Liebe versteht sich als „stark", und sie zeigt, daß sie ihre Stärke versteht, wenn sie als das eine Gleichnis anführt: „stark wie der Tod". Der Tod, dieser Intimus jeden menschlichen Lebens, ist von Natur aus stark. Durch seine einzigartige Gewißheit ist er dem Leben sein festester Halt. Dank ihrer Freizügigkeit in Wort und Bild ist die Poesie des *Hohelieds* der Liebe von aufklärerischer Kraft, und dies nicht obwohl, sondern weil sie dabei ein Stück hoher Kunst des Verklärens vorführt. Kein logischer Befund wird publik gemacht, schon gar keine bloße Kopfgeburt, sondern menschliche Wirklichkeit: der erfundene Ausdruck für eine reale Empfindung und die erfundene Gestaltung ihrer Ritualisierung. Keine Entführung in die Unmöglichkeit und Unwirklichkeit hat statt. Der Mann und die Frau, die in gemeinsamer Selbstverklärung als Liebende sich auf den Tod versprochen haben, sind gesellschaftliche und persönlich-intime Realität, mag das haltbare Versprechen auch noch so selten gehalten werden. Das Leben zu lieben, indem der Eine und der Andere unter Ausschluß einer Beendigungsabsicht einander begehren und um den je Anderen besorgt sind, ist keine Utopie. Da haben zwei das Glück im Glück, ihr als Geschenk empfundenes Liebesglück als Glück in Empfang nehmen und bewahren zu können. Ja, das gelingende Miteinander- und Füreinanderleben braucht Glück, zumal das das Leben liebende Liebesleben braucht so etwas wie eine Gunst der Stunde (*kairos*), eine Gelegenheit also, die es nicht selbst herbeiführen kann, für die freilich auch kein Plan höherer Mächte und keine Schicksal spinnenden Nornen zu erfinden sind. Zum menschlichen Leben gehören Unerhofftes und Unerwartetes, gehören Unwissen und Ungewißheit, und dies im Zuge der Bejahung des Lebens, nicht aber als Verhängnis.

Glück ist ein Wort aus dem Wortschatz der verklärenden Sprache. Es benennt keine meßbare Größe, nichts verläßlich Wahrnehmbares und Erkennbares. Das

Nichtobjektivierbare hat der Mensch erfunden, indem er es sprachlich erfaßt hat, dies aber eben verklärend. Er konnte gar nicht umhin, es beim Namen zu nennen, weil es für ihn, für seine Organe und Kräfte des Erlebens, von größter Bedeutung und außerordentlicher Wirklichkeit war. Das ist die Erfindung des Menschen der anderen Art: Nichts Unmögliches und Unwirkliches wird aus der Taufe gehoben, sondern für menschliches Erleben und Empfinden zuhöchst Wirkliches. Der Liebe entsprechend ist, um beim besonderen Wortschatz vom *Hohelied* der Liebe zu bleiben, Schönheit eine Erfindung des Menschen, und dies eben auch im Sinne des *genitivus objectivus*. Messen sich Sokrates und Alkibiades in ihrem Schönsein,[231] dann wird ein Streit um die Bewertung von Menschen erfundener verklärter menschlicher Wirklichkeit ausgetragen. Fazit: Liebende, die sich als Liebende einander auf den Tod versprochen haben, leben verklärend-verklärt in einer Welt, die am Status ihrer Realität für sie nichts zu wünschen übrig läßt.

II.

Der Apostel Paulus triumphierte: „Tod, wo ist dein Stachel? Hölle, wo ist dein Sieg?"[232] Der „letzte Feind", der Tod, hat durch Christus seine Macht über den Menschen verloren.[233] Barth sagt in *Der Römerbrief* von 1919 mit seinem Wort dasselbe: Christus hat „den Tod getötet". Der Tod ist ja an die Sünde gekoppelt, an die Bestrafung der Sünde. Christi Erlösungstat hat ihn folgerichtig vernichtet. Allein die Sünde vermag „dem Tode neue

231 Platon, *Symposion* 217a–219c.
232 *1. Korinther* 15,55.
233 Ebd., 15,26.

Realität und Notwendigkeit" zu verleihen.[234] Mit den als Knechte Christi Jesu auftretenden Fürsprechern todlosgeistiger menschlicher Existenz beginnt der die Christenheit prägende Siegeszug der Erfindung des Menschen, der im Wort und im Geist, nicht aber auf der Erde lebt. Schon mehr als zweitausend Jahre sind es, daß die Erfindung durch ihre missionarisch herbeigeführten Auswirkungen im Politischen und Kulturellen zur Suprematie des erfundenen Menschen über Menschen, die wirklich Menschen sind, führt.

Dome und Kathedralen mögen noch so erhebend, segensreiche Tätigkeit für Hilfsbedürftige noch so menschlich und effizient, die positive Auswirkung auf das gelebte und zu lebende Leben noch so groß sein – ein Verrat an Leben und Liebe ohnegleichen hat statt. „Umkehr" und „Umdenken" (*metanoeite*), wie sie zur „Rettung des Menschen" beschworen werden, führen den Menschen geistig und dann such leibhaftig vom Menschen weg. Die Liebes- und Leibfeindlichkeit von Paulus, dem ersten profunden christlichen Theologen, ist maßstäblich für die durch ihn inaugurierte Lebensart geblieben. Mann und Frau werden für ihn, genau anders als es das *Alte Testament* realistisch erzählt, ja nicht „*ein* Leib" (wörtlich: „ein Fleisch") sein. Nein, sie sollen „*ein* Geist" (*hen pneuma*) sein, sich also nicht leiblich vereinigen, was, wie er suggeriert, auch wenn es ehelich geschähe, Hurerei wäre.[235] Für den todlosen „Menschen" kommt allein eine menschen-unmögliche pneumatische Existenz in Frage, wie die erfundene Einheit mit dem Geist Gottes, das heißt mit dem Geistwesen Gott, es verlangt. Das ist ja auch die Hauptsorge der Erfinder der Heils- und Rettungsgeschichte des Menschen: das

---

234 Karl Barth, *Der Römerbrief*, a. a. O., S. 236.
235 *1. Korinther* 6,15 ff.

durch den ersten Menschen kaputtgemachte Verhältnis von Gott und Mensch zu reparieren. Bei Paulus löst menschliche Liebe, die zwei Liebende leibhaftig vereint, den menschlichen Tod als ersten und letzten Feind ab. Die Leib- und Liebesfeindlichkeit in der Tradition von Paulus, die notwendig eine Lebensfeindlichkeit ist, nimmt bei Gottesknechten krasse Züge an. Der heilig gepriesene Augustin, darauf aufmerksam gemacht, daß durch diese Gesinnung das Aussterben des Menschengeschlechts betrieben würde, hat dafür den Spott übrig, daß das nicht schade wäre.

Da wir unbeschadet religiöser Phantasie und Orthodoxie weiterhin leibhaft leben, lieben und sterben, haben sich die Knechte Gottes natürlich um unser Lieben und Sterben gekümmert, wohlwissend, daß die Herrschaft darüber die Herrschaft über den Menschen bedeutet. Dabei kommen die Erfinder des ewigen als des eigentlichen Menschenlebens mit ihrer Erfindung selber nicht zurecht, wie ihre bizarre Konstruktion beweist: Der Mensch stirbt und kommt in der Regel als Leichnam unter die Erde. Er ist dann nicht scheintot. Was ein lebendiger Organismus war, ist nun ohne jedes Leben, und doch ist er nicht eigentlich tot. Das darf er auch gar nicht sein, haben sie ihm doch ein ewiges Leben in Aussicht gestellt. Endgültig tot wäre er erst mit dem „zweiten Tod“, den er stürbe, würde er in den Feuersee (*limnê kaiomenê*) hineingeworfen.[236] Das ist ja das Gruselige, um nicht zu sagen Grausame am christlich verstandenen Sterben: Im Grab, unter der Erde, findet der Gestorbene keine ewige Ruhe. Er muß ja die Rückkehr Christi abwarten und mit ihr das „letzte Gericht“. Man kann nicht argumentieren, daß mit dem Tod für den Toten sogleich die Zeitlosigkeit und damit Ewigkeit begänne. Die Rückkehr

236 *Offenbarung* 19 und 21.

Christi ist ein echter Ausstand für den Begrabenen. Der angesehene evangelische Theologe Wolfhart Pannenberg äußert in seinem Buch *Metaphysik und Gottesgedanke* (1988) Bedenken, ob die Wiederkehr Christi so ganz sicher sei. Käme er nicht wieder, wäre christlicher Glaube im Ganzen fehlgeglaubt.[237] Ein führender Gottesknecht hält christlichen Glauben für falsifizierbar! Da muß er nicht aufgepaßt haben, daß die Erfinder des jüngsten Tages und letzten Gerichts bewußt und mit Notwendigkeit keinen Zeitpunkt festgelegt haben. Der geglaubte Christus, in dessen Belieben sie stehen, kann sich unendlich mit ihnen Zeit lassen.

Menschliche Leiblichkeit und Geschlechtlichkeit bleibt für den Apostel Paulus und seine Nachfolger Garant menschlicher Sündhaftigkeit. Die menschliche Natur bringt sie mit sich. Der Mensch darf für diesen erfundenen Glauben nicht der bleiben, der er ist. Das gibt in Anbetracht christlich dominierter Jahrtausende den Erfindungen ihre herausragende Bedeutung, die das Menschsein rein zugunsten des Menschseins verändern. Liebe und Schönheit sind beispielhaft Veränderungen des Menschseins, wie es die Evolution in der Gestalt des modernen *Homo sapiens* vorgibt, die der Mensch verantwortet. Kein unmögliches Menschsein wird skizziert, sondern durch Verklärung allererst das Wunder des menschlichen Menschen voll an den Tag gebracht. Als Erfinder von Liebe und Schönheit agiert der Mensch als Künstler. In der Kunst des Verklärens zeigt er, daß und wie er sich auf Lebenskunst versteht, auf die Kunst gelingender Lebensteilung, wie sie in der Liebe nach Art des *Hohelieds* der Liebe – verklärend-verklärt –

---

237 Siehe dazu Rainer Marten, „Wahre Hoffnungen? Eine Frage an Hermeneutik und Religion" (2010). In: ders., *Nachdenken über uns*, Freiburg/München 2018, S. 219–238.

„Herzen“ und „Seelen“ zweier Menschen in Ihrem Mit- und Füreinander fruchtbar werden läßt. Um es zu wiederholen: Die Verklärung ist nichts Äußerliches, keine überschwengliche Ausschmückung, die auch am Ende gar besser unterbleiben könnte. Wie das *Grundgesetz* zu Recht dem Gewissen eine Form von lebenspraktisch gewichtiger Realität zuspricht, so ist auch Liebe ein Geschehen, das, wie es in gegenseitiger Erwiderung gemeinsam gelebt wird, von lebenspraktisch größtem Gewicht ist. Das gesprochene und ungesprochene Versprechen, als Scheidungsmacht einzig den Tod im Sinn zu haben, verleiht dem Tod seine einzigartige lebenspraktische Bedeutung für die Liebe und der Liebe ihre einzigartige lebenspraktische Bedeutung für den Tod. Der Mensch mit seinem lebenskünstlerischen Potential kann dem gar nicht entgehen, sich in der Gänze seiner Realität selbst zu erfinden. Das geteilte Leben in der Höchstform seines Gelingens hat mit dem Wort „Liebe“ (*„erôs“*, *„amor“*, …) den verklärenden Ausdruck für eine Realität geprägt, die, emphatisch gesagt, die einer wahren Empfindung ist. Gelingendes menschliches Leben bedarf der Lebenskunst, die im Verklären die klaren Züge des menschlichen Menschen erschafft.